拯救工厂危机：阿米巴经营实操手册

第2版

冯少华　编著

机械工业出版社

本书是阿米巴经营实操手册。作者是一位资深职业经理人，在广东省中山市一家千人中型制造企业担任总经理。作者本人十分推崇稻盛和夫的经营管理理念和方法，在其所在企业推行阿米巴经营多年，并取得显著成果。本书根据作者多年对稻盛和夫以及阿米巴经营的学习、研究和实践经验总结而成，着重介绍了稻盛和夫的经营哲学和推行阿米巴经营的目的、误区、三大阶段和十个步骤、35个注意细节、带来哪些经营改善，以及如何培养阿米巴巴长、成功和失败的案例等。

本书适合对阿米巴经营感兴趣、准备和正在推行阿米巴经营的企业管理人员和企业家阅读。

图书在版编目（CIP）数据

拯救工厂危机：阿米巴经营实操手册/冯少华编著. —2版. —北京：机械工业出版社，2018.3（2021.8重印）
ISBN 978-7-111-59200-6

Ⅰ.①拯… Ⅱ.①冯… Ⅲ.①企业管理 Ⅳ.①F272

中国版本图书馆CIP数据核字（2018）第033115号

机械工业出版社（北京市百万庄大街22号　邮政编码100037）
策划编辑：母云红　　　责任编辑：母云红　杨　洋
责任校对：佟瑞鑫　　　责任印制：常天培
北京铭成印刷有限公司印刷
2021年8月第2版第6次印刷
169mm×239mm・16印张・202千字
11901—13800册
标准书号：ISBN 978-7-111-59200-6
定价：69.00元

凡购本书，如有缺页、倒页、脱页，由本社发行部调换

电话服务	网络服务
服务咨询热线：010-88361066	机 工 官 网：www.cmpbook.com
读者购书热线：010-68326294	机 工 官 博：weibo.com/cmp1952
010-88379203	金　书　网：www.golden-book.com
封面无防伪标均为盗版	教育服务网：www.cmpedu.com

序 Preface

长期以来，研究公司管理的著作可谓汗牛充栋。但是，绝大多数是理论方面的书籍，有关介绍经营实操方面的太少。目前，各大书店关于稻盛和夫先生的阿米巴经营，有多种不同的书籍，其中很大一部分是由稻盛和夫本人撰写的；另外一部分几乎由管理顾问公司的老师所写，这些图书几乎以理论方面的内容为主，有关详细介绍实操方面的书还很少。所以，这本由中山粤丰麦氏制造有限公司总经理冯少华先生所编写的《拯救工厂危机：阿米巴经营实操手册》显得尤其珍贵，对企业内部推行阿米巴经营具有很强的实操指导意义。

马克思说："人的思维是否具有客观的真理性，这不是一个理论问题，而是一个实践问题。人应该在实践中证明自己思维的真理性，即实践是检验真理正确与否的唯一标准。"理论也必须经得起实践的检验。

实践之所以能够成为真理的检验标准，是由真理的本性和实践的特点决定的。首先，从真理的本性来看，真理是人们对客观事物及其发展规律的正确反映，它的本性在于主观和客观相符合。检验认识真理的标准，既不能是思想理论本身，也不能是客观事物，而只能是把主观和客观联系起来的桥梁——实践。其次，从实践的特点来看，实践是人们改造世界的客观的物质性活动，具有直接现实性的特点。实践的直接现实性特点，是作为检验真理标准的主要依据，使它成为最公正的审判官，具有最高的权威。

没有实践就没有发言权，理论与实践有较大的区别，在实战过程中如果没有丰富的实践经验，其结果肯定是失败的。

其实一个公司的管理与一个国家的管理有着某些相似之处，其根本归结点都在人的本性问题上。在社会或组织里面，必然存在各种各样大同小异的问题。在很多时候，我们惊奇地发现历史如此地相似，国家从革命到诞生，从繁荣昌盛走向没落。公司也是如此。创业者千锤百炼，创造辉煌之后却陷入了僵局，无数的反复和沉浮，是非与成败，最终都变成了历史。

社会是人性的，组织是人性的，很多事情归结起来都逃不脱人的影子，研究经营管理也一样，必须从人性出发。在企业内部，除了看得见摸得着的质量管理和财务管理外，其他问题则隐藏在现象的背后，但这些问题往往又是至关重要的。所以研究经营管理实际上就是在研究人性，一切从人出发，人心可以决定一家企业的成败。

近几年来，日本知名企业家，四大"经营之圣"之一，稻盛和夫先生的阿米巴经营风靡全球，很多企业家都亲自向稻盛和夫先生请教经营心得。

稻盛和夫亲手创办了两家世界500强企业——京瓷和KDDI，同时又仅仅用一年多时间就拯救了破产的日本航空公司，被企业界称为当代的松下幸之助。稻盛和夫不仅是一位卓越的企业家，还是一位企业思想家，从企业家上升到思想家是他成功的根本。他的哲学集中到一点就是"敬天爱人"。

从企业规模来看，美国有微软，日本有丰田，中国有华为。稻盛和夫虽然赤手空拳创建了两家世界500强企业，但毕竟不是世界最大的，也不是最有名的，但是从企业经营和经营哲学乃至人生哲学综合来看，稻盛和夫先生站到了世界和时代的高峰。在我看来，日本、中国甚至全世界几乎没有出现可以超越他的人。季羡林先生说得很中肯："根据我七八十年来的观察，既是企业家又是哲学家，一身二任的人，简直凤毛麟角。有之自稻盛先生始。"二十多年前就有很多日本企业家追随稻盛先生，都把稻盛先生作为自己经营和人生的楷模，这种现象，当今世界独一无二。

我国的市场经济经历了三十多年的发展，无论是国有企业还是民营企业在管理规范和制度建设上都取得了长足的发展，但同时也暴露出一些经营，管理的弊端，如有的企业经营者一手遮天，独断专行，企业缺乏有效的监督机制和制衡制度。企业的成功归根到底是由人来推动的，组织中的冲突与交融、控制与反控制、影响与反影响都是复杂的隐性问题，也就是领导者和管理者所面对的真正富于挑战的关键问题。

企业经营管理实际上是在经营人心，成也人心，败也人心。用什么样的思想、哲学、价值观来经营企业，来度过自己的人生，每个企业经营者都有自己选择的自由，但这种选择将决定着企业经营和人生的结果。例如，我们选择了利己主义的思想、哲学和价值观，无论什么事情都只考虑自己的利益，甚至损人利己，损公肥私，那么我们的经营和人生虽然可以取得一时的成功，但这种成功很难长期持续。为了企业的持续发展，为了获得幸福的人生，我们有必要学习并选择对人类进步与发展有帮助的思想、价值观，用它来指导我们的企业经营和人生。

稻盛和夫先生选择了"利他主义"，强调作为一个企业经营者要有"利他之心"。提倡把"追求全体员工物质与精神两方面都幸福的同时，为人类社会的进步和发展做出贡献"作为一个企业的经营理念。把"做人，何谓正确"作为企业的判断基准。

本书作者冯少华先生，是我多年的朋友，他深受稻盛先生的思想影响，于2011年开始在中山粤丰麦氏制造有限公司推行阿米巴经营，并取得非常不错的经营业绩。冯总是一位务实的人，诚实、稳重，行动力强，为人正直，具有非常丰富的经营管理经验。

本书采用通俗易懂的方式来分析阿米巴经营模式，并运用了大量的实操案例加以对照来阐述，不仅有理论更有大量实操指导，既宏大又精微。无论是从经营哲学的观点还是从实操角度都是一种进步。本书开了一个好头，实属难能可贵，希望有更多真正关于阿米巴经营实践方面的书籍能够推出，为企业的经营和发展做出贡献。

广东三和管桩股份有限公司运营总裁　姚光敏

前言 Preface

稻盛和夫，世界著名的企业家、企业哲学家、思想家。1932年出生于日本鹿儿岛，毕业于鹿儿岛工学部。27岁创办京都陶瓷株式会社（即京瓷），52岁创办第二电电（现名KDDI，是仅次于NTT的日本第二大通信公司），这两家公司均为世界500强企业。2010年执掌日本航空公司，使破产的日本航空公司迅速扭亏为盈。

稻盛和夫的经营哲学不分民族，不分国界，适合各个行业。他的成功经验值得广大企业家学习和借鉴。

我国著名企业家海尔集团总裁张瑞敏说："如果我们早一天认识稻盛和夫先生，海尔将会发展得更快。"日本软银集团总裁孙正义也说："如果没有稻盛和夫先生的阿米巴经营模式，就没有软银的今天。"

正因为稻盛和夫先生的阿米巴经营模式受到了世界上众多企业家的青睐，所以这些年稻盛和夫先生亲自编写的关于介绍阿米巴经营方面的书籍都成为畅销书。同时也有一些管理顾问公司的老师也编写了一些介绍阿米巴经营方面的书籍。这些书几乎都是在介绍稻盛和夫先生的经营哲学，真正介绍阿米巴经营实操方面的书实在太少。如果要编写一本关于推行阿米巴经营实操方面的书，没有丰富的实践经验根本行不通，哲学理论好写，抄抄书就可以，实操方面的经验却难写。没有真正实操方面的经验写出来的东西也只是一种表面形式而已，根本不具备实操指导作用。

我有多年在企业成功推行阿米巴经营的实操经验，写出来的书稿内容真实，且具有一定的参考和借鉴作用。

在推行阿米巴经营模式的过程中，有许多细节需要特别注意，这也是我推行阿米巴经营多年实践经验的总结。在本书中，从阿米巴经营哲学的理解到阿米巴经营模式的实际操作,从点到面,都做了比较详细的介绍。作为一名管理人员,如果认真读完这本书,那么对阿米巴经营模式必定会有一个比较全面的了解。本书也可以说汇集了稻盛和夫先生所有著作之精华,并且针对重点内容我结合实际操作经验进行了较为详细的解释。可以说,如果参考本书在企业内部去摸索,去逐步实践,只要方法得当,把握好每一个推行步骤,同时也把握好推行过程中"度"的问题,那么一定可以获得比较好的效果。因为这是我本人的亲身体会,是亲身经历获得的经验。虽然行业不一样,但是阿米巴经营模式适合任何一家企业,这是已经被证明了的实事。所以我非常自信地告诉大家,只要从内心深处愿意接受稻盛和夫的经营哲学,那么推行阿米巴经营一定可以取得非常好的效果,企业也一定可以成为高收益公司。

2008年,我在中央电视台《对话》节目中,第一次了解了稻盛和夫本人以及他的经营哲学和阿米巴经营模式。我特别喜欢看《对话》节目,也许是老天对我的眷顾,让我没有错过这期《对话》节目,从此我好像找到了经营管理的真经,又好像在茫茫大海中看到了导航的灯塔。2011年我在自己任职的企业中山粤丰麦氏制造有限公司开始推行稻盛和夫先生的经营哲学以及他的阿米巴经营模式,且取得了不错的经营效果。我所在的企业与推行阿米巴之前进行对比变化很大。正因如此,所以我对稻盛和夫的经营哲学以及他的阿米巴经营模式完全适合我国企业深信不疑。只有经历过才知道真假,没有亲自去体验根本没有发言权。

我们公司是一家中型民营制造企业,经营各类锁具,自产自销,以出口为主。企业有1000多人,占地面积7万多平方米,我是公司总经理,也是董事。企业这么多年来接受过很多管理培训,如精益生产、TQM(全面质量管理)、六西格玛(6σ)、企业流程再造、7S等。真正对企业产生较大改变的且取得较好经济效益的只有阿米巴经营模式。我是阿米巴经营模式在公司推行的主导者和倡导者,同时我也是阿米巴推行小组组长,在不同的时间段我先后任命了几个推行副组长,其中生产中心经理罗清华和品质管理中心的杨经理在推行的过程中发挥了一定的作用。我们是自行主导推行的,那个时候国内几乎没有真正做阿米巴推行辅导的顾问公司,何况我也不太相信一些没有实际操作经验，只知道谈一些空洞不切实际理论的顾问老师。

我国企业一直以来都在学习西方以及日本的管理经验，一直都在摸索中前进，到现在为止很少有一套完完全全属于我们中国人自己的经营管理模式。不是中国人不懂经营管理，更不是中国人没有别人聪明，而是我国工业发展的时间太短，根本没有多少成功经验积累以及经营理念沉淀。

我国民营企业的发展一般分为两个阶段：创业阶段和第二次创业阶段。创业阶段的最大特点是，企业家靠敏锐的市场嗅觉及超人的胆量，只要认准机会就不会放过，使企业快速成长起来。这个时期，企业的成长和经营主要是凭借企业老板的个人经验、威信以及个人的聪明才智，投机性比较强，企业短时间内的成功带有一定的偶然性。但是如果不改变他们的经营理念，失败则是必然的。从某种意义上说，这些老板创业的成功是幸运之神的眷顾。第二阶段是企业发展到了一定的规模，需要不断做大做强的时期。这个时期可以体现出一个企业家经营企业的智慧。

20世纪末，中国第一代民营企业有的已经灰飞烟灭（如秦池、爱多、三株、太阳神、南德集团、亚细亚、飞龙，这些企业的老板哪一个不是当年在我国企业界呼风唤雨的风云人物？这些企业唯一能留给商业界的只有他们失败的案例。这些当年著名的企业盛极而衰的失败案例，给现在的企业家上了一堂深刻且意义深远的教育课。企业家们也通过这些惨痛的失败教训对他们自己做了一次思想与灵魂的洗礼，同时也通过这些失败的案例来净化当代企业家的心灵），有的已经完成了原始资本积累，进入了第二次创业阶段。进入第二次创业时期的我国民营企业，出现了严重的多极分化，境遇各有不同，有的小农思想严重，小富即安，不愿意再继续去冒险，开始过起了得过且过的日子，企业发展得越来越慢，最后停滞不前，难免逐步遭到淘汰；有的没有考虑到内外部环境已发生重大变化，仍沿用创业时期的粗放式管理方式，在企业做大的同时管理水平没有跟上去，导致企业发展失控。上述两类企业的老板都没能实现从"生意人"向企业家的转变，最终的结局都比较惨淡。

我国民营企业昨天成功的模式恰恰不能保证明天还能继续成功，如果处理不好新的发展阶段新的课题，依然用创业时期的思路运作企业，势必成为又一个短命的企业。

我国目前最具影响力的企业华为，在2016年世界500强中排名第129名，就是这样一家世界级的企业1995年也一样遇到了继续做大做强的难题。

华为第一次创业是靠任正非的个人行为，凭着他的远见卓识、超人的胆略以及艰苦奋斗的精神，使华为从一家名不见经传的小企业发展到现在世界级的著名企业。

任正非在华为的第二次创业时期，为了提升华为的管理水平做了两件事情最为关键：制定《华为基本法》和引进西方发达国家跨国企业的先进管理思想和方法。前者对华为八年前发展历程中成功与失败的经验教训进行了总结，给华为之后十年的发展指明了方向，为华为人提供了一种思考问题的方法；后者则提供了一种顺利达到既定目标的路径。

我国现在有很多比较优秀的企业，当然华为最具有代表性。2016年进入世界500强的企业中我国有110家。今天的中国已经成为世界第二大经济体，正在快速逼近美国。我本人每当看到这些企业获得重大突破的时候，心中总有一种莫名的兴奋，就好像在奥运会上看到国旗升起时的那种感受，我想这就是民族自豪感吧。

虽然我国现在也有一些比较大型的企业，但真正能够走出国门的企业并不太多，称得上世界级企业的更不多，企业的影响力在国际上还比不上日本、美国这些老牌工业国家。我们的企业的平均寿命比较短，根扎得还不够深，综合抗风险能力不强，同国际上一些大型企业相比差距仍然比较大。所以我们要不断学习、不断创新，不断缩小我们与国际大型企业的差距，学习它们、追赶它们，然后超越它们。

稻盛和夫能够在有生之年创办两家世界500强企业（京瓷和KDDI），同时又拯救了另外一个世界500强企业（日本航空公司），这样的企业家全世界几乎找不到第二个。稻盛和夫先生在工作之余对自己一生经营企业的经验进行汇总、总结、提炼，最后编写成册公布于世，这是他个人对这个世界、对整个人类社会最大的贡献。可以毫不夸张地说，他的经营哲学可以拯救很多中国企业。

日本这个国家善于学习其他国家的长处，在唐朝、宋朝、明朝时期他们学习我们，因为那个时期的我国繁荣强大，经济发达，科技、军事、文化等都处于世界前列。到了 19 世纪,当时的清朝政府闭关锁国,国力衰弱,国家的综合实力远远落后于西方早已初步完成第一次工业革命的国家。那个时候的日本进行了明治维新,新的明治政府不断学习西方资本主义国家的先进生产方式,学习西方的科学技术,使日本快速完成了第一次工业革命。明治维新后的日本政府通过扩张不断积累财力,到 19 世纪末综合国力已经远远超过当时的中国。一个不善于学习,不思进取的民族最终会被世界所抛弃,被强者所欺凌。企业也一样,一个不善于学习,不善于总结自己成败,不善于管理创新的企业也无法发展壮大。

向强者学习,可以使自己变得更强。今天我们要向著名的日本企业家稻盛和夫学习,学习他的为人处世之道,学习他经营企业的成功经验,学习他的经营哲学。我相信通过学习稻盛和夫的经营理念以及他的阿米巴经营模式,一定能够使我们的企业变得越来越强大,同时也将帮我们在迷茫之中找到经营企业的有效模式,使我们在经营企业的同时不断提升心性,净化灵魂,做一个有利于家庭、有利于企业、有利于社会、有利于国家的人。

我为什么要写这本《阿米巴经营实操手册》呢?这几年,稻盛和夫的经营哲学及他的阿米巴经营是最受企业经营者信奉的经营模式,也不断成立了一些以辅导阿米巴经营为主业的管理顾问公司。我看了不少讲解阿米巴经营的视频,也看了一些管理顾问公司编写的有关这方面的图书(多是理论型且不具备实操指导作用,缺乏实践经验),同时也同不少专业从事这一行业的顾问老师聊起阿米巴经营及稻盛和夫的经营哲学。我越来越发现有一部分管理顾问公司的目的只是赚钱,他们把阿米巴经营当成一个商品在过度包装和复杂化。其最主要的原因是他们不太懂阿米巴经营在企业内应该怎样具体落地推行。这些顾问老师自己似懂非懂,怎么可能有能力去辅导企业推行阿米巴经营呢?但是个别管理顾问公司为了赚钱,置企业的利益于不顾,通过大力度的网上营销、宣传,骗取企业经营者的信任。有时候我真为一些企业老板感到冤枉,为什么自己不愿意买本这方面的书好好看看,多研究研究?如果这么做,只要结合自己多年经营企业的经验,多少也会明白阿米巴经营的一些原理,当选择管理顾问公司时心中也有一点底,在一定程度上可以避免因为误选辅导老师而产生经济损失。

2016年5月,有一位管理顾问公司的老师来我公司谈阿米巴经营项目,据他自己介绍,他们公司是目前中国最早做阿米巴经营落地咨询的公司。他走进我公司就看到较多关于阿米巴经营方面讲解的资料,然后在我办公室又看到《阿米巴工作进度推进表》,坐下不久就问我:"冯总,你们公司也在做阿米巴吗?"我说:"是的。"他又问:"你们请哪家公司辅导的呢?"我回答说:"我们没有请管理顾问公司,我们是自己做的。"之后我们聊了一些关于阿米巴经营方面的知识,我发现这个老师对阿米巴经营的实际操作并不太懂,应该以前在工厂工作时没有做过中层以上的管理职位。我就问他:"你在做管理顾问老师之前是做什么工作的?"他想了一下很快就说:"我在一家工厂做副总经理,也在一家大型的集团公司做过副总裁。"听起来还不错,我继续问:"你在哪家公司做过副总裁?做了多久啊?这么好的工作怎么舍得出来做一名普通的顾问老师呢?"他很含糊地回答了我。其实我早知道他说的很多都不是真的,他根本就没有做过中高层管理工作。我相信我这点判断力还是有的,否则我怎么去人才市场招聘部门经理、总监呢。当然,我还是给足了他面子,让他离开了我们公司。这些公司业务人员很厉害,我们人力资源部负责人告诉他说我们早就做了"阿米巴",他们还是一样要过来拜访。有时候没有办法推辞就同他们见上一面,同时我也想了解这些人是不是真的懂得在企业内部如何落地阿米巴经营模式。如果真的有实操经验,也可以互相学习。

像这样的阿米巴顾问我见过很多,这些人中有的胆子很大,并且撒谎,过度包装自己,能说会道。这些人中有些是从企业走出去的基层管理人员,高层非常少,真正在企业做过副总、副总裁、总经理的更是少之又少。

为什么这些没有实际操作经验的顾问公司也一样可以找到它们的客户呢?原因是很多企业经营者本身就不懂阿米巴经营是什么,所以顾问老师怎么讲他们就怎么听,是对是错他们根本就不知道。当然也有一些真正有实力、有实际操作经验的顾问公司,不过这样的公司不多。

阿米巴经营是总经理工程,没有任职过企业总经理的人很难成功辅导企业推行阿米巴经营。试想,一家企业招聘总经理为什么要招聘有经验、有能力并且有成功经营案例的总经理呢?顾问老师也是同样的道理,阿米巴经营的咨询老师在一定程度上就是代理这个公司总经理的工作，如果一个从来没有做过部门经理的人突然让他做企业总经理，可行吗？可靠吗？他们没有把企业做倒闭就是企业的幸运了。个别顾问公司人员的最大特点是胆子非常大，就算他们没有做过一天部门主管，也同样敢去指导一家企业集团公司总裁的工作。

我经常同一些做企业的朋友一起谈论这方面的问题，大家认为，有必要写一本关于指导企业经营者阿米巴经营实操方面的书。就这样，我便下决心写一本关于阿米巴经营实操指南的书，希望对大家有一定的帮助。

当然由于水平有限、时间仓促，书中难免会有疏漏甚至错误之处，欢迎读者朋友批评指正。

冯少华

目录
Contents

序

前言

上篇　阿米巴经营详解

第一章　为何学习发达国家的企业管理模式 //003
　　一、世界工业革命的时间 //003
　　二、为何学习稻盛和夫的经营哲学及阿米巴经营 //008

第二章　推行阿米巴经营的目的 //010
　　一、阿米巴经营为企业培养具有经营者意识的领导者 //010
　　二、阿米巴经营把生产制造部与外部市场直接联系起来 //015
　　三、能够随时、准确地掌握各部门实际经营业绩和财务数据 //019
　　四、实现全员参与经营 //024

第三章　经营不能没有哲学——稻盛和夫经营哲学精髓 //027
　　一、敬天爱人 //027
　　二、利他之心 //030
　　三、做人，何谓正确 //035
　　四、人生·工作结果＝思维方式×热情×能力 //040

第四章 经营者内心修炼与经营方法指导 //044
一、6 项精进 //044
二、经营 12 条 //059

下篇 如何推行阿米巴经营

第五章 推行阿米巴经营常见的理解误区 //081
误区 1：没有真正理解什么是阿米巴经营 //081

误区 2：阿米巴经营就是独立核算 //082

误区 3：阿米巴经营就是承包制 //083

误区 4：阿米巴经营就是绩效考核 //085

误区 5：阿米巴经营就是量化分权 //085

误区 6：稻盛和夫的经营哲学不适合中国企业，那是日本文化 //087

误区 7：中国企业推行阿米巴经营的时机还不成熟 //089

误区 8：阿米巴经营是一个很虚的东西，根本就不实用，都是吹出来的 //090

误区 9：阿米巴经营就是企业加强会计统计工作 //092

误区 10：是精益生产厉害，还是阿米巴经营厉害 //093

误区 11：老板的经营理念不改，只做形式上的阿米巴经营也行 //094

误区 12：必须完全悟透稻盛和夫的经营哲学才能推行阿米巴经营 //097

误区 13：没有任何基础也可以推行阿米巴经营 //098

误区 14：推行阿米巴经营一定要成立独立的经营管理部 //100

误区 15：推行阿米巴经营就是让老板做甩手掌柜 //102

误区 16：阿米巴经营模式只适合生产制造型企业 //103

第六章 推行阿米巴经营的三大阶段十个步骤 //104
一、第一阶段 //105

  步骤 1：企业调研与全面诊断 //105

  步骤 2：经营哲学理念导入 //110

步骤3：战略定位 //120

步骤4：组织架构调整 //125

二、第二阶段 //128

步骤5：划分阿米巴 //128

步骤6：内部定价 //138

步骤7：内部交易 //143

步骤8：单位时间核算 //146

三、第三阶段 //155

步骤9：表扬与激励 //155

步骤10：PDCA 循环 //156

第七章 推行阿米巴经营的 35 个注意细节 //159

第 1 个注意细节：内部定价 //159

第 2 个注意细节：营销部是一个销售代理公司 //160

第 3 个注意细节：《单位时间核算表》不包括人工费 //161

第 4 个注意细节：划分阿米巴只是一种概念，而不是真正的独立小公司 //162

第 5 个注意细节：给各级阿米巴巴长培训《单位时间核算表》//163

第 6 个注意细节：内部交易都以金额为结算单位 //163

第 7 个注意细节：设定每月单位时间附加值目标 //164

第 8 个注意细节：划分阿米巴不宜过细也不宜过粗 //164

第 9 个注意细节：各阿米巴必须召开月度经营总结会议，必须制订月度经营计划 //165

第 10 个注意细节：推行阿米巴经营之前要进行详细的调研和诊断 //165

第 11 个注意细节：实行内部交易 //166

第 12 个注意细节：当月实际销售额的计算方式 //167

第 13 个注意细节：内部也要收取利息 //167

第 14 个注意细节：推行阿米巴经营不能搞成绩效考核 //167

第 15 个注意细节：成本部门必须把本部门经费报送给各阿米巴（利润）

单位 //168

第 16 个注意细节：制订战略经营计划（1~3 年，重点是 1 年内的经营计划）//169

第 17 个注意细节：领导必须树立榜样，牢记"做人，何谓正确" //169

第 18 个注意细节：一定要执行"双重确认"签收制度，防止人为出错 //169

第 19 个注意细节：必须不断增加单位时间附加值 //170

第 20 个注意细节：各阿米巴必须清楚当天的单位时间核算效益 //170

第 21 个注意细节：报废品所产生的收益归属相关的阿米巴 //170

第 22 个注意细节：阿米巴经营 = 简单有效 //171

第 23 个注意细节：企业经营者必须获得员工的高度信任 //171

第 24 个注意细节：领导必须公平、公正，一身正气 //172

第 25 个注意细节：销售额最大化不是简单地提高单价 //172

第 26 个注意细节：单位时间核算不是在月末统计当月的经营信息 //172

第 27 个注意细节：重视稻盛和夫经营哲学的培训 //173

第 28 个注意细节：差旅费应按具体项目详细填写 //173

第 29 个注意细节：临时工的劳务费不作时间管理 //173

第 30 个注意细节：每一个员工都必须了解本阿米巴的经营目标 //173

第 31 个注意细节：及时反省 //174

第 32 个注意细节：要有产品虽然大幅降价也要确保盈利的决心 //174

第 33 个注意细节：不断对自身工作进行改良与改进 //174

第 34 个注意细节：《单位时间核算表》中时间的核算方法 //174

第 35 个注意细节：阿米巴经营核算软件 //175

第八章　阿米巴经营带给企业诸多经营方面的改善 //176

1. 企业经营者会重新思考创办企业的目的 //176

2. 企业经营者会把"追求全体员工物质与精神两方面都幸福"作为企业的经营理念 //177

3. 员工从"要我做"转变为"我要做" //177

4. 大幅降低经营成本，减少内耗 //180

5. 推倒部门墙，团队更加和谐，沟通无障碍 //182

6. 质量得到全面控制，客户投诉减少 //185

7. 激发员工进行管理与技术创新 //186

8. 激发员工的集体荣誉感和阿米巴巴长的个人荣誉感 //187

9. 对一些严重阻碍企业发展的员工进行精准淘汰 //189

10. 非阿米巴的物料管理部门的责任心增强了 //191

11. 为企业培养优秀的经营管理团队，员工归属感增强 //193

12. "做人，何谓正确"成为经营企业的原理原则 //194

13. 追求销售额最大化、经费最小化 //197

14. 管理人员更加重视亲临生产一线，做到知行合一 //201

15. 确保企业永久盈利不亏损 //205

16. 企业招聘不再只依赖人力资源部，而是各阿米巴共同参与招聘 //206

17. 研发周期缩短，新产品性价比高 //207

第九章 培养阿米巴巴长 //209

一、选择阿米巴巴长 //209

    1. 大阿米巴巴长的任职条件 //209

    2. 小阿米巴巴长的任职条件 //209

二、阿米巴巴长的培训 //210

    1. 经营哲学理念培训 //210

    2. 管理技能培训 //212

第十章 推行阿米巴经营的典型案例 //222

案例1：稻盛和夫拯救日本航空公司 //222

案例2：一个失败的案例及分析 //228

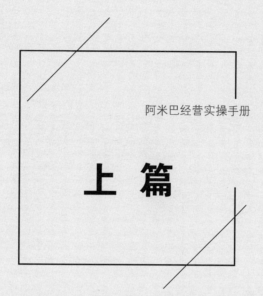

阿米巴经营实操手册

上 篇

阿米巴经营详解

阿米巴经营实操手册

第一章

为何学习发达国家的企业管理模式

一、世界工业革命的时间

一个国家的经济发达程度在一定程度上受本国工业革命时间的影响，所以了解世界工业革命的时间对我们为什么要学习阿米巴经营有非常大的帮助。

1. 欧洲工业革命的时间

企业界很多人认为学习阿米巴经营又是在企业内部搞崇洋媚外的那一套，完全不知道为什么我国这么多年来一直在学习日本、美国企业管理模式的真正原因，仅又简单地认为是崇洋媚外。所以在这里有必要做一个比较详细的阐述。

世界工业革命开始于18世纪60年代，发源于英格兰中部地区，是指资本主义工业化的早期历程，即资本主义生产完成了从工场手工业向机器大工业过渡的阶段。工业革命是以机器取代人力，以大规模工厂化生产取代个体工场手工生产的一场生产与科技革命。

工业革命是资本主义发展史上的一个重要阶段，实现了从传统农业社会转向现代工业社会的重要变革。从生产技术方面来说，它使机器代替了手工劳动，工厂代替了手工工场。工业革命创造了巨大的生产力，使社会面貌发生了翻天覆地的变化。工业革命同时也是一场深刻的社会关系的变革，它使社会明显地分裂为两大对立的阶级——工业资产阶级和工业无产阶级。

率先完成工业革命的西方资本主义国家逐步确立起对世界的统治，世界形成了西方先进、东方落后的局面。最终是资本主义战胜了封建主义。

工业革命极大地提高了生产力，巩固了资本主义各国的统治基础；科技的进步，密切了世界各地之间的联系，改变了世界的面貌，确立了资产阶级对世界的统治；客观上传播了先进的生产技术和生产方式，猛烈冲击着殖民地的旧制度、旧思想；西方殖民掠夺加强，殖民地人民更加贫困、艰难，使东方从属于西方。

英国工业革命的成功使英国成为"世界工厂"，逐渐占据了世界经济的霸主地位。

2. 美国工业革命的时间

美国的工业革命早在1800年就开始了，1865年南北战争胜利后美国的工业革命快速发展，于1875年完成了第一次工业革命。1875年以后美国开始了第二次工业革命，从第二次工业革命开始，美国超越了英、法、德，走在了世界的前列，于1924年完成了第二次工业革命，正式成为世界头号工业强国及军事强国。

1865年南北战争以后，美国就没有发生过内战，而是举全国之力全面发展经济，从而一举奠定了美国成为世界霸主地位的基础。当美国成为头号工业强国的同时，也诞生了世界著名的管理学家，因为国家稳定、工业发达，工厂机器化大生产程度比较高，为了不断提升生产效率，开始有了专业研究企业管理的人员。

泰勒： 美国人，科学管理之父。在一家钢铁厂上班，从一个普通工人做起，历任车间管理员、小组长、工长、技师等职。他在工厂进行了劳动时间和工作方法的研究，为以后创建科学管理奠定了基础。在钢铁厂，泰勒进行了著名的"金属切削实验"，经过两年初步试验之后，给工人制定了一套工作量标准。这个实验也是世界工业史上工时研究的开端，同时又提出了计件工资制。也就是说，我国现在很多工厂实行的计件工资是泰勒早在19世纪末就提出来的。最后，泰勒还去了伯利恒钢铁公司，在那里进行了著名的"搬运生铁块实验"和"铁锹实验"，在当时的19世纪末，泰勒就提出了IE（工业工程）研究。

彼得·德鲁克：美国人，现代管理学之父。他的著作影响了数代追求创新以及最佳管理实践的学者和企业家们，各类商业管理课程都深受他的思想影响。他在1945年出版的《管理的实践》中提出了一个具有划时代意义的概念——目标管理。从此将管理学开拓成为一门学科，从而也奠定了他管理大师的地位。

《卓有成效的管理者》《管理：任务、责任、实践》都是管理者必读的经典之作，是很多商学院的教材，是给企业经营者的系统化的管理手册，是为学习管理学的学生提供的系统化的教科书，同时告诉管理人员付诸实践的是管理学而不是经济学，不是计量方法，不是行为上学。

在美国不仅仅只有泰勒和德鲁克两位管理学家，只是他们最为著名，还有很多从事企业管理研究的人员，而在我国，19世纪根本就没有什么工业基础，更谈不上有专业人士去研究工业企业管理问题。

3. 日本工业革命的时间

了解日本工业革命的历史进程使我们更加明白，我们为什么一直都在学习别人的管理模式，而这并不是所谓的崇洋媚外。

19世纪50年代，日本也像中国一样受到美国、俄罗斯、英国、荷兰、法国的侵略，使日本同样面临着沦为半殖民地的危险。但是到了1868年，日本爆发倒幕运动，建立了以明治天皇为首的政府。经过明治维新，日本政府统一全国政权，废除了封建等级制度，模仿欧美社会制度，输入科学技术，发展资本主义工商业，同时为了摆脱遭受外国奴役的危险，日本举全国之力发展资本主义经济，以增强国家的军事力量。

早在明治维新初期，日本政府就提出"求知于世界"的口号，积极从英、美、德、法、意等国聘请科技专家，其中对英国、德国的技术利用最多，兵工厂得到大规模建设。同时，日本还派遣大批的官员、技师、学生到西方国家学习与考察。在这个时期，日本的综合国力已经远远超过当时的清朝。甲午战争打败清政府后，日本不仅提高了国际地位，而且逐步取消了与西方国家签订的一系列不平等条约。此时亚洲绝大多数国家都先后沦为殖民地与半殖民地，然而，日本却走上了资本主义的发展道路，成为一个强大的工业和军事帝国。

甲午战争以中国战败为结束，当时的清政府对日本做了巨额战败赔款，这样使原本就十分贫穷的中国更加贫穷，国力也越来越弱。而日本利用从中国抢来的钱财大力发展国内工业，进一步为未来日本工业的发展打下了一个良好的基础。

第二次世界大战后，日本经济在得到美国的大力扶持下高歌猛进，一度超过了美国成为世界第一经济强国。我们再掉过头来看看中国，目前最强大的企业之一华为创业时间是1988年，到2016年也才28年，离百年还差很远。而日本丰田、本田、三菱、松下、夏普、京瓷、索尼等企业都超过了50年以上，其中三菱创立到现在超过了143年的历史，丰田80年以上的历史，本田也有70年历史，京瓷57年历史。超过100年历史的企业日本有2.1万家，只有200多年历史的美国也有1500家左右。而我国，虽然现在也有一些大型的企业集团，但根扎得不够深，综合抗风险能力不够强，没有真正经受过世纪风险的考验。正因为如此，所以我国从近代到现代都没有出现过真正在国际上有影响力的管理学家。

日本从近代到现代出现了大批世界著名的管理学家，首先在日本出现了"经营四圣"，他们是：松下公司的创始人松下幸之助，索尼公司的创始人盛田昭夫，本田公司的创始人本田宗一郎，京瓷公司的创始人稻盛和夫。稻盛和夫也是四人之中最年轻且唯一在世的"经营之圣"。而且日本还有世界著名管理学家大前研一和丰田生产方式创始人大野耐一。相比之下，我国到现在为止也没有出现过一个这样的企业管理大师级人物。

4. 中国工业革命的时间

当西方国家完成工业革命时，中国当时正处在清朝时期，清政府把明朝末期的一些先进思想和科学技术全部抛弃，社会不但没有进步反而倒退。西方工业革命大潮对中国的影响非常小。美国随后于1875年完成了第一次工业革命，那个时候我国的国门已经被打开，逐渐向半殖民地滑去。就这样由于各种历史原因，中国经济不但没有得到发展，反而严重倒退。在这样的环境和条件下，我们无法去建设工业、发展经济。其实洋务运动是当时一些官员主张学习西方工业化的开始，但洋务运动也只是一种形式。甲午战争失败后，国内的工业化生产几乎停滞，洋务运动失败。在这样的情况下怎么能产生著名的企业管理学家呢？怎么可能产生世界知名的企业家，从哪里去诞生中国的"经营之圣"呢？

幸好，我国出了一个邓小平，因为他的英明决策，使我国最终走上了改革开放的道路。只有改革开放才能发展中国，改革开放是我国的强国之路，是国家发展进步的活力源泉。20世纪80年代才慢慢开始出现了一些民营企业，其中，中国优秀企业华为便是在1988年创建成立的，海尔成立于1984年。中国一大批优秀企业都是20世纪80年代以后的产物，算算时间相对于西方和日本的一些大型国际企业，我们的企业就是一个小孩，最多算一个少年，还有很多路要走，要去面临从来没有面临过的风险，要去接受从来没有接受过的考验。

财富需要积累，管理经验需要时间沉淀。我国的企业经营时间都不长，真正从事企业经营管理研究的专业人士，他们从业时间也不太久，所以到目前为止我国仍然缺少系统的、具有创新性的管理理论。改革开放以来我们都在学别人的管理方法，几乎都是先引进然后套用。学得最多的应该是美国的管理模式和日本的管理模式。美国学者德鲁克对我国企业经营管理者影响非常大，日本的5S、丰田生产方式"精益生产"给中国企业界也带来了深刻的影响，很多企业都在学习应用这些管理模式。

自从2008年以来，京瓷公司创始人稻盛和夫先生走进中央电视台《对话》栏目后，他的经营哲学及他的阿米巴经营开始影响越来越多的中国企业经营管理者。现在全中国很多地方都有稻盛和夫先生亲自创办的盛和塾，有几千名塾员。并且，很多管理顾问公司也在宣传及帮助一些企业学习稻盛和夫的经营哲学及落地他的阿米巴经营模式。

二、为何学习稻盛和夫的经营哲学及阿米巴经营

世界上有很多著名的企业家，如杰克·韦尔奇、比尔·盖茨、路易斯·郭士纳、乔布斯、任正非、马云等，为什么在这么多世界级的成功企业家之中我们偏偏选择学习稻盛和夫的经营理念，学习他的阿米巴经营模式呢？因为稻盛和夫在有生之年创办了两家世界500强企业，不仅如此，他还在一年之内拯救了破产的日本航空公司，创造了世界航空史上的最高利润。这些实事足以说明稻盛和夫的经营方法是可以借鉴的，是一套真正行之有效的经营管理模式。

学习稻盛和夫的经营哲学以及他的阿米巴经营有以下几点原因。

第一，稻盛和夫先生对他一生经营企业的经验进行了全面系统的总结，并且编写成册便于学习、思路清晰，就像一本经营教科书一样，按照他的经营思路逐步引导我们，指导我们怎样去经营自己的企业。并且把他在经营过程中遇到的一系列有关管理的问题介绍出来，提醒大家不要犯同样的错误。

第二，其他同样位列世界级知名的企业家，他们的经营理念也同样被企业界所称道、认可，经营企业的能力也非常强，可是他们没有把经营企业的知识和经验进行系统总结和提炼，然后编写成册。没有总结、没有编写成册，就算他们有很好的经营理念和管理方法，大家想学也不知道从什么地方开始。关于他们本人的介绍也只是从书上东看一点、西看一点。这些零碎的知识不具备系统性，所以很难起到指导作用；而且作为读者，我们也不知道书本所介绍的经营理念，是这些企业家本人自己的经营理念，还是这些写书的作者

编写出来的。稻盛和夫先生不一样，关于他的经营哲学以及阿米巴经营模式都是由他本人亲自撰写且汇编成册的，是他经营企业半个世纪以来的思想精华和经验总结，属于实实在在的经营管理方面的教材。学习别人的东西是好事，但也不能乱学，没有目的的乱学就会使企业迷失前进的方向。

第三，我的亲身经历。从 2011 年开始，我在一家中型民营企业开始宣导稻盛和夫的经营哲学，效果非常明显，企业在推行前和推行后变化非常大。结合这个案例，2013 年我写了《拯救工厂危机》一书。事实证明，稻盛和夫的经营哲学及他的阿米巴经营模式适合我国任何一家企业。我们公司就是典型的民营企业，员工人数最多的时候有 1300 人左右，取得的效果证明了阿米巴经营模式在中国企业同样可以落地、生根。

稻盛和夫是日本著名企业家、哲学家、思想家和企业哲学家，日本四大"经营之圣"。1932 年出生于日本鹿儿岛，1955 年毕业于鹿儿岛大学工学部，1959 年创办京都陶瓷株式会社（现名京瓷"Kyocera"，时年 27 岁），1984 年创办第二电电公司（原名 DDI，现名 KDDI，是目前在日本为仅次于 NTT 的第二大通信公司，时年 52 岁）。京瓷和 KDDI 都是世界 500 强企业。

2010 年 1 月 19 日日本航空公司申请破产保护，稻盛和夫于 2010 年 2 月 10 日出任日本航空公司董事长。仅仅用一年时间他就让破产重组的日本航空公司扭亏为盈，并且创造了日航史上最高的利润。而且这个利润也是当年全世界航空企业中的最高利润。1983 年创办了盛和塾，向企业家义务传授他的经营哲学。在盛和塾，企业经营管理者定期集中学习，研讨稻盛和夫的经营哲学以及他的阿米巴经营模式。稻盛和夫是这几年我国企业界最受欢迎的企业家之一，阿米巴经营同样也是我国企业界这几年最热的管理名词、搜索率最高的管理词汇之一。

第二章 推行阿米巴经营的目的

一、阿米巴经营为企业培养具有经营者意识的领导者

稻盛和夫经营理念的产生主要源于创业时期的京瓷越做越大,稻盛和夫先生感觉一个人经营企业非常吃力,根本忙不过来,为了解决这种瓶颈式的经营难题,通过长期的思考和日常的工作所产生的灵感,稻盛和夫逐渐形成了他的经营理念。稻盛和夫创建京瓷之初,从新产品开发到生产、销售,各个环节都由他一个人负责。当企业发展到200人左右时,他开始感到力不从心,苦恼之余来了灵感,他想到了《西游记》里的孙悟空。孙悟空本领高强,能够斩妖除魔,为人间伸张正义,是一代又一代中国人心目中的英雄。每当我们看到孙悟空单枪匹马同一群妖怪决斗时,都忍不住脱口叫起来:"孙猴子,快点拔出毫毛来,多变一些孙悟空,这样你就不怕妖怪人多了。"这说明什么问题呢?说明孙悟空只要变出了像他一样厉害的小孙悟空,就可以打败这些妖怪。稻盛和夫把自己比喻成孙悟空,他想,如果能变很多同自己一样的、有经营者意识的人出来,就可以像自己一样去经营企业了,如果这样,无论企业发展多快,也不必担心忙不过来。就这样稻盛和夫的阿米巴经营理念诞生了。

那么怎样培养具有经营者意识的人才呢?稻盛和夫把能划分成阿米巴⊖的部门都划成阿米巴,每个阿米巴都有一个巴长,这个巴长就是这个阿米巴的

⊖ 阿米巴(Amoeba)在拉丁语中是单个原生体的意思,属原生动物变形虫科。变形虫最大的特性是能够随外界环境的变化而变化,使之适应其所面临的生存环境。

经营者。这个巴长必须像老板那样去经营这个部门，有经营者思维，要像经营者那样去思考企业生存与发展的问题。而且每一个阿米巴的所有行为都不可以有损整个公司的整体利益，这是原则问题。

稻盛和夫是一位成功的企业家，在京瓷内部培养出许许多多有能力的、非常优秀的企业经营者，每一个经营者负责一个事业部，一个事业部就是一个工厂，而且这些经营者必须足够优秀，京瓷才能长久经营、健康发展，才能确保连续50多年不亏损。

情景案例1

有这样一家电器企业，该企业推行阿米巴经营有一年多时间了，总经理推行阿米巴经营的主要目的是在企业内部培养具有经营者意识的中高层管理人员。以前该企业招人都是依赖人力资源部门，整个企业2000多人，经常面临招人难的局面。特别是近几年，员工越来越难招聘，员工对企业也越来越挑剔，招进来的员工稍微有一点不满意就走人，有的甚至连工资都不要就离职走人。再加上该公司地处偏僻，招人就更难，尤其是普通工人非常难招，公司想了很多办法仍然解决不了招人问题。

自从2015年推行阿米巴经营以来，企业内部划分了很多个独立的阿米巴，每一个大阿米巴下面又划分了更多独立的小阿米巴，每一个巴长就是这个阿米巴的老板，就是这个小阿米巴的经营者。现在绝大多数阿米巴都缺少一线员工，没有一线员工什么都做不了，订单很多却无法完成，所以该公司目前最重要的就是解决一线员工问题。如果在以前只能把所有招聘压力都压到人力资源部门，但是自从公司推行了阿米巴经营以来，改变了一直以来的做法：既然各个阿米巴是独立的经营体，那么产品从质量、制造成本、人工、水费、电费等各方面都由本阿米巴自行负责；既然各个阿米巴巴长是本阿米巴的经营者，那么各个阿米巴所欠缺的员工也必须自行想办法解决。各个大的阿米巴下面又划分了数量不等的小阿米巴，各个小阿米巴也同样有小阿米巴巴长，大阿米巴巴长在开会的时候这样讲道。

"各位阿米巴巴长你们好，现在我们公司推行了阿米巴经营管理模式有一年时间了，我们每一个巴长都是各自阿米巴的老板，是经营者。现在我们阿米巴缺这么多生产一线员工，怎么办？难道还像以前那样等人力资源部帮我们招人吗？一个人力资源部能力是有限的，并且人力资源部从外面招聘进来的员工不太稳定，很容易离职，远远比不上我们内部员工介绍的稳定可靠。所以，现在你们这些阿米巴巴长要发动自己的所有员工，让他们努力去外面找人，找朋友介绍。我们阿米巴巴长，既然自己是经营者，就要各自负责自己阿米巴的招聘事宜，限定在十天之内完成招聘任务。"

这个时候有一个小阿米巴巴长提问说："大巴长，按道理招人肯定是人力资源部负责的事情啊，他们是职能部门，我们最多就是协助招聘吧。"听到这样的提问，这个大阿米巴巴长停下来说："这个问题我不做回答，因为我讲得太多了，不想重复，由组装阿米巴的人负责回答你的问题。"这个负责人是一名王姓女巴长，管理得力。她站起来说："孙巴长，你也接受了这么久的阿米巴经营理念的培训了，我们现在推行的是阿米巴经营管理模式，不像以前那样，什么事情都找上面，都找职能部门，现在不可以了。我们现在是阿米巴巴长，就是一个小工厂厂长了，一个小老板了，所以我们负责的各自阿米巴的所有事情必须由我们自己首先想办法解决，否则怎么算一个独立经营的核算单位呢？招聘的事情肯定由我们各自阿米巴自行负责解决，我们必须这样做，才真正可以把我们培养出来。"

听到这里，这个大巴长还算满意地点了点头说："王巴长说得太对了，太有道理了，说明你已经基本掌握了阿米巴经营的精髓。我为你感到高兴。我们就是要通过具体的工作来培养我们各个阿米巴巴长的经营者意识，这样你们以后个个都可以成为一个合格的大阿米巴巴长。"

由于平时总经理在不同场合不断地对全体员工进行稻盛和夫的经营哲学的宣导，各个阿米巴巴长都从心底接受了自己就是这个阿米巴的经营者了，所以他们已经慢慢习惯承担各自阿米巴所有的经营管理问题。

就这样，所有大小阿米巴巴长加起来100多人，这些人立即行动起来，他们发动各自阿米巴的成员找亲戚、朋友、同事介绍员工，不到十天就各自招到了所需要的员工，解决了公司的燃眉之急，订单没有丢失，客户也满意。如果是以前，肯定是丢失订单，客户投诉，公司也遭受损失。

在生产淡季，如果有的阿米巴的订单不饱和，可以以本阿米巴名义去接外部订单来补充。当然公司有要求，那就是必须保证有10%的利润才可以接这批订单，所有因接单所产生的招待费用在利润之中扣除。同时阿米巴巴长要对所接订单负全面责任，所接外部订单带来的额外利润公司会有一定的利润提成分给阿米巴单位。

那么阿米巴经营是怎样为企业培养具有经营者意识的领导者的呢？

首先必须对各阿米巴领导者进行稻盛和夫先生的经营哲学理念培训，必须在接受稻盛和夫先生的哲学的前提下才能委任作为一个阿米巴巴长。不仅自己要接受稻盛和夫先生的经营哲学，同时还要具备一定的培训和宣导能力，必须在自己的阿米巴单位进行稻盛和夫先生经营哲学的培训和引导，必须像传教士一样不停地宣导稻盛和夫先生的哲学思想。这是前提条件。

企业在推行阿米巴经营的过程中会划分出一些能够独立核算的阿米巴单位，划分阿米巴不是随随便便想划多少就划多少，必须具备以下三个条件。

第一，划分后的阿米巴能够成为独立核算的组织，需要"有明确的收入，同时能够计算出为获取这些收入而所需的支出"。为了采取独立核算制，必须能够计算收支，为此必须准确地掌握独立组织的收入和支出情况。只有对这些划分的阿米巴进行独立核算，让他们像老板一样去经营自己的部门，思考怎样才可以为本部门接更多的订单，怎样才能获取更多的利润，怎样才能进一步节约成本，怎样才能进行管理创新、产品创新，才能全面地培养出一个具有真正经营者意识的阿米巴领导者。

第二，最小单位组织的阿米巴必须是独立完成业务的单位。也就是说，每一个阿米巴必须是一个能够独立运作的组织，完全像一个独立工厂一样，阿米巴是作为一个独立业务而成立的，所以阿米巴必须是一个独立完成业务的单位。也只有这样，阿米巴巴长才能进行独立思考，才能以老板的角度去思考经营问题，也只有这样才能真正培养阿米巴巴长的独立经营能力，培养具有经营者意识的阿米巴领导者。

第三，能够贯彻公司整体的目标和方针。即使能够明确收支状况并且成为一个能够独立完成业务的单位，但是如果妨碍了公司大计的实施，就不能把它划成一个阿米巴。其理由是，如果将组织细分成阿米巴后，公司内部的协调机制被分割得支离破碎，那就无法完成公司的使命。这就是阿米巴经营的精髓，所有独立的阿米巴都必须服从总公司的指令，这样那些看起来一个个都进行独立核算的阿米巴实际上又是一个整体。

划分后的阿米巴巴长担任这个阿米巴的经营者，他必须全面对自己阿米巴单位的产品质量、经营成本、人工开支、教育培训、工作效率等负责。各个阿米巴单位好像一个个独立的小工厂一样进行运作。我所在公司的阿米巴在保证完成现有订单的前提下允许接外部订单（如铜胆车间、冲压车间、压铸车间），所得利润归属本月的销售额。各个阿米巴每个月的产量都以销售额方式结算，例如：

本月生产总数×单价＝当月销售总额

当月销售总额－当月经营成本＝当月纯利润

当月纯利润÷总上班时间＝单位时间效益（单位时间附加值）

而且要求这样的核算周期必须越来越短。只有准确、快速、及时地掌握企业各阿米巴经营信息，才能及时有效地对各种不合理的现象提出改善以及预防与纠正措施，才能真正掌握企业的经营实际情况。经过这样长期的对各阿米巴巴长的培养，每一个阿米巴巴长都将具备一个经营者所应该具备的经营能力。

简单来说，推行阿米巴就是以这样的方式为企业培养具有经营者意识的领导者。

二、阿米巴经营把生产制造部与外部市场直接联系起来

稻盛和夫在他的书中以及在与记者对话的节目中，谈话词汇用的几乎都是"经营"而不是"管理"，这说明稻盛和夫的经营哲学强调的是经营而不是管理。他的阿米巴经营所强调的方式与方法都是为企业培养经营型人才。

一直以来，很多人都认为一个工厂只有市场部需要与客户联系，客户有什么反馈信息只需要与市场部沟通即可，然后市场部视具体情况决定是否需要转达给制造部门。这样的工作流程真正能感受到市场压力的只有市场部，从而导致制造部门不能即时做出有效应对措施，在一定程度上增加了公司的经营成本，也严重影响了企业的经营应变能力，没有充分发挥一个制造部门的生产潜能。

多少年以来，准确地说应该是没有接触稻盛和夫阿米巴经营以来，一直都认为只有市场部是利润单位，而生产制造部以及公司其他部门都只是为市场部服务的部门。自从学习了阿米巴经营以后才知道，制造部门才是真正的利润单位。

生产制造部门把原材料通过无数次变形、加工、组装，最终才形成一个完整的产品。原材料在流通的过程中不断地创造自身的价值，每一道工序都要对上一道工序半成品进行再次加工，然后创造出更高的价值。这是一个完整的价值链，是原材料在流通的过程中产生的价值积累。每一道生产工序价值越高越能体现制造部门的制造水平，生产技术水平越高创造的利润也就越高；生产技术水平越低，企业获取的利润也就越低。而产品的最终销售价格都是由市场决定的，工厂无法决定市场价格。也就是说，要想获得更高收益必须加强制造部门的生产技术能力，让企业内部人员直接与外部市场接触，亲自与客户沟通、交流，把制造部门从第二线直接移到市场第一线。如果用军事术语表达，就是从战场后方直接到战场前线，亲自感受炮火的猛烈与战争的残酷。

如果制造部门能亲自感受来自市场的压力，为了企业的生存与发展，各个阿米巴巴长都是各自阿米巴的经营者，他们必须以一个企业经营者的思维去为各自阿米巴应该获取的利润而努力奋斗。

一个人再有能力，如果没有平台让他发挥，那么他的才华也就一文不值。同样；一个部门就算有最强的战斗力，如果不让他们上战场，最强的战斗力也无用武之地。阿米巴经营打破了以往的管理常规，让生产制造部直接与市场对接，这种想法太有创意，这样既可以为企业创造更多的利润空间，又可以充分发挥制造部门的生产潜能，从而为企业获取更多的利益。企业有了利润就可以为员工做很多事情，可以改善员工的工作条件，改善员工的福利待遇。员工在物质方面得到了满足，反过来会更加努力工作，为企业创造更多的利润，从而形成一个良性循环。

稻盛和夫先生经营理念的创新，也应照了他的经营哲学：以正确的方式去做正确的事情，即"做人，何谓正确"，同样可以理解为"做事，何谓正确"。让生产制造部直接面对市场本来就是需要的，也是应该的，否则他们怎么知道该怎样进行改良与改进呢。

情景案例2

上海某塑胶制品有限公司，成立于1998年，专业研发生产各类塑胶挤出制品，产品广泛应用于LED照明灯具、家用电器，是国内工业配套生产供应商的领导者。企业有员工1800人，2016年开始推行阿米巴经营模式。

推行阿米巴经营后，公司划分了很多阿米巴单位，生产制造中心大小阿米巴加起来有70多个，公司在推行阿米巴以前是按标准成本法对各生产部门下达成本管控指标的，也就是说，只要在标准成本范围内完成生产任务就实现了公司的目标。生产部门不会过多地思考怎样进一步降低制造成本。这样的经营模式在市场行情好的时候倒没有什么，可当市场行情不好、客户要求降价之时，企业就会遭受经济损失了。这种情况在各个企业都会发生，怎么办呢？如果客户一直要求降价，那么企业就根本没了利润，没有了利润，企业也就无法生存下去。正因如此，这些年来倒闭了很多企业。

上海这家企业应该说走在了市场的前面，较早地在企业内部全面推行阿米巴经营模式，生产制造中心再也不像以前那样不管外部市场变化了，不再按标准成本制造产品了，而是紧密与市场对接，随时了解市场动态，灵活对制造中心进行合理调整，梳理作业流程，改善工艺，寻找价格更加便宜且又能满足产品质量要求的新型材料。总之，推行阿米巴经营模式不是按标准成本生产产品，要确保企业盈利，制造部门从以前的二线部门变成应对市场的一线部门，灵活应对各种市场变化，从而提前做好各项应对措施，以规避企业经营风险。

2017年，该公司有一款产品客户坚持要求降价5个点（5%），这款产品是公司的主打产品，订单量大，一下要求降价5个点实在是损失太大。怎么办呢？客户已经发出最终联络函了，否则就不给他们公司订单。如果是以前，企业很可能白白损失5个点的利润，可是自从公司推行阿米巴经营以来，员工的工作思路发生了根本性的变化，当客户宣布这个消息后，制造中心总监就立即召开整个制造中心的紧急会议。在会议上他这样讲："现在我们最大的客户要求我们的产品降价5个点，相当于我们突然少了5个点利润，经过多次沟通都没有效果，客户心意已定，所以我们只能从内部想办法寻找利润。如果其他客户也提出同样问题我们怎么办，如果我们不从内部制造系统想办法解决，企业将会面临生存危机。稻盛和夫先生说得对，制造成本没有真正的天花板，我们不能有这样的经营意识，我们在推行阿米巴经营，我们要从制造系统内部找回这5个点的利润。各个工序从现在开始想尽一切办法减少至少5个点的成本。研发部门要从原材料方面想办法，寻找新的更便宜的原材料，在确保质量符合产品要求的前提下代替现在的材料。工程部门多从自动化与半自动化方面想办法，改善工艺流程，合理规划生产线。一定要降低至少5个点以上的成本。"

就这样，整个制造中心包括其他的部门都行动起来，大家为了共同的目标而寻找创新的办法，最终，通过大家共同努力（如采购部加大采购谈判力度，把本企业的降价压力转移给供应商；仓库把所有库存的本打算报废的产品都找了出来，通过工程技术部门和品质管理部门共同确认，把部分零部件拆解进行再次加工，变成合格零部件；生产部重新规划了生产线，节约了人工、时间，提高了生产效率），最终将制造成本降低了 6%。

这就是稻盛和夫的经营理念，把市场压力转移给生产制造中心，让生产制造中心深挖边际利润。

我相信稻盛和夫先生在开始创办企业之时肯定也没悟到这些经营理念，这应该是他在长期的工作中悟出来的。

变，是永恒的话题，变则通，通则久。这样的例子古往今来实在太多。

企业的发展其实与人类社会是一样的，企业从创业开始要面临不断地创新与变革，只有不断进行创新与改革的企业才能长久地生存下去，才能基业长青。人类社会的进步就是在不断的变革过程中前进的。英国是最早进行工业革命的国家，所以英国在 18 世纪成了世界上最强大的资本主义国家，成了当时的世界霸主。美国南北战争是美国的一次资产阶级运动，也是一种思想革命。通过这次伟大的革命运动，确立了美国大资产阶级的统治地位。创新与变革永远都在推动企业实现一次又一次的成功转型和壮大，同时也一次又一次拯救了一些危机中的企业，包括全球 IT 第一巨头 IBM 公司。

情景案例 3

IBM 前董事长郭士纳退休后写了一本自传《谁说大象不能跳舞》。在这本书中郭士纳详细讲述了他是怎样一步一步拯救危机中的 IBM 公司的。

全球 IT 第一巨头 IBM 公司成立于 1911 年，人称"蓝色巨人"，长期以来被视为计算机的代名词，堪称美国科技实力的象征和国家竞争力的堡垒，《经济学人》杂志甚至指出："IBM 的失败总是被视为美国的失败。"

1993 年，郭士纳刚刚接手 IBM 公司时，这家超大型企业因为机构臃肿和孤立封闭的企业文化已经变得步履蹒跚，亏损高达160亿美元，正面临着被拆分的危险，媒体将其描述为"一只脚已经迈进了坟墓"。很多人都以为IBM公司很快将会倒闭。为了拯救这个巨型企业，郭士纳在任职期内的前几年进行了一系列的创新和变革。在他任职9年内，IBM持续盈利，股价上涨了10倍，成为全球最赚钱的公司之一。有人评价，郭士纳的两项最突出的贡献就是：一，保持了IBM这头企业巨象的完整；二，让IBM公司成功地从生产硬件转为提供服务，成为世界上最大的一个不制造计算机的计算机公司。

在这部自传中，郭士纳第一次回顾总结了自己如何使IBM改天换地的辉煌岁月，即只有CEO才能接触得到的第一手资料——各种会议卷宗、事态行将有变的种种蛛丝马迹，重压之下背水一战的各项决策，又有带领一家巨型公司大步向前深思熟虑的思想。

郭士纳是技术的外行，但是他却通过一系列的战略性的调整让一家在国际经济舞台上举足轻重的IT企业重振雄风。

再看看稻盛和夫先生。稻盛和夫通过一系的思想和文化的变革拯救了日航，这也是他晚年最得意的作品，成功拯救日航也是他人生中最辉煌的一页。

三、能够随时、准确地掌握各部门实际经营业绩和财务数据

作为一名企业的经营者最怕的就是不知道企业到底是赚钱还是亏损。如果亏损到底亏了多少，又是哪些环节亏了；如果赚钱，到底赚了多少，又是哪些环节赚钱。如果这些都不知道，那么这样经营企业将会面临巨大的潜在风险，失败的风险非常大。

到目前为止，仍然有很多企业经营者不太重视经营数据，没有及时核算企业经营业绩，不能及时掌握企业经营的第一手资料，经营方面好比盲人摸象，摸到哪里算哪里。

一家不知道企业经营业绩和财务数据的公司到底有多大的经营风险呢？

情景案例 4

东莞某五金制品有限公司成立于 1998 年，主要生产小五金产品，企业员工 1000 多人，有两个非常稳定的大客户，一直以来产品价格比较稳定，企业也有一定的利润。到了 2014 年，客户不断提出降价的要求，企业很快发生经营危机。

这个企业一直以来管理非常落后，财务核算能力非常弱，2014 年的财务分析报告到 2015 年年底仍然没有结果，企业也不知道到底是赚钱还是亏损，如果赚钱了，到底赚了多少也不清楚；如果亏损了，到底亏了多少也不知道。整个公司的财务核算速度非常慢，更不用说具体每一个制造部门的财务数据的统计了。这样的经营管理水平，企业如何长久。

2015 年 3 月该公司请来了一位具有大公司工作背景的总经理。这位总经理刚来上班时想看看公司的经营数据，于是找来财务经理说："请把公司最近 3 个月的财务分析报告拿给我看看，谢谢！"不料财务经理说："对不起总经理，我们公司的财务报表从来没有这么快就核算出来过，不要说上个月的报表没有，就是 6 个月前的报表也一样没有。"总经理听完不解，怎么可能会出现这样的情况呢？那么企业有没有成本核算人员呢？有没有人负责这项成本核算工作呢？各车间有没有专业核算生产经营数据的统计人员呢？于是这位新上任的总经理就找来各个部门相关的负责人了解情况，最后才知道，公司有成本会计，只是不太专业，核算出来的数据也大多是不准的；各车间也有统计人员，不过这些统计人员统计数据几乎是听生产主管的，随意更改经营数据是正常现象，数据收集速度非常慢，就连几个月前的最粗糙的生产用料数据仍然没有统计出来。

各个车间生产经营状况不清楚，不仅如此，物料管理部门也同样不清楚自己的仓库到底有多少物料（库存物料和呆料），有多少过期的成品存放在仓库。仓库物料与账本很大程度不一致，数据差别大，经常是计算机上显示有这么多物料，可是生产部门去领料时才发现根本就没有这种物料，要不就是数量相差非常大。

这样的成本核算能力、数据收集能力，企业怎么能够长久生存下去？只要市场环况恶化，立刻就会导致经营危机。果不其然，2015年这家公司处在了生存的危急关头，最后企业不得不进行一次彻底的经营变革。

在新任总经理的主持下，企业导入了阿米巴经营模式，对企业组织架构进行了一系列的调整。企业慢慢导入稻盛和夫的经营哲学理念，成立了专门的经营管理部，一共有9个车间，每个车间都有一名统计员。在推行阿米巴经营之前，这些统计员都归属生产部，自从推行阿米巴经营以来，9个统计员全部归属经营管理部，集中统一管理。同时经营管理部也对统计人员进行了一定的淘汰，对新的统计人员进行了较为系统的专业培训，要求统计人员必须在下一个月的5号前完成上一个月所有制造经营成本的核算统计工作，不仅要及时核算，而且要求数据准确。不准确的数据只能给企业经营者提供错误的信息，从而导致重大经营决策失误。

不仅统计人员归属经营管理部，仓库也同样划归经营管理部。因为仓库同样是非常重要的数据统计部门，物料统计不准确、不及时会严重影响经营管理部的数据核算工作。所以数据统计和物料管理部门统一划归经营管理部门是非常必要的。

自从2015年9月推行阿米巴经营模式以来，企业就开始在无声无息地发生变化了，到了2017年上半年，这家企业经营管理发生了非常大的变化，培养出了一个非常强大的成本核算部门，不仅核算及时而且准确，经营者能够清楚地知道每一个大阿米巴的经营业绩，就算在外出差也能及时知道哪一个阿米巴为企业创造了多少利润，哪一个阿米巴为公司造成了多大的经济损失，所有经营状况一清二楚。通过这些准确的经营信息，公司可以及时做出有效的整改措施。企业经营越来越好，发展也越来越快。

一个能够及时掌握企业生产经营真实信息的经营者不一定会取得很大成功，但是如果不清楚企业实际经营数据的经营者则一定不会成功。

情景案例5

我本人亲身经历过这样一件糟糕的事情。我是2011年加盟现在的粤丰公司的，那时候我们的公司与刚刚提到的东莞那家公司差不多，我要求财务部提供当月的经营数据，他们根本提供不了，并且经常接到PMC（生产及物料控制）部门反映仓库的数据不准，账本上的数据与实际数据相差较大，这直接导致PMC信息不准，造成生产出现混乱，只要生产系统出现混乱，整个公司也就都乱了，开始小乱，最后变成大乱。各个车间都配有统计人员，统计人员在输入数据时也极其没有责任心，数据输错是正常现象，如果没有出错才叫不正常。那个时候车间主管可以随意更改生产数据，这样的现象在公司存在很久，没有人去查、去管。为什么没有人去查、去管呢？这个问题我在《拯救工厂危机》一书中有比较详细的介绍，在这里不再赘述。

当时，我公司也不太清楚企业当年的经营数据，更谈不上了解当月的经营数据。在后来的工作中，通过一系列的整改措施，在企业内宣导稻盛和夫的经营哲学，我就像一个"传教士"一样不停地讲，会上讲，会后也讲。这样慢慢改变了一些管理人员的观念，慢慢在企业内树立了一些正气，一些管理人员也慢慢接受了稻盛和夫的经营哲学理念。

阿米巴经营最主要是对各阿米巴单位进行独立核算，而且是每月核算，最后做到每天核算。如果一家企业能够做到每天对各阿米巴单位进行经营数据核算，那么企业经营者只需看《单位时间核算表》便能够立即知道该部门的经营状况，知道各个部门在经营方面存在不合理的地方，同时可以立即要求相关责任部门马上做出改善措施。《单位时间核算表》要求各阿米巴及时核算当月的销售总额，用销售总额减去经营成本就得出纯利润，然后用纯利润除以上班总时间得出单位小时附加值。有了这么详细的经营数据核算，经营者可以随时掌握各阿米巴的经营业绩，可以随时要求他们对不合理的地方进行改进和完善。有了这样的核算机制就可以确保企业始终处于盈利状态。

一个企业的经营业绩最终都将在经营报表中体现出来，只要数据是准确的，就可以作为对企业进行改善与改良的依据。有了这样的经营核算表，公司的经营细节看得清清楚楚，就像一盘棋摆在经营者面前，现在应该下什么棋，下一步又应该下什么棋，最终该怎么下赢这盘棋，棋手心中一目了然，目标明确，思路清晰。

经营企业如果没有掌握准确的经营信息，不但很可能会导致巨大的亏损和失败，而且可能会错失商机，行动将会慢竞争对手半拍，企业也将会因为慢了半拍而导致亏损，甚至被淘汰出局。

随着企业规模不断扩张，企业在经营管理方面也将遇到越来越多的困难，在竞争日益激烈的今天，要想取得辉煌的业绩和高速发展就必须有精细化的管理。然而在今天这个数字化的时代，传统意义上的管理分析和决策手段发生了变化，似乎这一切不能靠旧的思维模式去做决策，那么新的决策手段也就油然而生，这就是"用经营数据说话"。数据的分析和统计以决策因素的身份出现在经济、管理和投资等相关领域，是数字信息化时代发展的必然结果。在这个竞争与机遇并存的数字信息化时代，一个企业想更好地发展就必须高度重视数据分析。

数据收集与分析作为企业经营基础性的工作已经显得越发重要。特别是随着互联网的发展，数据成为衡量一个企业经营效益的各项指标及有据可查的科学评估资料。靠传统的商业模式中所谓的品牌、人脉已经不再具有说服力。一切以数据说话，成为当今或者未来企业经营的重要手段。所有企业在经营的过程中都会产生大量的数据，而对这些数据的分析和研究对企业的运营及战略调整至关重要。

四、实现全员参与经营

实现全员参与经营是我国每一家企业年年都在喊的响亮口号。每一个老板都想自己企业的员工同自己一样关心企业的生存与发展,谁都希望员工同自己一样用经营者的思维去思考本职工作,思考怎样才可以把生产成本降下去,把产品质量搞上去,提高生产效益,提升企业利润。每一个企业经营者都希望如此,但又有多少家企业真正实现了这样的目标呢?

怎样才能在企业内部实现全体员工参与经营呢?稻盛和夫的经营哲学为我们提供了解决"全员参与经营"的思路和方法。在京瓷公司早已实现了"全员参与经营"。

"全员参与经营"应该说是一个企业追求经营的终极目标,同时也达到了经营领域的最高境界,这样的企业才是世界上最优秀的企业,这样的企业家也一定是令人十分敬佩的最优秀的企业家。

京瓷公司把"追求全体员工物质与精神两方面都幸福的同时,为人类和社会的进步与发展做出贡献"确定为公司的经营理念。因此,公司目标是追求员工的幸福,这与劳资双方团结一心为公司发展做出贡献没有丝毫矛盾。如此一来,京瓷确立了能让全体员工接受并共同拥有的普遍的经营理念,这也成了形成超越劳资对立却能团结一心的企业环境的土壤。

另外,由于确立了经营理念,稻盛和夫先生作为一个经营者可以直截了当地对员工谈他自己的想法。如果他是一个很自私狭隘的人,肯定会为了自身的利益而不断榨取工人的劳动,而在京瓷,稻盛和夫作为一个企业经营者往往都是身先士卒,即使牺牲自己的利益也要竭尽全力地为全体员工谋幸福。所以京瓷的员工与公司建立了互相信任的关系,这是一种伙伴关系。

为了进一步取得员工对公司的信任,京瓷决定公布公司的经营信息,把一个企业的烦恼毫无隐瞒地告诉大家,这样就能进一步谋求员工的理解。如果员工都能够了解公司的现状和面临的困难,那么就能与公司共同分担烦恼,从而培养员工的经营者素质。阿米巴经营通过晨会的形式向全体员工公开有关阿米巴以及公司经营情况的主要信息，通过尽可能地公开公司的信息，营造全体员工自觉参与经营的氛围，这样全体员工参与经营就成为可能。

全体员工如果能积极地参与企业的经营活动，在各自的岗位自觉地发挥自己的作用，尽到自己的责任，那么员工就不仅仅是一个单纯的工人，而是同企业一起共同奋斗的合作伙伴，是一个经营者。京瓷就是通过这样的方法及过程来培养具有经营者意识的员工，使得全体员工都能像经营者一样参与公司的经营，这样在一定程度上实现了人人都是经营者。

要使员工像经营者一样地去思考本职工作，都参与企业的经营活动，首先企业经营者必须舍得付出，让全体员工在物质方面得到基本满足，不可以只顾自己赚钱而不管员工的死活，不关心员工的生活质量。只有那些真正关心员工、与员工成为一个利益共同体、愿意为员工未来生活承担责任的企业经营者才能在他们的公司内实现全员参与经营。

我所在公司接受过很多培训，在企业内部也推行过很多管理体系，如精益生产、六西格玛、TQM、企业流程再造、绩效考核等。这些都是管理思维，都是下发指令要求大家怎么执行，员工都是被动接受管理，没有从"要我做"，转变为"我要做"。不能真正解决员工工作心态问题，员工都是在监督、高压以及不信任的情况下被动执行工作的。

为什么日本企业的平均寿命比中国企业要长得多，真正的核心原因就在员工是否真正把自己看成是企业的一分子，是否有经营者的心态，在工作中是否用经营者的思维去思考工作。在日本企业，员工的归属感比较强，员工都把自己一生的幸福交给了企业，企业的兴衰与个人息息相关，他们能够做到用心去爱护企业，为了企业的长久发展，他们愿意牺牲自己的利益。

我国一些企业老板有点成绩的时候就好大喜功，盲目自信，目中无人，认为自己非常了不起、功成名就了，再也没有什么追求，好像世界上没有什么事情是他办不到的一样，什么人的话都听不进去。对待员工更是缺少关爱，认为只要给了员工工资就行，企业与员工之间就是一种买卖关系。这样的企业员工会随时走人,更谈不上有经营者意识。这就是区别。

我们不能盲目自大,要正确认识到自己的不足。我国中小企业的平均寿命仅2.5年,大型企业的平均寿命仅7~8年,与欧美企业平均寿命40年,日本企业平均寿命58年相比,简直就是天壤之别。日本调查公司东京商工研究机构数据显示,全日本超过150年历史的企业有21666家之多,而在2017年又有4850家企业满150岁。

而在我国,最古老的企业是成立于1538年的六必居,之后是1663年的剪刀老字号张小泉,再加上陈李济,我国现存的超过150年历史的老店仅5家。

日本企业是家社会,重视员工利益,这就是为什么日本企业可以保持长期利益不断延续的原因。

第三章
经营不能没有哲学
——稻盛和夫经营哲学精髓

很多人说,想学好阿米巴经营必须先学好稻盛和夫先生的经营哲学。从这里可以看出稻盛和夫先生的经营哲学有多么重要,稻盛和夫先生的经营哲学以及阿米巴经营管理方法是经营企业的两大支柱。经营企业不可以没有哲学,企业不可以没有灵魂。没有灵魂的企业从里到外都没有生气,如同行尸走肉,这样的企业在激烈的市场竞争中岂能不败。

为了方便广大爱好阿米巴经营模式的经营管理者能够快速了解并掌握稻盛和夫先生的经营哲学以及阿米巴经营模式在企业内具体的实施方法,接下来将对稻盛和夫的经营哲学精髓做讲解。

一、敬天爱人

"敬天爱人","天"就是道理,就是"天道""王道"。合乎道理即为"敬天";而人都是自己的同胞,以仁慈之心关爱众人就是"爱人"。做人应该做的事情,把员工放在首位,这就是稻盛和夫先生对"敬天爱人"的诠释。稻盛和夫先生相信,所谓经营只能是经营者人格的投影。因此,只要具备做人的正确的判断基准,就一定能在经营实践中有效发挥它的作用。不论在企业经营方面还是在人生中,只要心怀纯粹的愿望并不懈努力,就一定能迎来美好的未来。

"敬天爱人"是京瓷的社训,是稻盛和夫先生一生最为信奉的经营哲学。

从唯物主义角度来说，就是指要按客观规律办事。按中国的古语来讲就是"人在做，天在看"。稻盛和夫先生将"追求全体员工物质和精神两方面幸福的同时，为人类和社会的进步和发展做出贡献"作为公司的经营理念。这样达到了企业、员工、社会的和谐统一，非常完美地处理了三者的关系。这是因为他深刻地体会到了中国古典哲学中的核心价值，并成功地洞悉了这一智慧的密码。

受"英美模式"的影响，"股东价值最大化"成为我国企业经营的普遍的原则，利润成为企业最主要的"目标"。这种模式下的不少公司缺乏对"天"的敬畏之心，对人的关爱之情。在当今众多的工厂中，不乏盛气凌人的主管、领班，对待同他们一起工作的员工是粗暴、压制甚至侮辱的态度和口气，将自己的威信完全建立在组织所给的权力之上，将员工仅仅视为一台机器。这样，员工表面上按你的吩咐做事，心里却早已对你或这个班组、这个工厂产生了反感或厌倦，这种状态下，何谈员工的士气，哪里有集体的凝聚力，更谈不上员工的创造力了。

企业经营要求经营者对面临的所有问题都能做出正确而及时的判断，那么怎样才能做出正确的判断呢？稻盛和夫先生说："拿什么作为判断的基准呢？苦恼之余，来了灵感，我想到了原理原则，这里所谓的原理原则就是'做人，何谓正确'这句话。从小父母、老师就教导过的，小时候他们表扬我、责备我，根据什么呢？不外乎'是非对错、好坏善恶'这类最朴实的道理。如果这可作为判断基准的话，那不困难，我能够掌握。也就是说不拿赚钱还是亏本作为判断是非对错的基准，也不用所谓的常识、习惯作为判断的基准，而是用最朴实的道理'做人，何谓正确'作为基准。从这一点出发去经营自己的企业，去解决一切日常事务以及企业经营方面的所有问题。"

一个人没有明确的判断基准，心中就没底，人就难免困惑和烦恼。明确了判断基准，掌握了如何去判断和解决问题的大原则，稻盛和夫心里有一种豁然开朗的感觉。

"敬天"就是遵循天道，有敬畏的意思。天道也代表宇宙规律，代表宇宙运行法则，任何人都不可以违背宇宙规律。天道又代表正义，做正义的事情。"做人，何谓正确"是一句多么简单、朴实的话，可是稻盛和夫能够把这么一句非常朴实的话作为企业经营的原理原则，从中也能看出稻盛和夫先生当时虽然年轻，但是有着与他年纪不符的深厚哲学底蕴。

"做人，何谓正确"实际上是我们从小就都懂得的道理，是人的良知，为每个人内心所共有。只要对照这句话，用这种良知去判断和应对一切就够了，这就是天理，也就是说天理就在人们心中，天理即良知。

把"做人，何谓正确"作为企业判断一切事物的基本准则，把作为人应该做的事情用正确的方法贯彻到底。27岁的稻盛和夫从经营企业的烦恼中获得的这一灵感，犹如醍醐灌顶。

稻盛和夫先生把员工利益放在第一位，首先追求的是全体员工物质和精神两方面的幸福。股东投资企业，客户买我们的产品，从中盈利企业才能生存。所以保证股东的利益，保证客户的利益都是理所当然的事情。可是，如果没有我们这些广大员工，谁能帮你把材料变成产品呢？每天进行企业经营活动的是包括经营者在内的所有员工，如果全体员工都尽心、尽责，每天都像老板一样去思考自己的工作、去思考怎样才能把成本降下去、去思考怎样才能把流程更加优化，每一位员工都充分发挥自己的聪明才智，企业就能不断做强、做大，基业长青，像京瓷公司一样成为世界500强企业。

利他的同时也是在自利，要想企业强大，必须考虑员工的利益，只有员工满意才能为企业更好地创造财富，企业有了雄厚的资金才能更好地为人类社会做出贡献，才有能力去关心、救助更多需要我们帮助的人。也只有这种体现"利他"的"敬天爱人"的处世哲学，才是改变世界发展方向、拯救人类的哲学。

稻盛和夫先生的经营哲学对我国企业的影响越来越大，海尔集团董事局主席张瑞敏、阿里巴巴集团董事局主席马云等都深受他的思想影响。

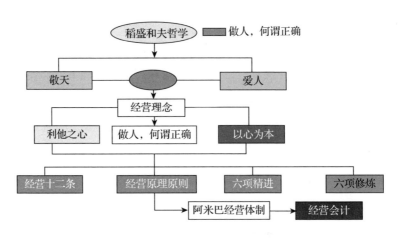

稻盛和夫经营哲学剖析结构图

二、利他之心

"利他之心"就是"关爱他人",仁爱、良知。利人也是自利,要想自利必须利人。

稻盛和夫先生一生成就了两家世界500强企业,他是怎么做到的呢?成功不是偶然的,要想在不同的两个行业都做到世界500强更不容易。稻盛和夫先生主要有两大支柱确保了他的成功:第一个是他的经营哲学,第二个是他的阿米巴经营模式。"敬天爱人,利他之心"是稻盛和夫先生经营哲学的精髓,是他经营企业的基石。

"利他之心"是一种高深的哲学智慧,最终"利他"之人都会自利,因为受过你好处的人都会回报你,都会报答你,而且所获得的远远大于付出,这就是大智慧。什么事情都爱斤斤计较的人,成不了大事。不关心自己的员工,把员工当成赚钱机器的企业经营者也一样成不了大事,员工最终都会离他而去。

情景案例6

稻盛和夫先生在78岁高龄时出山拯救了破产的日本航空公司,并且是以零薪水出任日航董事长。在工作中像年轻人一样全身心扑在工作之中，一心想着的就是要怎样拯救日航，怎样才可以让这个曾经的世界500强企业重生。稻盛和夫先生当时早已功成名就，已经有了京瓷和KDDI这两家世界500强企业，名利双收，完全没有必要冒这么大的风险去接手日航这个破产的巨型企业。并且他没有任何关于航空方面的经营经验，万一失败，他的一世英名将会扫地。可是他没有去想太多自己的得失，他想到的是国家的最高利益，他想到的是日航所有在职员工的利益，他觉得他有这个必要，也有这个义务去拯救这个日本标志性的企业。就这样，稻盛和夫先生带着强烈的责任感踏上了拯救日航的征程。

稻盛和夫先生以"利他之心"作为经营企业的指导思想，最后成功拯救了日航。日航在稻盛和夫先生的领导下用了不到一年的时间就实现了扭亏为盈，用了两年多的时间实现了再次上市。这样的经营奇迹，把稻盛和夫先生推上了世界企业界霸主之位。拯救日航可以说是稻盛和夫先生人生的巅峰之作，再次引起世界对他的关注，也彻底把他作为日本的"经营之圣"展现在全世界面前。

为什么日航公司能在短期内从破产到成为一个高收益的企业？作为当事人，稻盛和夫先生认为有五个比较重要的理由。

1）明确新生日本航空的企业目的。

日航的企业目的就是"追求全体员工物质和精神两方面的幸福"。这也是支撑稻盛和夫经营哲学的根本思想。对于稻盛和夫先生这样的经营理念，当时很多人都不赞成。他们批评说："对于接受国家援助重建的企业（日航），这样的理念不合适。"但是，企业存在的价值，首先是为了聚集到企业来的全体员工的幸福。

把这一经营企业的目的告诉员工，员工就把日航当成了自己的企业。这样，重建日航的坚强意志就能够为全体员工共同拥有，从经营干部到每位员工都为了自己的公司，不惜自我牺牲，全力投入了日航的重建。这是日航重建成功的最大原动力。

2）以经营哲学为基础推动企业内部的意识改革。

刚开始，稻盛和夫先生以自己的经营哲学为基础对日航的管理层进行意识改革。首先是"做人，何谓正确"，这个是在京瓷及KDDI长期工作中将正确的事情以正确的方法贯彻下去的过程中总结出来的、实践性的哲学。它能够指引我们不断做出正确的判断。

比如在经营方面，有"以心为本的经营""形成合力"等。讲述为了实现员工的幸福，应该怎样去经营。在日常工作方面，有"付出不亚于任何人的努力""认真努力""埋头工作""追求完美"等，讲述为了在工作中获得更大的成果，应该以什么心态投身于工作。在度过美好人生方面，有"爱，真诚及和谐"、把"利他之心"作为判断基准等，提出了通过提升心性来度过幸福人生的指针。

这些经营思想经营者首先自己要亲自带头实践，同时努力让全体员工共同拥有。在重建日航时，稻盛和夫先生把这些思想哲学带去，针对每一条目他都会精心地做出说明："为什么在企业经营中，在每个人的人生中，必须有这样的思想方式。"

经过反复强调，当初那些对稻盛和夫先生经营哲学有反感的日航中高层管理人员也慢慢加深了理解。同时，稻盛和夫先生觉得在第一线工作的每一位员工抱什么心态，这是最重要的，只有通过他们的优质服务，客人才会产生再次乘坐日航的想法，才能增加乘客，才能提高公司的收益。为此，稻盛和夫先生亲临各个现场，与员工直接对话，告诉每一位与客人接触的员工，应该抱有什么样的观点，应该如何把工作做得更好。

通过这些活动，员工们的思想意识逐步发生变化，日航原有的官僚体制逐步得到改善。为了让客人更加满意，现场的员工自发努力。同时在各个工作现场，全体员工都钻研创新，不断改进工作。结果是业绩显著提升。每位员工都在为提高自己的心性、为经营多做贡献而努力，这是推动日航重建的巨大动力。

3）导入阿米巴经营管理会计体系。

阿米巴经营是稻盛和夫先生结合自己几十年的经营经验总结而成，它不仅在京瓷和KDDI得到运用，全世界已经有很多企业在引进这个经营模式。

任职日航董事长期间，稻盛和夫先生认为如果不立即建立即时反映各条航线、各个航班收支状态的体系，就无法提高公司整体的效益。为此，稻盛和夫先生决定依据阿米巴经营模式，来建立分部门、分航线、分航班的，能及时看清收支状况的系统。稻盛和夫先生与日航的员工一起构筑了这样的系统，分别以各部门的负责人为核心，为了提升效益，不断地钻研创新。

接下来，根据这一管理会计系统计算出各个部门的数据，以数据为基础，把公司总部、各子公司的领导人召集在一起，让他们各自了解本部门的业绩，每月都召开一次这样的业绩报告会，在会上根据分部门、分科目的记满了上个月实绩和这个月计划的核算表，如果稻盛和夫先生发现有疑问的数字，哪怕是差旅费、电费等细小的费用项目，他都会彻底追究"为什么会出现这样的数字？"

通过连续召开这样的会议，用数字来经营企业变成了理所当然的事情。这样，各个部门负责人就具有了经营者的意识，怎么改进经营，怎么增收节支，用具体的数字做统计。提高了核算意识的他们，正在应用这个体制，不断努力，进一步提高公司的收益。

4）稻盛和夫先生接受日航董事长一职时提出了"为社会，为世人"的三条大义：第一对日本经济的影响；第二为了保住日航员工的工作岗位；第三为了日本国民的方便。这样，日航的员工们就把这三条大义作为自己工作的动力，他们认识到重建日航不仅是为了自己，而且是"为社会，为世人"，因而抱着自信投入工作。就是说，重建日航具备了大义名分。稻盛和夫先生这样做就等于在员工们背后架了一把刀，让他们下定决心，无论如何也决不后退。这样就为重建日航注入了巨大的动力。

5）在重建日航的工作中，稻盛和夫先生的言行举止打动了全体员工们的心。稻盛和夫先生零薪水就任日航的董事长，不顾高龄，全身心投入到日航的重建工作中，这样就有形无形地影响了员工们，当日航员工们看到一位如此成功的企业家，拥有了两家世界500强企业，不要一分钱而且工作这么拼命，比日航的老员工们都努力，员工们就会想："与自己祖父、父亲差不多年纪的稻盛和夫先生，不要报酬，为了与自己原本毫无关系的日航的重建，奋力拼搏，那么作为一名日航的员工更应该拼命努力工作了"。

通过上面列举的五点，日航员工的意识发生了巨大的改变，结果就是全体员工在各自的岗位上，为了自己的公司而不断努力。我认为这就是日航重建成功的最大原因。

自利和利他，哪个是人的本性？两者矛盾吗？还是一体两面？

稻盛和夫先生说，自利是人的本性，自利则生；没有自利，人就失去了生存的基本驱动力。同时利他也是人性的一部分，利他则久；没有利他，人生和事业就会失去平衡并最终导致失败。

稻盛和夫说："人、财、物各种经营资源都齐备，被认为必定成功的企业消失了，而只把为社会、为世人这种纯粹的动机作为最大经营资源的KDDI却幸存下来，并且依然继续成长、发展"。稻盛和夫先生就认为必定存在着指引企业持续发展的经营秘籍。

假如你往牛奶中添加三聚氰胺，你可以因此变得富有，但是，当人生谢幕的时候，所有的财富都会原封不动地留在这里，与你同行的只有那个受三聚氰胺腐蚀而降格的灵魂。因此人生在世最重要的事情就是修炼灵魂，使其在谢幕之时比开幕之初高尚一点点。为了使灵魂高尚一点点，在整个经营企业的过程中都要不间断地修炼，而修炼的原则就是自利利他。

稻盛和夫先生也说过，他并不奢望每个人都接受他的经营哲学，但是，他确信他自己的这些观点与宇宙意识相吻合。他多年坚持这些原则，因而取得了人生和事业的巨大成功。

自利则生，利他则久。我国改革开放使无数企业快速成长，为了使之成为基业长青的企业，应该导入"利他之心"的经营理念了。

三、做人，何谓正确

中国有句俗话叫作"做事先做人"，而远在日本的知名企业家稻盛和夫在他刚刚开始创业时就提出了"做好人，再做好企业"。他的经营哲学非常朴素，即"做人，何谓正确"。在这个物欲横流、竞争激烈的社会，能有这样的一位企业家，将"做人"立于"立业"之上，实在难能可贵。

情景案例7

六年前的粤丰公司管理比较混乱，各部门经理之间很难进行正常的工作沟通，山头主义十分严重，大家都没有什么责任感，更谈不上正义感，在工作中只要出现了异常就互相推卸责任，导致经营成本浪费巨大。我本人每天就好像一个救火队员一样不停地处理各种各样的问题，白天晚上都一样。因为问题太多，公司内部过于混乱，有时候我也会感觉到没有方向，不知道这样的问题该怎样处理才是合理的，才是最有效的。每当这个时候我就想到了稻盛和夫先生的经营哲学"做人，何谓正确"，这句话就好像是一盏明灯指引着快要迷失方向的我，使我能够准确找到正确解决问题的办法。

在日常的工作中，当管理人员没有正确地去处理工作的时候，在他们想推卸责任的时候，我就会反问他们这句话："做人，何谓正确""如果你们是老板，是不是也会以这样的方式处理工作呢？问问你们自己，这样的工作态度合理吗？对吗？是不是因为自己是打工的不是老板才会这样呢？"

我也经常对公司主管、经理级以上的管理人员讲，在处理任何问题的时候都要公平、公正，不可以因为某一个人在某一件事情上令自己不开心、不高兴，认为对方得罪了自己，然后就利用自己手中的权力来打击报复对方，不管对方是对是错都不给予工作支持。这样做就有失公平、公正，更不符合稻盛和夫先生的经营哲学"做人，何谓正确"。一个领导人在工作中失去了公平、公正就等于失去了他在员工中的威信。

在各种管理学说纷涌的今天，稻盛和夫的经营哲学独秀于林，"珍爱员工"的思想日渐成为主流，这反映出了某种埋藏日久的反思——企业的目的究竟是为股东带来最大利益还是为全体员工获得最大的幸福？每一位企业经营者越来越难立刻说出答案。当稻盛和夫的经营哲学影响到我们的时候就有一种返璞归真的感觉。

无论是京瓷和KDDI两家世界500强企业的成功，还是稻盛和夫先生成功拯救的日航，这些都是一种外在的表现，真正深层次体现的是稻盛和夫先生的经营哲学，它才是经营企业的原理、原则。公司全体人员在稻盛和夫先生的引导下，对"做人，何谓正确"这一命题不断地认识、思索和践行。简单来说就是"敬天爱人、克己复礼、努力奋斗、诚实善良"。无论外界如何纷扰，这一价值观都不会为之左右。它并非空穴来风，而是融合了儒、佛、理和中国古代经典文化之精髓。

"工作是磨炼灵魂的道场"。一定要把心灵打扫干净，把自己的思想变得更加纯洁。我们这样磨炼自己的灵魂不是为了别人，而是为了自己的人生和经营。

"经营为什么需要哲学，人为什么而活着"，这是企业经营中最基本的问题。企业家要在企业内部确立正确的思维方式，确立正确的哲学，并不懈努力与全体员工共同拥有这种经营哲学。如果这样的经营哲学让全体员工都接受了，这个企业就不可能做不好，就不可能得不到发展，企业一定能够持续发展，不断做强、做大。我们要不断努力提升自己的心性，我们的人生，就应由我们的心灵来创造。

稻盛和夫从年轻时起就想出了一个关于人生和工作结果的方程式：

$$人生·工作结果 = 思维方式 \times 热情 \times 能力$$

在这个世界上有的人人生幸福，有的人人生痛苦。企业经营也是如此，有的人做得风生水起，有的人却怎么也不见起色。如此大的差别究竟从何而来？稻盛和夫先生得出了上述方程式。人们一般认为，人与人之间的差别取决于个人能力的不同，包括智商、体能等，这些与生俱来的能力决定着人生和事业的成败。事实并非如此。能力或许占了很大的比重，可是所持有的思维方式、哲学、思想，其实发挥着更重要的作用。

稻盛和夫先生说，他不相信只靠能力就能决定人生或经营的成败。不管能力是否出众，只要竭尽全力、一丝不苟地去生活，充满热忱地去生活，付出不亚于任何人的努力，就会收获好的结果。

人生方程式中的几个要素不是做加法，而是做乘法。仅仅是能力和热情相乘，就会产生难以想象的巨大差别。例如，日本松下公司创始人松下幸之助先生，他学历不高，只上过小学。他小时候做过自行车学徒，吃尽了各种苦头，可是经过松下先生的不懈努力，他创造了一个世界500强企业，站在了人生的巅峰，他的成绩与普通人相比存在着几何级数的差距。正因为热情和能力这两个要素不是相加而是相乘，才造成了难以想象的巨大差距。

至关重要的是，热情和能力的乘积，还要与"思维方式"相乘。所谓"思维方式"就是哲学，也可以叫作人生观、世界观、价值观。持有的思维方式不同，人生和工作的结果就会迥然不同。也许有人会想，"有一点点消极的想法没有关系吧"。可事实是，哪怕只有一点负面的想法，结果就会全部变成负值。因为几个要素之间是相乘的关系，所以"思维方式"哪怕只是-1分，结果都变成负值，并且越是热情足、能力强，就越会造成大的负面结果。此外，如果是带领众多下属的领导人或经营者，那么造成的负面结果，就不仅把自己，也把周围的人带入不幸。

思维方式决定人生和经营。我们在生活和经营中，需要做出各种各样的判断，这个时候我们会对照自己持有的思维方式和思想进行判断。作为判断基准的思维方式以及思想正确与否、卓越与否，结果将大相径庭。

很多人会忽视自己所持有的思想及思维方式的重要性，没有去思考自己的思想是否正确，没有去思考自己思维方式的重要性。但是，创造现代文明的不是别的，正是人类思想。人的想法及思维这么重要，可是生活在当代的我们却总是这么不重视它，认为只有知识和技术才是最重要的。

企业经营也是一样，企业经营的好坏与企业是否可以基业长青都取决于是否具有正确的思维方式。在京瓷、KDDI 的经营中，在日航的重建中，稻盛和夫先生就反复倡导他的经营哲学。

为什么稻盛和夫在企业内这么强调他的这些哲学思想呢？稻盛和夫先生用意深远，他想通过在企业内植入这些哲学思想从而最终把企业带到他的理想彼岸，不断做强、做大，成为真正的强者。也就是说，如果不谋求大发展，觉得企业差不多就行了的话，那么有一个比较低的要求就可以了，但如果目标是进入世界级优秀企业之列，那就不能不具备带有克己主义色彩的严格的企业哲学。

人是思想的主人，人格的创造者，自己环境和命运的设计者。在心里种下美丽的种子，精心照料，就可以结出丰硕的果实。反之，如果忽视了照料就会招致杂草丛生。所以要把心灵打扫干净，把自己的思想变得纯洁，不是为了别人，而是为了自己的人生和经营。

人既有善良之心，也有邪恶之念。所谓善良之心，就是把自己的事情放在一边，而祈愿周围人幸福的、充满着温情的利他之心。所谓邪恶之心就是只要自己好就行的利己之心，而让善良的利他之心更多地占据我们的心灵，这就是修行、修养，就是塑造人格。而且，这样做还可以帮助我们对事情做出正确的判断。

企业经营者在日常工作中需要对各种事情做出判断。此时如果放任自己，人就会不以善恶，而以得失来做出判断。不仅如此，有的还凭感情用事，以自己是否受到侮辱来做出判断，或者以个人的虚荣心来做出判断。我们应该以一颗善良之心做出判断，以"做人，何谓正确"作为基本的判断标准。

世上真的有圣人吗？就算有也非常非常少，一般人根本做不到凭直觉就能马上以善恶来判断事物。通常，发生一件事情的时候，特别是令自己非常恼火的突发事件，在这样的情况下，人都会用本能去判断，凭直觉去判断。这个时候的判断结果和所下的结论往往是错误的。所以，当我们碰到问题的时候不要匆忙下结论，要冷静思考，多加分析，要理性地处理任何问题，用善恶的尺度去衡量，修正自己最初的想法，这样就能做出比较正确的判断。

企业做大了，员工人数多了，什么样的人都有。人多了难免会有一些员工思想有问题。为了不使这些思想有问题的员工走向错误的道路，企业必须树立规范，统一思想，这就是哲学共有。

几年前，中国乳制品巨头三鹿集团因发生了三聚氰胺毒奶粉事件，导致资不抵债而破产。这样的结果起因往往都是企业在经营的过程中忽视了经营企业必须遵守的原则，忽视了做人的基本道德。企业舞弊丑闻之所以发生，都是因为企业没有明确确立自己的经营哲学，全体员工没有共有这种哲学，这种哲学没有在企业内部全面渗透。

在许多企业里，很少有经营者向员工们提出"做人，何谓正确"，而稻盛和夫先生所思考的经营哲学就是针对这个问题的回答。同时也是稻盛和夫在孩童时代父母、老师所教导的做人的最朴实的道理。例如，"要正直，不要骗人，不要撒谎"等。这些起码的做人原则还需要在企业内讲吗？有些人可能会感到奇怪。但是，就是因为太多的人没有遵守上述理所当然的做人原则，换句话说，就没有将依据哲学的规范、规则和必须遵守的事项当作自己日常生活的指针、当作经营判断的标准，才产生了各种各样的企业丑闻。正是因为缺乏这种朴实哲学的人成为企业的领导者，才导致今天世界上许多大企业危机重重。

稻盛和夫先生经常说："如果你想把自己的公司经营得很出色，那么提高你的心性很重要。你的心性提高了，你拥有了一颗美好的心灵，公司也会相应变得出色。如果作为经营者的你拥有美好的心性，那么公司员工也会效仿，心灵也会得到净化。如此心灵美好的人们团结共事，公司将会取得令人难以置信的成功。"归根到底，就是"提高心性，拓展经营"。如果想拓展经营，首先要做的就是提高经营者自身的心性，然后，在提高自己心性的同时，也努力使自己周围的员工心性得到提高。如此结果便不言自明：不仅一定会取得成功，而且这种繁荣能够长久地维持下去。我认为"提高心性"不仅于企业经营，而且对于我们整个人生都非常重要。甚至"提高心性"本身就应该是人生的目的。

当初稻盛和夫先生找不到工作，不得不进入一家弱小的公司，又不得不埋头于精密陶瓷的研究，稻盛和夫先生持续不断地付出不亚于任何人的努力。在创建自己的公司后，为了全体员工的幸福生活，为了不让弱小的企业倒下，稻盛和夫先生从早到晚，珍惜每一分每一秒拼命工作，并以"做人，何谓正确"作为企业经营的原理原则，在企业内形成了普遍被员工接受的经营哲学，真正实现了全员参与经营。

四、人生·工作结果＝思维方式×热情×能力

管理学里有一句话叫作"思想的高度决定管理的高度"。也有人说思想的高度决定人生的高度和深度，决定我们能站多高、能走多远。一个企业经营者，决定他的企业能走多远、能做多大的一定是企业经营者的思维方式，也就是他的思想高度。

一个人能否成功，要看他的态度。成功人士与失败人士之间的差别是：成功人士始终用最积极的思考、最乐观的精神和最辉煌的经验支配和控制自己的人生。失败者刚好相反，他们的人生是受过去的种种失败与疑虑所引导和支配的。有些人总喜欢说，他们现在的境况是别人造成的，环境造成了他们的人生位置。这些人常说他们的情况无法改变。说到底，如何看待人生，由我们自己决定。

马尔比 D. 巴布科克说："最常见同时也代价最高昂的一个错误，就是认为成功依赖于某种天才、某种魔力、某些我们不具备的东西。"可是成功的要素其实掌握在我们自己手中。成功是正确思维的结果。一个人能飞多高，并非由人的其他因素，而是由他自己的态度、自己的思维决定的。

那么，怎样做才能使我们的人生更美好、更幸福呢？稻盛和夫先生用以下这个方程式来说明：

人生·工作结果＝思维方式×热情×能力

就是说，人生和工作的成果由上述三要素相乘而不是相加得来。

首先，所谓能力，也可以说是才能、智商，多半是先天的资质，包括健康以及拥有运动神经等；而热情是指工作的干劲和努力的程度，这是后天的要素，可由自己的意志来掌控。这两者都可以从 0 到 100 分范围内打分。

因为是相乘的关系，有能力却缺乏热情的人，分数不高，结果不好；相反，能力相对不强，但因意识到自己的不足而发奋努力，在人生和工作中充满火一般的热情，这些人取得的成果，遥遥领先于那些有能力的懒人。

稻盛和夫先生认为，在这三个要素中最重要的是"思维方式"。甚至可以说"思维方式"决定了人生的结果。"思维方式"这个词含义比较广，它是指人的心态，人对于人生的态度，它包括哲学、理念和思想等。

有这样一句话："监狱里关着的几乎都是高智商的人。"这说明一个问题，说明一个人虽然很聪明，智商很高，毕业于名牌大学，但是，因为他的思维方式出现了问题，思想出现了问题，导致他的聪明才智没有发挥在有利于社会、人类生活的方面，而是用在损害别人、损害社会大众利益，甚至损害国家利益方面。这样的人，能力再强、工作再努力其结果都是负面的，他的人生都是暗淡无光的。

我所在的粤丰公司一样存在过这样的人，我相信在很多公司都存在过这样的高智商但人品低劣的负面"人才"。这样的人，他们能力越强对团队的破坏力也就越大，所以这样的人企业一旦发现必须尽快、妥善处理，否则后患无穷。

正面的"思维方式"是指总是积极向上，有建设性，有感恩心，有协调性，善于与人共事，性格开朗，对事物持肯定态度，充满善意，有同情心，关爱心，勤奋，知足，不自私，不贪欲等。

比如王先生人很健康，头脑灵活，"能力"得 90 分。但他因为有能力而过分自信，不肯认真努力，"热情"只得 20 分。那么"90 分的能力"乘以"20 分的努力"，结果是 1800 分。

张先生认为自己的能力可能比一般人高一点，只能打60分，但因为他认为自己缺乏较强的工作能力所以必须格外地努力，因此热情非常高，拼命努力工作。他的"热情"可以得90分，那么，"60分的能力"乘以"90分热情"，结果就是5400分。

人生结果就是：智商极高的王先生因为工作热情不够最终只得1800分；智商略高的张先生因为工作非常努力，最终得5400分。也就是说，即使能力很平凡，但是只要拼命努力工作就可以弥补能力的不足，从而取得巨大的成功。

当然，在这两个得分的基础上还要再乘以"思维方式"。这个"思维方式"最为重要。与"能力"和"热情"不同，因为"思维方式"的分值是从-100分到+100分，变化的幅度非常大。

不厌辛劳，愿他人好，愿为大家的幸福而拼命工作，这样的"思维方式"就是正值；相反，愤世嫉俗、怨天尤人，否定真诚的人生态度，这种"思维方式"就是负值。

因为是乘法，持有正确"思维方式"的人，"人生·工作"的结果就会是一个更大的正值；相反，如果持有负面的"思维方式"，哪怕是很小的负数，乘积一下就成了负值，而"能力"越强，"热情"越高，反而会给人生和工作带来更大的负面影响，这就是事实。

情景案例8

从前，有一位贤明且受人爱戴的国王，他把国家治理得井井有条。国王年纪大了，但是他膝下并无子女，最后他决定在全国范围内挑选一个孩子收为义子，然后把他培养成未来的国王。

国王选子的标准十分独特，他给孩子们每人发一些种子，宣布谁能用这些种子培养出最漂亮的花，谁就会被选为义子。

孩子们领回种子之后，开始精心地培养着花种。十天过去了，半个月过去了，栽种在花盆里的种子连芽都没有冒出来，更别说开花了。

国王决定观花的日子到了，许多穿着漂亮的孩子涌上街头，他们手里都捧着开满鲜花的花盆，用期盼的目光看着缓缓巡视的国王。国王环视争奇斗艳的花朵与漂亮的孩子们，没有像大家想象中那么开心。

忽然，国王看到了端着空花盆的雄日，他很不开心地站在那里，国王将他叫到眼前问："你为什么端着一个空花盆呢？"

雄日抽泣着，他将自己精心侍弄，但花种怎么也不发芽的经过讲了一遍。没有想到国王的脸上却露出了开心的笑容，他抱起雄日，大声宣布："孩子，我找的就是你！"

为什么会这样，大家十分不解地问国王。

国王说："我发下的花种全部是煮过的，所以根本就不会发芽、开花。"

捧着鲜花的孩子们都低下头，因为他们播下的根本不是国王发的种子。

为人不能不诚实，思维方式出现了问题结果就会失败，这就回到了稻盛和夫经营哲学的"做人，何谓正确"，孩子们种下的种子都不是国王发下去的，是他们自己选的种子，虽然他们都付出了很多努力去培育这些种子，最后这些种子也都开出了非常漂亮的花，但是，因为他们的思维方式出现了问题，他们不诚实，所以国王没有选择他们做义子。

第四章
经营者内心修炼与经营方法指导

一、6 项精进

稻盛和夫先生认为"6 项精进"是经营企业所必需的基本条件，同时也是度过人生必须遵守的最基本条件。如果人们能够日复一日地持续实践这"6 项精进"，人生必将会更加美好，事业也一定会取得成功。

稻盛和夫先生说："如果你想拥有幸福的、美好的、平和的人生，如果你想把你的企业经营得有声有色，如果你想让你公司的员工幸福快乐，那么你就忠实地实践'6 项精进'吧。"

第1项：付出不亚于任何人的努力

为什么稻盛和夫先生把"付出不亚于任何人的努力"放在首位呢？也就是说，在企业经营中最重要的就是这一条。每一天都必须努力工作，拼命工作，是企业经营中最重要的事情。想要有一个好的人生就必须付出比别人更多的努力。如果做不到这一点，要想拥有一个成功的人生，要想成功经营一家企业都将是空谈、空想，根本就实现不了。天下没有免费的午餐，更没有不经过努力就可以轻松获得的成功。

工作态度决定一个人的工作表现，决定他工作努力的程度。从哲学的观点来说，态度对于热情起到指导作用，意识反作用于物质，正确的意识促进物质发展，积极的工作态度就是正确的意识，有了这个意识才能更好地工作。就像人类，我们的手和脚很灵活，很有能力，但是还是需要大脑对其做出的各种动作进行指挥。所以说能力再高的人没有积极的工作态度，在工作中也很难掌握好自己的发展方向，甚至消极懈怠，影响自身的发展和企业的发展。

在现实生活中我们每天都会看到形形色色的人，他们每个人都有自己的工作态度，有的勤勉进取，有的悠闲自在，有的得过且过。工作态度决定工作结果，有了努力工作的态度不一定就能成功，但是，没有努力工作的态度就一定不能成功。

一位名人在《人生的经验》一书里这样批评那些永远都无法超越别人的人："一种人只做别人交代的工作；另一种人是从不做好别人交代的工作。这是两种工作的态度。另外，还有两种可以使工作成功的态度：一种是永远做好目前所从事的工作；另一种是永远做好你真正想做的工作。从以上这四种对待工作的态度，孰好孰差，不必多说，道理自明。我们应当认真选择和学习两种做好工作的态度，这既是人生必备的工作态度，也是一个人成就事业所必须坚持的基本原则。"思想态度决定一切，要想拥有一个美好的人生，要想经营企业成功就必须有好的工作态度，必须勤奋，付出比别人更多的努力。

自然界存在的前提是一切生命都在拼命求生存。稍微有了点钱，公司刚有起色，就想偷懒，就想舒服，这种浅薄的想法或许也只有人类才有。而自然界中的其他动物，都在竭尽全力地生存下去。

在经营京瓷时稻盛和夫先生就有一种危机感，如果不竭尽全力，不拼命努力工作，公司的经营就不可能顺利。这样的危机感、恐惧心促使他拼命工作。不管经济如何萧条，不管环境如何严峻，加倍的努力是经营者乃至每个人生存的最低条件。竭尽全力，付出不亚于任何人的努力，乃是这个世界上所有的生物都要承担的、理所当然的义务，没有谁可以逃避这个义务。

谁都想拥有一个美好的人生，谁都想创业成功，谁都想把企业不断做强、做大。可是，不付出实际行动，不付出不亚于任何人的努力就能成功的案例几乎没有。我国也有很多优秀的企业家是白手起家的，他们创业时非常艰难，通过不懈努力，不断地从跌倒中站起来，付出了比别人多得多的努力，最终成就了一番了不起的大事业。例如，深圳比亚迪汽车股份有限公司董事长王传福就是一个最典型的草根企业家，他是我们的骄傲。

情景案例 9

王传福出身贫寒，他成长的道路充满艰辛，同时也磨炼了他的意志，他从一次又一次的失败中站起来，付出了不亚于任何人的努力，他的那种对成功追求的韧劲令一般企业家难以望其项背。

1966年2月15日，王传福出生在安徽无为县的普通农民家庭。王传福的父母都是农民，父亲有一些木匠手艺，家中有兄弟姐妹8个，加上父母全家10口人。在王传福13岁的时候，父亲因为长期的病痛折磨去世，家庭经济越来越困难，王传福的5个姐姐也先后出嫁，妹妹因为家庭困难被寄养在别人家，哥哥王传方也因此退学开始工作赚钱养家。

日子的艰难和不易不断鞭策着王传福。青少年时期，也许因为家庭原因，他比同龄孩子显得成熟稳重，不太爱与别人说话，也不太爱与别人交往。

但是，他比同龄孩子更知道用功读书的重要性，将全部的精力和时间都用来学习，在那个年代，一个农民的儿子想要改变自己的命运，只有认真读书考上大学才能有出头的日子。全家人的希望都寄托在他身上，他唯有以优秀的成绩作为报答。所以他付出了比别人多得多的努力，付出了不亚于任何人的努力。

但是屋漏偏逢连夜雨，在王传福即将初中毕业之时，母亲突然去世。命运给相依为命的兄弟姐妹以最沉重的打击。生活的苦楚，年少的王传福是尝够了。深受打击的王传福，只能每日沉浸在学习中，以此忘掉痛苦和孤独。

生活的苦难让王传福养成了坚强、独立、强势的性格，更养成了勤奋努力、吃苦耐劳、忘我拼命的精神，永不服输、不断超越自己的精神奠定了他以后事业成功的基础。

因为家庭的不幸遭遇，王传福的哥哥王传方在18岁时就扛起了家庭的重担，中断学业工作赚钱。但是无论生活多么艰难，他始终要求弟弟发奋读书。当王传福看到家庭的困难、哥哥的辛苦时，心里有所动摇时，哥哥却说："再苦再累，卖房也要读书，只有读书才是唯一的出路。"

王传福从高中起住校，每周末回家向嫂子拿10元的生活费。有一次，家里实在没有钱，而嫂子又舍不得委屈了王传福，就在村里挨家挨户地借钱，最后才借到5元的零钱。功夫不负有心人，王传福以优异成绩考上了中南大学，并最终获得了硕士学位。他于1995年创办深圳比亚迪公司，也就是现在的深圳比亚迪汽车股份有限公司，王传福任董事局主席。

正因为王传福从小家庭条件艰苦，所以他做什么事情都比别人更加努力，更加拼命。最终他成为一名中外知名的企业家。他经营的深圳比亚迪汽车股份有限公司也成为世界知名大型企业集团公司。这就是他付出不亚于任何人努力的结果。

王传福同稻盛和夫一样，从小家境不好，长大了工作都特别拼命、努力。他们也都是理工科出身，都是科研人员，各自在自己的领域实现了人生的目标，实现了人生的价值，都成为世界知名的企业家，都成为各自国家和民族的骄傲。

设定工作目标，制订完整的工作计划，并不懈地去努力付诸实践的人，在我们身边大有人在。但有些人却将别人的成功归咎于"特有能力"，自己没有成功是因为不具备很高的能力。能力是努力的积累，努力是能力的基础，能力来源于努力，努力会增长能力，要学会善于积累，只有长期不懈地努力才能积累很强的工作能力。要想不断增长自己的能力，就需要获取知识，需要不断地努力。未做任何努力就断定自己做不到，找出各种借口为自己推脱责任的人，不会有成功的人生。

能力有限，努力无限。能力不是与生俱来的东西，需要后天的养成。从这个意义上说，努力比能力更重要，人没有生而知之，只有学而知之。人们要通过自我修养、自我觉悟、自我约束、自我完善，不断提升自己的能力，不断磨炼自己的心性，磨炼自己的灵魂。能力普通的人若能清楚自己的弱点，并积极努力，其结果一定会比那些资质过人却不肯努力的人要好。人是不同的，能力有大小，但只要努力、加倍地努力，付出不亚于任何人的努力，并且用心去做，能力的差距就会缩小，甚至超过那些所谓有能力的人。

没有做不好的工作，只有不努力工作的人。不论工作有多难，只要你努力了，用心去做了，付出了不亚于任何人的努力，必定会有收获。正所谓勤奋沉淀美丽，执着收获成功。所以，无论我们职位高低，一个努力、踏实、用心去工作的人才会给别人信任感。有了不断努力的精神，在平凡的岗位上，做出不平凡的成绩，就是最优秀的。

第2项：要谦虚，不要骄傲

谦虚是最重要的人格要素，一个人如果只取得一点成绩就骄傲起来，不知天高地厚，从此以为自己天下第一了，没有什么是自己不懂的，什么都可以做，没有人比自己更厉害了，再也听不见别人对自己的劝告和建议。这样的人很快就会招致失败，而且将会失败得非常惨。这就是人生规律，骄傲的人容易失败。

我国素有礼仪之邦之称。"礼"作为一种具体的行为来讲，就是指人们在待人接物时的文明举止，也就是现在所说的礼貌。而礼貌的本质是表示对别人的尊重和友善，这种心理需求是超越时代的，是永存的。然而，一个人如果只懂得礼貌的形式，却没有谦让之心，那么他不会真正懂得礼貌。谦让也是谦虚、平等的表现，是礼貌的重要内涵。

情景案例10

春秋时期，孔子和他的弟子们周游列国，宣传他们的政治主张。一天，他们驾车去晋国，一个孩子在道路中间堆碎石瓦片玩，挡住了他们的去路。孔子说："你不该在道路中间玩，挡住我们的车！"孩子指着地上说："老人家，您看看这是什么？"孔子一看，是用碎石瓦片摆的一座城。孩子又说："您说，应该是城给车让路还是车给城让路呢？"孔子真正被问住了。孔子想，城是死的，车是活的，当然城不能给车让路，应该是车绕道过去。孔子觉得这孩子说的有道理，并且很懂得礼貌，便问："你叫什么名字，几岁了？"孩子说："我叫项橐，7岁！"孔子对学生们说："项橐7岁懂礼，他可以做我的老师啊！"

事实上也是如此，没有一个人有骄傲的资本，因为任何一个人，即使他在某一方面造诣很深，也不能说明他已经彻底精通、世上第一。生命有限，知识无限，任何一门学问，任何一个领域都像是无穷无尽的海洋，都像是无边无际的天空。所以谁也不能认为自己到了最高境界，就停步不前、趾高气扬。如果那样的话，必将被同行赶上，被对手超越。

华为公司不仅闻名中国，而且在海外知名度也一样非常高。可是华为公司的创始人、总裁任正非却是一个极其低调的人，如果你事先不知道他是华为的当家人，初次见面肯定会把他当成华为公司一个普通的老师傅。他没有任何排场，在任何地方都不会前呼后拥，出差就一个人，像普通员工一样简简单单。当有人问起华为的时候，他总是说华为随时会面临破产、倒闭，所以全体华为人都必须不断努力、不断创新，否则就会被市场淘汰。在任正非的带动下，华为人普遍危机感强，没有傲气，他们永远都在学习、超越，再学习、再超越。

企业界同学术界一样，真正取得巨大成功的人士都是非常谦虚的，那些取得一点小成绩就骄傲自大、目中无人的企业老板以及所谓的科研人员，他们都不是真正的成功人士，他们所取得的成绩都是短暂的。他们那种骄傲自大的性格决定了他们不可能获得真正的成功，最终这些人都会以失败而告终。

爱因斯坦是20世纪最伟大的科学家之一，即使如此，在有生之年他都在不断学习、研究，活到老、学到老。有个年轻人问爱因斯坦："您应该是物理学界空前绝后的人物了，何必还要孜孜不倦地学习呢？何不舒舒服服地休息呢？"爱因斯坦没有马上回答他这个问题，而是找来了一支笔和一张纸，在纸上画了一个大圆和一个小圆，对那个年轻人说："目前的情况下，在物理学这个领域里可能是我比你懂得略多一些。正如你所知的是这个小圆，我所知道的是这个大圆，然而整个物理学知识是无边无际的，对于小圆，它的周长小，即与未知领域的接触面小，它感受到未知的东西少；而大圆与外界接触的周长大，所以更感觉到未知的东西多，会更加努力地去探索。"

谦虚的举止、谦虚的态度是人非常重要的品质。然而，人们往往会在取得成功、地位上升之后忘记了谦虚，变得傲慢起来。这个时候要谦虚不要骄傲变得更加重要。

在这个世界上，有些人用强硬手段排挤别人，看上去也很成功，其实不然。真正成功的人，尽管胸怀火一般的热情，有斗志、有斗魂，但是他们同时也是谦虚的人、谨慎的人。

谦虚，不仅应成为一种学习态度，更应该成为一种做人原则。我们每一个人都要塑造一种虚怀若谷的品质，都要有一种谦虚谨慎、戒骄戒躁的精神。在我们有限的生命中去探求更多的知识空间。

谦虚的人可以成就大业，骄傲的人则会失去江山，谦虚是不可战胜的。

第3项：要每天反省

稻盛和夫先生认为，一天结束以后，回顾这一天，进行自我反省是非常重要的。比如说，今天有没有让人感到不愉快？待人是否亲切？是否傲慢？有没有卑怯的举止？有没有自私的言行？回顾自己的一天，对照做人的准则，确认言行是否正确，这样的作业十分重要。

世界上没有十全十美的人，每个人都有这样或那样的缺点和不足。一个懂得自律的人会常常检查自己，对自己的言行进行反思，纠正错误、改正缺点。这是严于律己的表现，是取得成功的重要方法和途径。只要敢于认识自己、正视自己，相信做什么都不会困难了！什么事情都得靠自己自觉醒悟，虽然他人的批评和提醒很重要，但是真正起决定作用的还是自己。只有通过自律、反思、检查、剖析、克制等，我们才会静下心来，客观公正地评价自己，并能清楚地认识到自身的缺陷。我们不能做盲目自大的人，一味地抱怨他人，不管什么事情都要换角度去反省，也许问题的根源就在自己身上。

其实不仅是稻盛和夫先生提倡"每日反省",我们中国古代很多伟人早已提出自我反省的重要性。"我今天过得值得吗?明天我应该怎样才能过得更好呢?"很多人生活比较盲目,从来不会考虑要"每日反省"自己,根本就没有顾忌到一天会过得怎么样,明天应该怎么过。现在我们应该明白,只有通过反省才能够不断进步,生活之路才会在我们面前不断地延伸,而且越走越宽阔。我们要经常地自我反省,这对我们每一个人来说都非常重要。

许多心理学家认为,改善心智模式的前提是要有反省的能力和勇气,也就是说要客观公正地认识自己,不留情面地剖析自己。而要做到这一点就需要有非凡的勇气,要敢于面对自身的缺点和不足之处。不足甚至犯错不要紧,只要去反省,去认真对待,那么就会懂得更多。反省是让我们不会一直错下去的最好方法,虽然是一个痛苦的自我磨砺的过程,但唯有如此,我们才能更清楚地了解自己,熟悉自己,并敢于直面自己身上阴暗的一面。人生最大的成就,就是学会反省,从失败中站起来。

反省是一种勇气,反省是心灵深处的检讨,是和自己灵魂的对话,是一个痛苦的自我磨砺过程,并不是每个人都有这种勇气。在生活中常常可见,有的人不愿正视自己的缺点,浑浑噩噩、得过且过;有的人不敢承认自己的不足,怨天尤人、愤世嫉俗;有的人搪塞、掩饰自身的不足,为达目的不择手段。

反省是一种智慧,反省是智慧的源泉,反省的过程就是一个人心智不断提升的过程,是一个人心灵不断得到升华的过程。并不是每一个人都拥有这种智慧。成功人士都是智慧非凡的人,都是有明确目标的人,鲜花和荣誉从来不会降临到那些没有目标的人头上。而一个人确定奋斗目标,一定要根据自己的实际情况和自身的长处来确定。一旦树立了人生目标,就要心无旁骛对自己的目标专注如一。聪明的人能专注地干一件事,直到成功。歌德曾说:"一个人不能骑两匹马,骑上这匹马就要丢掉那匹马。"聪明人不会分散自己的精力,他们只会全心全意盯着自己最初制定的那个目标。

"反省就是耕耘并整理自己的精神家园",这句话出自一位20世纪初期英国哲学家之口。

出色的园艺师翻耕庭园,除去杂草。同样,我们也要翻耕自己心灵的庭园,即通过天天反省,扫除心中的邪念。然后播种美丽的花草,让清新、高尚的思想占领心灵的庭园。反省自己的邪恶之心,培育自己的善良之心。

反省也是一种取舍。人的一生是一个不断选择的过程,也是一个不断取舍的过程。学会选择,懂得放弃。理智地选择,潇洒地放弃,有舍才有得,这是人生的一种境界。人总是希望有所得,以为拥有的东西越多自己就越快乐,之所以患得患失,是因为我们的欲望太强,是因为我们希望拥有的东西太多,是因为我们总不想失去,总希望得到更多,所以才会难以取舍。这些都是不明智的想法。一味地想得,不择手段地得,就更不可为,也不能为。在我们人生的关键时刻,能够清醒、理智地做出取舍,对我们每个人来说都是至关重要的。

第4项:活着,就要感恩

"活着,就要感恩",这是稻盛和夫的修炼。

"感恩"非常重要,我们要感恩周围的一切,这是理所当然的。因为我们不可能独自一人活在这世上。空气、水、食物、家人、同事、社会——我们每一个人都在周围环境的支持下才能生存。只要我们能健康地活着,就该自然而然地生出感恩之心,有了感恩之心,我们就能感受到人生的幸福。

不要牢骚满腹,对现状要无条件地表示感恩,在此之上,再朝着更高的目标努力奋斗。首先我们活着,就应表示感恩。向自己周围的一切说一声"谢谢",我们要在道谢声中度过自己的每一天。

不管多么微不足道的事,我们都要表示感谢,这是最优先、最重要的。"谢谢你""感谢您",这样的话威力很大,它能将自己带进一个高尚的境界,也能给周围的人带来好心情。

"谢谢"这个词能在你周围制造出一种和谐的氛围。因为活着,所以我们应该感恩,要在感恩中活着,会发现世界原来是如此美好。

情景案例 11

有这样一个故事。美国前总统罗斯福家中被盗,丢了很多东西,一位朋友闻讯后忙写信安慰他,劝他不必太在意。罗斯福给朋友写了一封回信:"亲爱的朋友,谢谢你来信安慰我,我现在很平静。感谢上帝,因为第一,小偷偷去的是我的东西,而没有伤害我的生命;第二,小偷只偷去我部分东西,而不是全部;第三,最值得庆幸的是,做贼的是他而不是我。"对任何人来说,被盗绝对是不幸的事,而罗斯福却找出了感恩的三个理由。

在现实生活中,我们经常可以看到一些不停埋怨的人:"真不幸,今天的天气怎么这样不好""今天真倒霉,碰见一个乞丐""真惨啊,股票又跌了,电动车又坏了"等。这个世界对他来说永远没有快乐的事情,高兴的事都被抛在了脑后,不顺心的事却总挂在嘴边,每时每刻,他们都有许多不开心的事把自己搞得很烦躁。

世界上有些事情是不可避免的,有些事情是无力改变的,有些事情是无法预测的。有些人把太多的事情视为理所当然,因此心中毫无感恩之念,既然是理所当然的,何必感恩?有些人说:"我讨厌我的生活,我讨厌我生活中的一切,我必须做出一些比较大的改变。"实际上,这些人必须改变的是他们不知感恩的心态。如果不知道享受已有的,那么很难获得更多,即使得到自己想要的,也不会享受到真正的快乐。

在现实生活中,我们常自认为这样、那样才是最好的,但往往会事与愿违,使我们感到不满,心里得不到平静。其实,我们应该相信:目前我们所拥有的,不论顺境、逆境,都是对我们最好的安排。若能如此,我们才能在顺境中感恩,在逆境中依旧心存喜乐。

感恩是一种处世哲学,是生活中的大智慧。人生在世,不可能一帆风顺,种种失败、无奈都需要我们勇敢地面对、豁达地处理。这时,是一味地埋怨生活，从此变得消沉、萎靡不振，还是对生活满怀感恩，跌倒了再爬起来？英国作家萨克雷说过："生活就是一面镜子，你笑，它也笑；你哭，它也哭。"感恩不纯粹是一种心理安慰，也不是现实的逃避，更不是阿Q精神，而是一种处世哲学，是我们克服逆境、不断进步的思想源泉。感恩是一种歌唱生活的方式，它来自对生活的爱与希望。我们要感谢，感谢明月照亮了夜空，感谢朝霞捧出了黎明，感谢春光融化了冰雪，感谢大地哺育了生灵，感谢母亲赐予我们生命，感谢生活赠予我们的友谊与爱情，感谢苍穹理想与梦幻，感谢时光常留永恒与公正，感谢和平，感谢所有的一切。如果每天都在感恩中度过，我们还有什么不幸福的呢？

无论在哪里，只要有一颗感恩的心，就会感觉世界原来这么美好。父母对我们的好，我们要感恩。感恩我们身边的人，不要等失去了，才懂得珍惜。感恩不仅是一种心态，更是一种美德。学会了感恩，就不会因为所谓的不公而怨天尤人、斤斤计较；学会感恩，就不会一味地索取，一味地膨胀自己的私欲。感谢生活的每一分钟和每一分赠予，我们的生活会好起来，我们的人生会好起来，会更加多姿多彩。

让我们每一个人都学会感恩，学会在生活中寻找属于自己的快乐。

第5项：积善行，思利他

稻盛和夫先生无论在哪里都经常提到这句"积善行，思利他"，他主张人生在世要多行善事，多做对他人有益的事情。

中国有句古话叫作："积善之家必有余庆。"意思是，多行善，多做好事就会有好报。一人行善，惠及全家以及亲朋好友，我们的先贤们说的就是这个道理。

稻盛和夫先生一直都特别强调，世间存在着因果报应的法则。他认为，在这个世界上，如果多做好事，多做善事，那么家人、家族有好报不必说，这种好报还会贯穿你的一生。利他的行为，就是以亲切、同情、和善、慈悲之心去待人接物，这非常重要。因为这种行为，一定会给你带来莫大的幸运。

稻盛和夫先生自己非常相信这个法则。他在经营企业的过程中努力去实践这个法则。他认为多做好事就能使命运朝着好的方向转变。

善良是人类最崇高的美德之一，一个人只要心存善良，他的生命就会永远有一盏灯照亮，并为人们所敬仰。

情景案例 12

在意大利佛罗伦萨市的一座公共建筑物的台阶上，一位年老的士兵正坐着拉小提琴。他是个残疾人。在他身边，站着一条忠诚的狗，它的嘴里衔着这个老兵的帽子，经过这里的人时常在帽子里放上一枚硬币。这时有一位绅士路过，他驻足，向老兵借来小提琴，他先调了调音，接着就演奏起来。

路人不禁被这个景象吸引住了，在这样一个简陋之地，一位穿着体面的绅士在拉小提琴。人们纷纷停下脚步。音乐非常美妙，路人都情不自禁地陶醉其中。因此，人们捐给那个老兵的钱也越来越多了。帽子变得非常沉，以至于那条狗开始发出呜呜声。聚集到这里的人越来越多。这位绅士又演奏了《祖国的天空》系列曲之中的一首，然后将小提琴还给它的主人，离开了这里。

一个围观者喊了起来："这个人就是世界闻名的小提琴演奏家阿玛德·布切。他非常善良地做了这件好事，让我们向他学习吧！"于是，帽子在不同人的手中被传递着，很快又募集到了一大笔捐款。人们把这笔捐款全部给了老兵。布切先生的行为使老兵的一天充满了阳光。

有一个比自由更加强有力的词汇，那就是良心。人类文明之初，这个词汇所具有的力量就获得了世人公认。

马云在阿里巴巴十周年的庆典上曾经说："这个世界呼唤一种新的商业文明，旧的商业文明时代是企业以自己为中心，以利润为中心，以自己而不是以社会为中心；而新的商业文明下，是在新的环境下，如何对社会的关系、对环境的关系、对人文的关系、对客户的关系重新进行的思考。"

马云的讲话指向了一个追问：什么才是真正的企业家精神？带来一批更高贵、更善良、更快乐的人是不是一个企业的价值构成之一？

稻盛和夫先生认为，无论是企业本身还是管理者都需要不断"精进"。"精进"二字出自佛语，又叫作勤，即努力向上向善。人要能够向上，过勤勉有规律的生活，不要放纵自我。然而，向上易，在向上的同时能够保持向善就不容易。做人需要精进，要多行善事，企业也一样。

稻盛和夫先生把精进定义为"积善行，思利他"。求利之心是人的本性，也是一个经营者开展事业和各种活动的原动力。大家都想获取财富，这种欲望无可厚非，但这种欲望不可停留在单纯利己的层面，也要考虑别人，要把单纯的私欲提升到追求公益的"大欲"的层次上。

有一位记者提出：企业经营是为了一家之利，还是希望能够通过自己的企业与其他企业互惠互利，与行业内的企业进行高度的紧密合作，从而实现共赢的局面？产品设计出来的出发点是想赚取更多的利润还是考虑给社会带来方便？这个问题值得所有企业家深思。企业家的经营理念是什么，企业家的个人修炼有多深，最终决定企业发展的程度，决定企业未来能走多远。

对于我国的企业经营者来说，如何摆脱单纯以自我利益为出发点的自私心理，从而走向利他、向善的不断提升自己心性的道路；如何为企业未来的经营找到核心经营的哲学思想，是企业实现永续经营的关键。

稻盛和夫先生还说，善有"大善"和"小善"之分。俗话说"孩子可爱也要让他经历风雨，见世面"。这种叫大爱，大爱近乎无情。

第 6 项：不要有感性的烦恼

反省之后，把过去的失败坚决忘掉，将精力投进新的工作。

每一个人都会有各种各样的烦恼，有了烦恼就会导致情绪低落、意志消沉。如果要想做到没有烦恼真的太难，人都有七情六欲，真的能做到这么淡定岂不是成了圣人？要想达到这种境界，就需要修炼我们的内心，要不断提升我们的心性，磨炼我们的灵魂。如何在生活之中才能够做到没有感性的烦恼，对我们一生的成长都非常重要。

担心、烦恼、失败是人生的常事。但是，覆水难收，总为曾经的失败而悔恨，毫无意义。老是闷闷不乐会引起心病，接下来就会引起身体上的疾病，最终给自己的人生带来不幸。不要让过去的事情总是困扰自己，心里要想新的事情，新的想法要转移到新的行为上去，这一点非常重要。

稻盛和夫先生认为，对于过去的事情需要进行深刻的反省，但是没有必要因此在感情和感性的层面上伤害自己，加重自己的心理负担。要运用理性来思考问题，迅速地将精力集中到新的思考和新的行动中，这样做就能开创人生新的局面。

实际上，人活着就总会有这样或那样的烦恼，如果说一个人没有烦恼那是不可能的。但是，稻盛和夫先生说的是不要有感性的烦恼，所谓感性的烦恼就是指那些已经发生了的，无法挽回的事，这些事情经常在自己的脑子里转来转去，每想一次就痛苦一次，每想一次就烦恼一次，但是都于事无补，再怎么烦也已经过去了，无法更改错误或失误。

稻盛和夫先生告诉我们，这样的烦心事既然已经发生了，既然已经知道于事无补，那干脆就不想它，忘掉它，不让这件事影响到自己对以后事情的判断，否则就会像陷入泥潭一样无法自拔。我们经常听到一些人说，最近太倒霉了，什么事情都不顺心。为什么会这样呢？主要是因为第一件烦心事影响了第二件事情，第二件事情的不如意又影响到了第三件事，就这样一直互相影响下去，导致一件事情都没有办好。人在心情不好的时候会分散注意力，对正在工作的事情就会产生消极的影响，所以接二连三发生不如意的事情就在情理之中。正确的做法是，立即把第一件不如意的事情忘掉，如果有错误，立即总结，以后应当注意这样的错误不要再发生，并立即转入到下一个工作中去。不要有任何的不开心和顾虑。事实证明这一方法是非常有效的，在长期的工作和生活中，每当我们不断地把感性的烦恼一遍又一遍地思来想去的时候，也是情绪最不好的时候。我们中国有句古话叫作"当断不断，反受其乱"。以后的路还要继续，历史不会让我们一直停留在那里，要向前看，才能把自己的状态调整到最好。

为了更加有力地说明"不要有感性的烦恼",稻盛和夫先生举了一件他开发新产品时亲身经历过的事情。

情景案例 13

20几年前发生的一件事,让稻盛和夫先生至今印象深刻。

陶瓷与人的细胞具有亲和性。人的细胞对金属会产生排斥反应,却可以在陶瓷表面上顺利繁殖,它不排斥陶瓷,却对金属敬而远之。

京瓷公司通过反复实验利用陶瓷研究出了人造膝关节,但是销售必须经过日本厚生省的批准,为此必须进行临床实验,然后将有关数据报告给厚生省。然而医生们都认为:"陶瓷股关节效果非常好,已经积累了几百个成功病例。同样,用陶瓷制作膝关节不会有任何问题。如有问题,我们的医生可以负责。为了那些因为膝关节不好而痛苦的人们,请你们尽快开发出新产品。"就这样京瓷公司的技术人员都认为,既然如此,那么就应该研制人造膝关节,提供给患者使用。

与人造股关节一样,人造膝关节的效果也非常好,定制人造膝关节的要求源源不断,正当京瓷公司依照客人要求制作时,有人写新闻稿投诉,报纸杂志纷纷登载:"京瓷在没有得到厚生省批准的情况下,销售陶瓷膝关节赚钱。在人命关天的医疗领域,为做生意而销售未经允许的产品,这样的企业太缺德了。"

当时这样的情况不仅有伤稻盛和夫先生个人的体面,而且媒体连日把矛头指向京瓷公司,指责他们为赚大钱不惜以病人为诱饵。稻盛和夫先生为了这件事情多次去厚生省说明、解释,并认错道歉。每当此时,媒体的摄像机就摆开阵势,稻盛和夫先生低头道歉的样子经常出现在电视新闻之中,在自己的家族、公司员工以及周围的人群中都抬不起头来,那个时候稻盛和夫先生的名誉、信用都受到了莫大的伤害。

因为这件事情，稻盛和夫先生坐立不安，心神不宁，内心非常痛苦。那个时候他想到了西片担雪禅师。为了得到心灵上的安抚，稻盛和夫先生就拜访了这位禅师。

"稻盛君，之所以你会感受到这样的苦恼，那是因为你还活着，如果你死了的话，就没有什么苦恼了。正因为活着，所以才会有苦恼，这不是件好事吗？"西片担雪禅师听完稻盛和夫先生的话这样说道。

紧接着禅师又说："稻盛君，虽然我不知道你过去积下了怎样的罪孽，但是你积下的那些'业'以灾难的形式表现出来了。你现在倒霉，这是你过去犯下的罪孽所致，这是一种因果报应，当原因招致的结果发生时，原因也随之消失，就是'业'消失了。"

"如果这种报应严重到要剥夺你的性命，那么你的人生就算告一段落。但是，稻盛君，你不是还活得好好的吗？京瓷也还是一派繁荣景象。因为人造膝关节的问题，你受到了严厉的批评，你感到痛苦和烦恼，但这种程度的挫折就能把事情了结，就能将你过去的罪孽一笔勾销，稻盛君，该庆祝一番才对啊！"

稻盛和夫先生回到家后突然觉醒了，他认为禅师的话救了他，如果这种程度的灾难就可以消"业"，就能勾销他的罪孽的话，那么他愿意接受世间的灾难和指责。接受就是一种忏悔，这是为了消除自己身上的污垢所必须经受的，当他意识到这一点时，他的心境豁然开朗了，浑身好像有了力量。

对挫折和灾难抱有正面的态度，才会有幸福的人生。稻盛和夫先生经常向大家讲这些道理。

二、经营 12 条

经营 12 条是稻盛和夫先生论述指导企业成长发展的具体的经营要诀。他把自己在京瓷及 KDDI 经营实践中切身体悟的经营原理原则归纳为 12 项，称之为"经营 12 条"。

一提起经营，人们常常望而生畏，许多复杂因素交叉叠加，似乎难上加难。稻盛和夫认为，世上有各种各样的现象，如能将驱动这些复杂现象的原理总结出来，那么一切其实都是单纯的、明快的。复杂现象复杂理解，事情反而难办。

在研究开发领域，必须具备将复杂的现象简单化的能力。企业经营也一样，只要领会了其中的要诀，也就是原理原则，经营企业就绝不是什么难事。

稻盛和夫先生认为，无论是中国还是日本，经营的要诀都一样，不会因为国家不同而不同。经营 12 条立足于"做人，何谓正确"这一最基本的观点之上，所以它是超越国界、超越民族、超越语言差别，普遍适用的。

经营 12 条的每一项，绝对没有什么复杂难懂的内容，但正如上面所说，经营 12 条的有效性和普遍性已为事实所证明，我们一定要相信它的力量，深刻理解，认真实践经营 12 条。

第 1 条：明确事业的目的和意义——树立光明正大符合大义名分的、崇高的事业目的

稻盛和夫先生把"明确事业的目的和意义"作为第一条，说明一个企业经营者，创办一家企业最重要的是他的经营目的。有的人创办企业的目的刚开始是为了多赚钱养家，为了给家人一个好的生活，所以他不断努力赚钱。可是当他们赚了很多钱，赚了几辈子都用不完的钱之后，他们经营企业的目的仍然没有改变，仍然是赤裸裸地以赚钱为目的，而且是为了个人赚钱，没有想到要让企业的员工过得更好一些，更不会想到要服务于社会、服务于人类。这样的企业经营者因为他们的心中没有别人，只有他们自己，他们心胸狭窄、自私、自利，所以最终他们的企业是做不大的，都会被市场淘汰。

稻盛和夫先生刚开始创办企业的目的其实也很简单，就是想让自己的家人和企业员工生活过得更好一点，这是他经营企业最初的目的。可是到了后来，随着企业不断做强、做大，在能够满足自己家人及企业全体员工物质与

精神生活的同时，开始为人类社会的进步和发展做出贡献。

当一个企业经营者有了这样的经营理念，有了这样的胸怀和格局，说明他心中不仅仅只有他自己，同时也有企业全体员工甚至整个社会。有了这样胸襟的企业经营者就会让利于员工，使员工在物质及精神两方面得到满足，员工在物质与精神两方面都得到了满足后，就会像爱护自己的企业一样爱护公司。稻盛和夫先生也说过，一个企业最不可靠的是人心，但一个企业最可靠的也是人心，就看我们经营的是一家什么样的企业，是受员工爱戴的企业还是员工唾骂的企业。

这几年我国倒闭的企业中绝大多数都是应该被市场淘汰的企业，因为这些企业的经营手段都是最大限度地榨取员工的剩余价值，不为员工谋福利，不为社会做贡献。

当然，改革开放以来同样也涌现出了许多优秀的民族企业。为什么这些企业可以不断做大、做强，可以走出国门成为世界级的大型企业集团？主要是因为他们的经营理念符合"天道"，这些经营者的心中不仅有他们自己，也同样有他们企业的员工及员工的家庭；这些企业的员工都因为在这样的企业工作而感到骄傲、自豪，例如华为、中兴、海尔、阿里巴巴、百度、腾讯、万科、格力、恒大等，其中最为典型的应该数深圳华为公司。

华为公司在很多年以前就打出了一个口号，同等岗位的工作人员工资及待遇要成为业界最高的，而且必须高出很多，有的是同样岗位工资的几倍。几乎所有的华为员工都以能够进入华为工作而感到骄傲和自豪。华为公司在企业界就好比学界的北大和清华，汽车业内的劳斯莱斯。它不仅处在我国企业界的金字塔顶端，而且也正在不断向世界企业界的金字塔顶端靠近。华为公司毫无疑问是我国企业的骄傲，它的强大一定程度上振奋了中国人的士气，使国人更加有了自信。

但稻盛和夫先生找到企业经营的真正目标并不是他在创业初期也同样遇到这样的难题——经营企业的目的到底是什么？

情景案例 14

京瓷公司在创立后的第二年招进了十多个高中毕业生，经过一年的磨炼已成为公司的生力军。突然有一天他们持"联名状"一起向稻盛和夫先生交涉。联名状上写明每年最低工资增幅和最低奖金，而且要连续增长下去等，要求稻盛和夫先生承诺并做出保证。当时京瓷公司才创立不久，正缺人手，这些人已经成为骨干，如果走了，公司必遭损失。但是，如果他们无论如何都固执己见的话，那也没办法，大不了公司从头再来。最后稻盛和夫先生没有妥协，并且明确答复他们不可能接受他们的条件。

就这样谈判从公司一直谈到稻盛和夫先生家里，持续了三天三夜，稻盛和夫对这些年轻人说："作为经营者，我绝不只为自己，我倾全力把公司办成人们从内心认可的好企业，这话是真是假，我无法向你们证实，你们姑且抱着'就算上当也要试试'的心态怎么样？我拼老命也要把企业做成，如果我对经营不尽责，或者我贪图私利，你们觉得真的受骗了，那时把我杀了也行。"这样熬了三天三夜，推心置腹的交谈后，他们总算相信了稻盛和夫先生，撤回了条件，不但留下，而且加倍努力，埋头工作。

这件事深深刺痛了稻盛和夫先生，让他意识到企业经营的根本意义，这成了他转变企业经营目的的契机。此前他经营企业的目的是"技术问世"，对公司前景的展望不过停留在"只要废寝忘食，饭总能吃饱吧"这种水平上。

那次经历让稻盛和夫先生从内心深处理解了员工的愿望。他说："我开始意识到企业经营应有的真正目的。这目的既不是'圆技术者之梦'，更不是'肥经营者一己之私腹'，而是对员工及其家属现在和将来的生活负责。"

那次员工要求加薪事件，让稻盛和夫先生明白了经营的意义：经营者必须超脱私心，让企业拥有大义名分。这种光明正大的事业的目的，最能激发员工内心的共鸣，获取他们对企业长时间、全方位的协助。此后的京瓷及KDDI都是因为贯彻这个正确经营理念的必然结果。

第 2 条：设立具体的目标——所设目标随时与员工共有

每一个企业都有很多自己的目标，有年度目标、季度目标、月度目标。设立目标只是第一步，并不是设立了目标就万事大吉，目标设立后就要为了实现目标而努力拼搏。

那么目标怎么设立？

稻盛和夫先生认为：目标要用具体的数字明确表述，不只是销售额，还有利润，都要建立明确的目标，用数字具体地表示。而且这种目标在空间和时间上都必须明确。

所谓空间上明确，即目标不是全公司的一个抽象数字，而是分解到各个部门的详细资料，现场最小的组织单位也必须有明确的数字目标，再进一步，每一个基层员工都要有明确的指针和具体的目标。

所谓时间上明确，即不仅设定年度目标，而且要设定月度目标，月度目标明确了，每个人就能看到自己每一天的目标。员工们明白自己每一天的任务，要完成这些任务，就必须设定明确的目标。

每位员工努力完成任务，各个部门就能达成目标，公司整体目标也自然可以达成。每天的目标达成，积聚起来，月度、年度的经营目标也就自然达成了。另外，目标明确，目标就可以与员工共有，如果目标不明确，即经营者不能指明公司的前进方向，员工就会无所适从，或者各行其是，行动方向混乱，结果力量分散，组织的合力就无法发挥。

另外，没把握实现的计划，以不制订为好。计划时间不能太长，太长根本不现实，也实现不了，因为中间的变数太多，计划本身失去了意义，或向下修正，或不得不放弃，这类事司空见惯。员工见多了这种实现不了的计划，会产生"反正完不成也没有关系"的想法，甚至漠视计划。一旦经营者再次制定经营目标，员工反倒失去向高目标挑战的热情。更糟糕的是，销售目标没达成，费用和人员却按计划增加了，即销售减，费用增，经营吃紧，日子变得难过。

以今天一天的勤奋，完成今天的任务，就能看清明天；以本月一月的勤奋，完成本月的任务，就能看清下月；以今年一年的勤奋，完成今年的任务，就能看清明年。日复一日，切切实实达成每一天的目标，至关重要。重要的是目标是不是明确。

稻盛和夫先生说，在京瓷只设定短时间段的具体目标，付诸实行，完成。接着设定下个短时段的明确目标，再实行，再完成。周而复始，贯通始终，就这样京瓷与 KDDI 的事业得到了长久的不断发展，这两家企业也都成了世界 500 强企业。

第 3 条：胸中怀有强烈的愿望——要怀有渗透到潜意识的强烈而持久的愿望

对目标不懈地追求，坚信一定能达到目标，而且也有无论如何都要达到目标的强烈愿望，这也是事情成败的关键所在。

稻盛和夫先生把"心怀强烈的愿望"作为经营第三要诀列出，同时将副标题定为"要怀有渗透到潜意识的强烈而持久的愿望"，是因为一旦驱动潜意识，就能更有效地扩展经营。

稻盛和夫先生认为人有显意识和潜意识之分，比如同别人说话就是用显意识，大家也是用显意识听别人说话的。显意识是正觉醒着的意识，可随意运用的意识。潜意识通常沉于显意识之下，不会显露出来，是不能人为控制的意识。

在京瓷成立前几年，稻盛和夫先生经常对企业仅有的 28 名员工重复讲这样的话："让我们拼命干吧，我们要创造一个卓越的公司，镇上第一，不，京都第一的公司，日本第一的公司。"

那个时候他们经常加班到深夜，经常有叫卖面条的小贩算好时间过来叫卖面条，稻盛和夫先生也就同员工们一起边吃夜宵边聊他们的未来和梦想。

在当时的情况下，稻盛和夫先生虽然自己给员工们讲述未来多么美好，可是他自己实际上都不太相信，也是半信半疑。其实稻盛和夫先生也知道他的话并无足够的说服力。但是，朝也说晚也说，一遍又一遍，反复倡导间，员工们包括稻盛和夫自己不知不觉竟真的信了，而且朝着那个目标众志成城，不惜一切努力去实现。

第4条：付出不亚于任何人的努力——一步一步、扎扎实实、坚持不懈地做好具体工作

在"6项精进"里面，"付出不亚于任何人的努力"是排在第一位的。也就是说稻盛和夫先生认为"付出不亚于任何人的努力"是事业取得成功最重要的环节，是最关键的因素。

稻盛和夫先生曾经说过，成功没有捷径，努力才是通往成功的光明大道。京瓷仅用40年的时间就成长到这么大的规模，除了努力之外没有别的原因。京瓷的努力不是普通的努力，而是"不亚于任何人的努力"。"不亚于任何人"这几个字才是最关键，不做这种程度的努力，企业难以取得长久繁荣和持续发展。

京瓷在创业时，没有足够的资金，也没有经营的经验，唯一的资本只有无尽的努力。那个时候，京瓷全体员工在稻盛和夫先生的带领下夜以继日、不分昼夜地努力工作。他们每天忙得连什么时候回家、什么时候睡觉都不知道。不久，大家就筋疲力尽了。大家的生活都没有什么规律，睡眠极少，不能按时吃饭，大家都在想，这样下去难以维持啊，因为身体吃不消了，太累了。后来稻盛和夫召集大家开了一个会，他说："我虽然不太懂企业经营是怎么回事，但认为它可比作马拉松，是长距离、长时间的竞赛。我们都是初次参赛的非专业团队，而且起步已迟。包括大企业在内的先头团队已跑完了全程的一半。反正是无经验、无技术的新手，出发又晚，不如一上场就全力疾驰。"

稻盛和夫先生就这样说服了全体员工，自创业以来，始终"全力疾驰"，结果京瓷一刻不停，发展再发展，最后成了世界500强企业。

"以百米赛跑的速度跑马拉松，或许中途会倒下，或许跑不动了落伍。大

家这么讲过，我也这么想过。但是，与其参加没有胜算的比赛，不如一开始就全力以赴，即使坚持不久，也要挑战一下。幸运的是，不知不觉中我们居然适应了高速度，用这样的高速度一直跑到了今天。"

用跑百米的速度跑马拉松，这样的努力才配称"不亚于任何人的努力"。

企业经营就是竞争，当竞争对手比我们更努力时，我们的努力就不会奏效，我们就难免失败和衰退。

仅仅是"尽了自己努力"这样的程度，公司不可能发展。要在血雨腥风般残酷而激烈的企业竞争中获胜，获得成长发展，就必须是"不亚于任何人的努力"。还有一点很重要，就是"不亚于任何人的努力"必须每天不断地持续，任何成功的事业都是一步一步、踏踏实实努力积累的结果。

稻盛和夫先生通过总结自己几十年经营企业的经验，认为企业发展的要诀一点也不难：认真做事，一步一步，踏踏实实，持续付出不亚于任何人的努力，精益求精，持之以恒，如此而已。

关于"付出不亚于任何人的努力"在"6项精进"中也讲过，在这里就不做过多阐述。

第5条：销售最大化、经费最小化——利润无须强求，量入为出，利润随之而来

作为经营常识，很多人都以为销售额增加了，经营成本就同样会增加。但是，稻盛和夫不这么认为，他认为，要想经营好企业就要超越这种想法，要改变"销售额增加，经营成本也增加"这一传统错误的想法。要实现销售额虽然增加了，但经营成本必须比以前还要低，从而实现"销售额最大化，经费最小化"。我们要创造高收益就要不断开动脑筋，不断创新，只有这样才可以产生高收益。

通常认为"订单增加了，那么员工、设备、管理人员等都要做相应的增加"的经营理念非常危险。如果一旦订单减少，销售额降低，那么经营负担就重了，那么企业有可能很快就会亏本。要想实现"销售额最大化，经费最

小化",就必须建立一个系统,一个经营管理系统,使每个部门每月的经费明细一目了然,各种开支清清楚楚。

阿米巴经营管理会计与通常的财务会计不一样,这是经营者为了方便经营,同时能够通过《单位时间核算表》快速找出企业存在的各种问题,是一种经营管理会计手法。

怎样才可以做到"销售额最大化,经费最小化"呢?为了把经费压缩到最小,可以通过《单位时间核算表》的形式,把各种费用开支都明细化,也可以通过不断地改良与改善,对工作不断提出更高要求,不断精进。只有这样才可以达到目的。

通过阿米巴的《单位时间核算表》,从事实际具体工作的员工就能知道哪些费用的确高了,哪个地方还可以减少人员,哪个工序可以进行优化等。

一个企业在规模小的时候就应该做好各类开支的明细账,否则一旦企业做大了,没有明细账仍做笼统账,那么任何人都无法知道企业经营的实际情况。然而,现在很多企业仍然无法算清楚一个月、一个季度、半年、一年到底是赚钱还是亏本,如果是亏本,到底是哪一个经营环节亏了也不清楚。这样企业经营完全就是一本糊涂账,长期下去企业不倒闭才怪。

第6条:定价即经营——定价是领导的职责,价格应定在客户乐意接受,公司又盈利的交汇点上

定价是一个企业产品推向市场最为关键的一个环节,完全可以体现出一个企业经营者的经营理念。给产品定价要考虑的地方太多了,是薄利多销还是高价格走高端市场,厚利少销。价格制定有很多种选择,选择什么样的价格就体现出了经营者的经营思想和理念。

产品价格定下来以后,产品推向市场到底能卖出多少,能够获得多少收益,客户反映怎么样等,这些都比较难预测。价格定得太高,卖不出去;价格定低了,虽然畅销,却没有多少利润。所以,定价非常重要,如果定价失误,企业损失将会很大。在正确判断产品价值的基础上,寻求单个的利润与

销售数量乘积为最大值的某一点，据此定价。稻盛和夫先生认为这一点应该就是客户乐意付钱购买的最高价格。而真正能够看准这一价格点的只有经营者自己。

在很多情况下，虽然产品以好的价格卖出去了，但有些企业却不一定就能获得理想的利润，因为在制造的过程中，工厂没有合理控制好生产经营成本，浪费比较大，导致成本上升。价格虽然定得好，也卖得出去，但是如果经营成本没有控制好，经营也是失败的。所以必须对企业内部的各个生产环节进行严格控制，确保获取最高的利润。

一个工厂如果业务人员只知道以低价格获取订单，那么制造部门再辛苦也无法获利，因此必须以可能高的价格销售产品。价格定下来之后能否获利就是制造部门的责任了。

在企业经营的过程中，不可以有"材料费、人工费、各类经费必须花多少"的错误想法，只要每天的工作都在精进，都在想办法不断改进工作，这些费用就一定能够得到减少。我们一定要在保证质量的前提下想尽一切办法降低经营成本。

稻盛和夫先生认为"定价""采购""压缩生产成本"这三者必须联动，"定价"不可孤立进行，就是说"定价"即意味着对降价采购成本及生产成本负责，价格之所以要由经营者亲自决定，理由就是如此。也就是说，在决定价格的时候，必须考虑到降低制造成本。反过来说，正因为对降低成本心中有数，才能正确定价。

在进行价格决策时，必须考虑四大基本因素：成本因素、竞争因素、公司利润、市场目标。这四大因素是构成影响定价的基本因素。成本因素包括产品从研发、生产、宣传再到投入市场所产生的一系列相关费用，决定着产品的最低价格，如果定价低于此价格，企业必然会造成亏损。竞争因素构成了对产品价格上限的最为基本的影响。公司利润及市场目标是企业谋取利润而实现企业发展所制定的产品价格。

消费者心理因素也同样不可忽视。市场对产品的需求是影响定价的外因，受需求关系影响，在以往乃至未来都是一个不可忽略的因素，它的影响将伴随产品价格的走向。另外，购买者的消费心理似乎是最不好捉摸的东西，它是隐形的，随时在变动的不可量化的东西，它具有复杂性和前瞻性。

人们都知道，每当产量翻番，成本总会显著下降。相应地，由于绝大多数产品的竞争本性，只要有竞争关系持续稳定，价格倾向于按照类似的模式下行。给定这些长期的、可预见性的成本和价格行为模式，预测价格和成本不会太难。

定价也应参考产品生命周期，产品生命周期分为研发阶段、导入阶段、成长阶段、饱和阶段和衰退阶段。

在研发阶段，产品概念从设想到设计不产生任何收入，只产生开发成本。进入导入阶段，也就是产品测试阶段，测试市场对产品的反应程度决定价格的高低。到达成长阶段，随着市场的拓开，客户需求越来越大，产品销量加速上升，随着销量的上升，单位成本也随之下降，同时随着跟进者的增加价格不断走低。

随着新增顾客量减少以及新的替代品出现，产品价格持续走低，同业竞争者不断增多，最终导致价格战的开始。这个时候企业经营者会面临再次艰难的定价处境，是维持高价格还是参与市场同行的价格大战？这个时候也再次体现经营者的经营理念及经营思想。所以稻盛和夫先生说，定价就是经营，定价就是定生死。没有定好价，企业将会损失巨大。

制定产品价格，首先必须了解产品真正的成本价格是多少，只有了解了产品成本价格才可以定出合理的价格。了解市场需求，以市场为导向，掌握市场动向需求，才能根据市场价格结合自身产品成本，制定出符合市场的产品价格。我们要了解竞争对手的价格，清楚企业经营的目标和战略规划是什么。目标与价格息息相关，最终价格的制定会决定销售目标、利润的增长及公司规模的扩张。制定什么样的价格策略将会始终影响着企业的目标，它是在变化中不断变化的变量。

第 7 条：经营取决于坚强的意志——经营需要洞穿岩石般的坚强意志

稻盛和夫先生认为，所谓经营就是经营者意志的表达。一旦确定目标，无论发生什么情况，目标非实现不可，这种坚强的意志在经营中必不可缺。可是，不少经营者眼看经营目标达不成，或寻找借口，或修正目标、计划全部撤销。经营者的这种轻率态度，不仅使实现目标变得根本不可能，而且会给员工造成极大的消极影响。

在环境变动频繁剧烈的今天，经营者如果缺乏"无论如何也要实现目标、履行承诺"的坚强意志，经营将难以为继。一味将经营去"凑合"状况变化，结果往往不妙。因为向下调整过的目标，当遭遇新的环境变动时，不得不再次向下调整。一遇困难就打退堂鼓，必定会失去股东和员工的信赖。既已决定"要这么做"，就必须以坚强的意志贯彻到底。虽然说目标是经营者的意志，但是必须获得员工的共鸣。起初是经营者个人的意志，但随后得让全体员工都参与进来，共同为实现目标而努力。

一个企业，经营者提出来的经营目标必须成为全体员工共有的目标，只有这样公司的目标才有可能实现，员工一般是不会向自己提出过高的工作目标的，这样的目标只有经营者自己根据实际情况而制定，决定得由经营者自己下。公司确定的经营目标，需要全体员工的响应，要得到全体员工的认可和支持，要把公司的经营目标变成全体员工自己的工作目标，把公司的意志变成员工的意志。

怎么才可以让员工认可公司的经营目标呢？稻盛和夫先生是这样做的：他事前先对员工们讲一番激励的话："咱们公司前景光明，虽然现在规模不大，但将来的巨大发展，大家可以期待。"然后开宴会，一起干杯后又说道："今年我想把营业额翻一番"。这个时候身旁正好坐着几个善于揣摩上司心理的家伙，让他们接话："社长，说得对！干吧！"于是那些脑子好使、办事利索但冷静过度的人就难以开口。否则一听高目标，他们就会泼冷水："社长，那可不行，因为……"讲一大套行不通的理由。这时的气氛使消极者不好反对，而且不知不觉中甚至随声附和。高目标往往就在全员赞同之下得以通过。

经营也要懂心理学，即使目标不高，可是如果让那些比较消极的人先发言，那么他们就一定会说一大堆消极的话，总之就是完不成任务，目标太不现实了等这样的言论。制定比较高的目标，然后向高目标挑战。如果目标过高，连续几年都完成不了，那么高目标就成了水中月镜中花，而且还会对以后产生负面影响，员工就不会认真理会经营者的经营目标了。

所有成功者都有着非常坚强的意志，世界上没有谁随随便便就可以成功。在创业的路上，每一个经营者都会遇到各种各样的困难，有时候甚至会面临企业生死存亡，没有足够的自信和坚强的意志是很难挺过去的。要有坚定的信念，在任何困难面前都不退缩，为了实现目标不达目的绝不罢休。

第8条：燃烧的斗魂——经营需要强烈的斗争心，其程度不亚于任何格斗

稻盛和夫认为，在格斗场所需要的"斗魂"，在经营中也必不可少。脾气太好、连架也没有吵过的人，应该趁早把总经理的座椅让给更有斗争心的人。

经营一家企业就会有竞争。哪怕是一家非常小的企业，经营者如果缺乏"斗魂"，不能为保护员工发挥昂扬的斗志，那么企业将必败无疑。经营一个企业有时候真的很难，不仅要面对各个政府管理机构，还要面对一些所谓的"黑社会"。这时，为了保护企业不受侵害，就需要具备角斗士一样的"斗魂"，需要有压倒对方的大无畏的气魄。

一个企业经营者要有很强烈的斗争精神，要敢于斗争，善于斗争，要与一切不正当的势力做斗争，要用自己的生命来爱护企业，无论企业面临多大的困难，作为一个经营者都要迎难而上。

面对强大的敌人要敢于亮剑。有一部电视剧《亮剑》，剧中人物李云龙在面对强大的敌人时，明知不敌，也要毅然亮剑，即使倒下，也要成为一座山，一道岭！这是何等的凛然，何等的决绝精神，又是何等的快意，何等的气魄！

当我们面临巨大困难时，要勇敢地去面对，失败并不可怕，最可怕的是连面对的勇气都没有。这就叫没有"斗魂"。

古代剑客们在与对手狭路相逢时,无论对手多么强大,即使对方是天下第一剑客,明知不敌,也要亮出自己的宝剑。即使倒在对手的剑下,也虽败犹荣。这就是我们中国的亮剑精神。稻盛和夫先生称之为"斗魂"。

事实证明,一支具有优良传统的部队,往往具有培养英雄的土壤。英雄或是优秀军人的出现,往往是通过集体形式出现,而不是通过个体形式出现的。理由很简单,他们受到同样传统的影响,养成了同样的性格与气质。任何一支部队和企业都有着它自己的传统。传统是什么?传统是一种性格,是一种气质!这种传统与性格,是由这支部队或者这个企业的首任最高领导人的性格与气质决定的。他们给这支部队或者这个企业注入了灵魂。从此不管人员流失,这支部队以及这个企业的灵魂将会永驻。这是什么?在部队叫"军魂",在企业就叫企业的"灵魂"。

"斗魂"体现一种勇气,一种魄力。魄力是面对困境时的果断决策,是永不言败的信心,是锲而不舍的执着。魄力令对手望而生畏,令我们自己充满信心。华为公司是我们中国最具有"狼性精神"的企业,他们的企业文化称为"狼性文化"。狼又凶猛又狡滑,尤其是一群狼更可怕,就连老虎见了也要怕它们三分。具有这种狼性的人才具有魄力,才是真正的战士,真正的军人,真正的领导者、经营者。有了这种精神,纵然是敌众我寡,纵然是身陷重围,我们也能勇往直前。在坚苦卓绝的战争中,正是这种亮剑精神指引着我们整个民族坚强地抵御外敌,生存至今而屹立不倒。

其实做任何工作都有困难,关键是我们如何看待困难、正视困难。如果每次遇到困难就躲开,那么永远只能远观胜利,只能在通往胜利的道路上迂回,永远都无法站在胜利的台阶上。有时候困难实际上并没有那么可怕,我们是被自己吓倒了,没有积极地去面对。只要我们有勇气面对,就能克服各种困难,取得最终的胜利。

一个优秀的企业,应该具有培养英才的土壤。大到这个团队的整体,小到这个团队的每一个成员,都要有一种豪气当头、势不可当的爆发力和强大的凝聚力，从而铸就这个团队亘古不变的灵魂。

这就是"斗魂"。

第9条：临事有勇——不能有卑怯的举止

稻盛和夫先生认为，经营企业，只要依据"做人，何谓正确"这一原理原则进行判断，就不会发生大的失误。但是，许多经营者在需要按原理原则进行判断、得出结论的时候，因为遭遇了各种各样的障碍，有的来自暴力集团，有的来自某些政府部门的不合理要求，在强大的外部威胁面前，他们妥协了、屈服了，最后往往做出错误的选择。

按原理原则得出结论，这种情况下即使受到威胁、中伤和诽谤，即使面临损失和灾难，仍然毫不退缩，坦然面对，坚决做出对公司有利的判断。经营者只有具备真正的勇气，才能做到这一点。

稻盛和夫先生认为，真正的经营者还必须具备"胆识"。所谓胆识，是见识加上胆力，或者加上勇气。因为具有出于灵魂深处的坚定不移的信念，所以能顶天立地，无所畏惧。经营者只有具备这种胆识，才敢于面对一切障碍，正确判断，坚决实行，摆正经营之舵，在风浪中勇往直前。

第10条：不断进行创造性的工作——明天胜过今天，后天胜过明天，不断琢磨，不断改进，精益求精

美国新闻界代表人物戴维特先生在其所著的《下一世纪》一书中，用了一章来描写有关稻盛和夫的事情。这章一开头，他就引用了稻盛和夫这句话："我们接着要做的事，又是人们认为我们肯定做不成的事。"实事上京瓷当时做了也是当时人们认为做不成的事——开发新型陶瓷，把它作为新型工业材料。在此之前人们觉得这是不可思议的事。

京瓷公司在稻盛和夫先生的带领下充分利用新型陶瓷的优良性能，进一步开发出半导体封装，促进了计算机产业的蓬勃发展。同时又开发出人造骨、人造牙根等用于生物工程的新产品。京瓷公司开拓出一个精密陶瓷的新产业领域，对人类、对社会做出了贡献。

那么，为什么在稻盛和夫先生领导下的京瓷能如此富有创造性？许多经营者都认为是京瓷有强大的技术开发能力，所以才能具有这么强的创造性。稻盛和夫先生不这么认为，他认为没有任何一家公司天生就拥有杰出的技术，能不能非常专注地进行产品创新，明天胜过今天，后天超过明天，不断改进，不断创新，这才是能不能实行独创性经营的关键。

一天的努力，只有细小的成绩，但是锲而不舍，改良改善积累一年，就可能带来可观的变化。不仅是清洁工作，企业里各种工作，营销、制造、财务等都一样，这个世界划时代的创造发明，无一不是在这样踏踏实实、地地道道、一步一步努力的积累中产生的。

稻盛和夫先生说："不论各位的企业属于何种行业，'不可每天以同样的方法重复同样的作业，要不断有所创新'。把这句话作为公司的方针明确提出来，而且经营者要率先做出榜样，这样经过3~4年，企业就会有独创性，就能进行卓有成效的技术开发。"

独创性的产品开发和独创性的经营，开始时京瓷也没有，能不能每天都认真追求，钻研琢磨，不懈努力，这才是问题的关键。

稻盛和夫先生经常讲"将来进行时"的观点，他认为不是以现有的能力来决定将来要做什么，而是现在就决定一个似乎无法达成的高目标，并决定在将来某个时间点达成它，盯住这个目标，通过不断地顽强努力，提高自己现有的能力，直到在将来某个时点达成既定的高目标。如果我们只以现有能力判断今后能做什么、不能做什么，就根本无法开拓新的事业，现在做不成的事，今后无论如何也要把它做成，这种强烈的使命感，才可能开辟一个新的时代。

对于工作的要求，稻盛和夫先生经常在公司管理例会上讲，只要我们每天进步一点点，今天比昨天进步，明天比今天有一点进步，下个月比这个月有一点进步，明年比今年进步一点，公司就会不断进步，就会每天精进，企业就会不断朝好的方向发展，不断形成良性循环。最可怕的就是那些思想保守，本身没有什么能力又不愿意接受别人的改善建议，不愿意接受新的经营管理思想的人。这种人如果经过引导和培训仍然不提升自己，就只有一条路，那就是请他们离开公司，因为他们的确已经不适合再在企业待下去了，他们的存在会严重阻碍企业的进一步发展。

创新是一个企业生存和发展的灵魂。对于一个企业而言，技术创新可以提高生产效率，降低生产成本；体制创新可以使企业的日常运作更有秩序，便于管理，同时也可以摆脱一些旧的体制的弊端；思想创新是相对比较重要的一个方面，领导者思想创新能保障企业沿着正确的方向发展，员工思想创新可以增强企业的凝聚力，发挥员工的创造性，为企业带来更大的效益。

当今世界是经济全球化、区域经济一体化的局面，全世界的脉搏通过经济的脉络紧密地联系在一起，牵一发而动全身。全球化趋势对于企业来说既是一个机遇，也是一个挑战。如何把握世界经济发展的潮流，用世界的眼光审视企业自身发展的有利因素和不利条件，通过改革创新，推动企业自身的发展，在优胜劣汰的市场竞争大潮中立于不败之地，这是一个重大的课题，也是一个重大的挑战。

创新对一个国家、一个民族来说是发展进步的灵魂和不竭动力；对于一个企业来说就是寻找生机和出路的必要途径。从一定程度来讲，一个企业如果不懂得创新，不懂得开拓进取，它的生机就会停止，这个企业就要濒临灭亡。近几年中国手机市场就充分说明了这样的问题。曾经红遍大江南北的诺基亚、摩托罗拉、爱立信，还有国产的波导等手机品牌已经风光不再，有的品牌甚至彻底退出手机市场。

创新的根本意义就是勇于突破企业的自身局限，革除不合时宜的旧体制、旧办法，在现有的条件下，创造更多适应市场需要的新体制、新举措，走在时代潮流的前面，赢得激烈的市场竞争。

总之，企业进行一系列的具有创造性的工作，会不断强化企业抵御市场风险的能力，也是经营管理创新的重要手段，同时也是企业能够得到持续发展、增效的重要保证。

第 11 条：以关怀之心，诚实处事——买卖是双方的，生意各方都得到，皆大欢喜

"关怀之心"实际上也就是"利他之心"。稻盛和夫认为，经营一个企业，不能只考虑自身的利益，也要考虑对方的利益，必要时，即使自我做出牺牲，也要为对方尽力。这种美好的心灵，我认为即使在商业世界里，也是最重要的。但是，许多人认为，"关怀""利他"这类说法，在弱肉强食的商业社会，事实上很难推行。

企业与合作者之间、与员工之间，最大的差距在于，是只考虑经营者自己的利害得失，还是要真正地为对方着想。这种"心的差异"，就是不同的想法带来不同的结果。

《尚书》里说："满招损，谦受益。"尊重对方，为对方着想，也就是"利他"的行为，乍看似乎给自己带来损害，但从长远看，一定会给自己和别人都带来好的结果。

做生意必须实现双赢，所谓"利他自利"。有同情心、真诚待人，就是在买卖中顾及对方，让对方也获利，客户及供应商都满意，这样也同时给我们自己带来了利益。

"利他之心"在稻盛和夫的经营哲学章节有过比较详细的阐述，在这里不再做过多的重复。

第 12 条：保持乐观向上的态度，抱着梦想和希望，以坦诚之心处世

乐观是一种处世哲学，也是一种积极的生活态度。人生在世，不可能一帆风顺，种种失败、无奈都需要我们勇敢地面对，旷达地处理。拥有积极乐观向上的生活态度，你的人生就是甜的。

不管处于何种逆境，经营者必须始终保持开朗的、积极向上的态度，这已成为稻盛和夫的信念。他还认为，既然已经是一个企业的经营者了，就不要怕各种各样的经营难题接踵而来，而且问题越是困难，越是不能失去梦想和希望。

如果被各种各样的经营难题所纠缠，却能顶住压力，坚忍不拔，这样的经营者身上似乎透出一种"悲壮感"。或者说，因为稻盛和夫强调了坚强的意志和燃烧的"斗魂"，大家或许认为经营一定是件苦差事，一定充满"悲壮感"。

稻盛和夫认为事实上恰恰相反，正因为经营需要强烈的"斗魂"和不屈服于任何困难的坚强意志，所以经营者必须同时保持开朗的心态。一味紧张，有张无弛，长期经营就很难坚持。

在实际工作中要付出不亚于任何人的努力，同时还必须有"必将成功"的坚定信念。以乐观的态度面对困难和逆境，是人生成功的铁律，是经营者的生存智慧。

乐观是一种感恩万物的生活态度。我们的双眼是平行的，你在看见缺点时，凭什么忽略优点？对待生活，你又凭什么只带着悲观？

乐观是一种积极的人生态度。稻盛和夫认为，有病时坚信必能康复，于是好好养生。例如，资金周转困难，很伤脑筋，但坚信只要努力，总有办法解决，于是就更加努力去解决。处于逆境中心的当事人要如此洒脱，似乎很难，但即使难，也要有意强迫自己这么想，这么做。只要努力坚持，事态一定会出现转机。从长远来看，乐观向上、积极努力，必会有好报。因为自然界本来就是这样，这个世界本来就如此。

稻盛和夫先生把积极乐观的人生态度和工作态度称为"与宇宙的意志相协调"。他说："同情之心、谦虚之心、实事求是之心，抱有这样美好的心灵，又坚持踏实努力的人，他们必将时来运转，幸运一定会关照他们。"稻盛和夫先生从灵魂深处相信这一点，这已成为他不可动摇的信念。

乐观也是一种生存哲学，当你朝着奋斗的目标迈进时，乐观会增加你的愉悦与自信；当你身处逆境时，乐观能让你征服纷至沓来的厄运；当你拥有乐观的心态时，你就能享受生命带来的喜悦。乐观也是心胸豁达的表现，乐观是人际交往的基础，乐观是工作顺利的保证，乐观是战胜挫折的法宝。

在爱迪生67岁那年，他苦心经营的工厂因为发生火灾而毁于一旦，多年的潜心研究也全部付之一炬。当他的儿子查尔斯·爱迪生听说这场火灾之后，紧张地跑过去找他的父亲时，发现他的父亲老爱迪生就站在火场附近并且满面通红，一头白发在寒风中飘扬。查尔斯后来向人描述说："我的心情很悲痛，他已经不再年轻，所有心血都毁于一旦。可是他一看到我就大叫：'查尔斯，你妈妈在哪里？'我说：'不知道'。他又大叫：'快去找她，立刻找她过来，她一辈子不可能再看到这种场面了！'"多么令人佩服的气魄。

人生有两种境况：顺境和逆境。每个人都可以微笑地面对顺境，但能够做到微笑地面对困境的少之又少。

生活其实是一面镜子，你冲它微笑，它也冲你微笑；你对它发怒，把它击碎，那么你自己也只能看到支离破碎的自己。只有敢于面对生活，敢于面对困境，才能在逆境中点燃激情，才能成为命运的掌控者。无数个事实也证明，许多有大成就、大作为的人，都是在勇敢、坦然地面对困境中才崛起成功的征程。我们必须学会乐观地面对生活，用微笑收获人生的幸福。

我们只要认真学好稻盛和夫先生的"经营12条"，认真学习，切实实行，那么我们就会变成与过去的自己完全不一样的优秀经营者。

我们每一个经营者变了，紧接着我们公司的管理人员就会变，再接着员工也会变。如果这样，稻盛和夫说："只需要一年左右的时间，我们的公司一定会充满活力，就会变成一个优秀的、高收益的公司。"

阿米巴经营实操手册

下 篇

如何推行阿米巴经营

阿米巴经营实操手册

第五章
推行阿米巴经营常见的理解误区

在推行阿米巴经营模式的很多企业中,有很多人对阿米巴经营的理解存在比较大的误区,这是个非常关键的问题,属于思想认识问题。如果在推行的过程中没有解决这种认识方面的错误,那么推行阿米巴经营的结果很可能就是失败。所以在讲解阿米巴经营实操之前先讲一讲这些最常见的理解误区,否则推行起来会非常困难,很可能会对企业造成巨大的损失。

误区1:没有真正理解什么是阿米巴经营

阿米巴经营是一种经营方法,简单来说就是把组织划分成一个个小的团体,通过独立核算制加以运作,在公司内部培养具备经营者意识的领导,实现全体员工参与经营的全员参与型经营方式。

目前我们所熟悉的绩效考核、精益生产、全面质量管理、六西格玛等管理模式都是员工被动接受式的管理模式,都属于企业内部某个局部的管理模块,没有全面涉及企业经营的层面,高度不够。员工往往都是以完成公司下达的工作任务为目标,没有自我经营的主动意识,不能像老板一样去思维、去思考怎样才能进一步把本职工作做得更好。其实对现场最了解的还是一线员工,真正能对现场提出改善意见的也是一线员工。如果员工没有把心思放在工作方面,完全是被动式地执行管理人员下达的工作任务,这只能叫作机械性工作,他们就像一群没有思想、没有思维、没有灵魂的机器人一样。这样的经营只是利用了员工一双像机器一样可以动作的手,而没有充分发挥作为人类最为强大的武器,那就是主动思维。被动接受工作的员工,最好的成绩也就是完成任务而已，员工工作的积极性、主动性没有发挥出来。如果这样，任何一个公司无论导入多么先进的管理模式、配置多么好的硬件和设备，也没有什么大的作用，因为最好的管理模式最终必须依靠一线员工去落实，去执行；最好、最先进的生产设备也同样必须依靠员工用心去使用，去维护。员工具有经营者的思想意识才是一个企业最需要解决的根本问题。阿米巴经营就是解决这些问题的经营方法，而不是管理方法。

阿米巴经营是总经理项目，是总经理工程，因为它首先要求企业经营者必须改变自己的经营理念，接受稻盛和夫的经营哲学。如果企业经营者不愿意接受稻盛和夫的经营哲学，根本不想去改变自己的经营理念，一心只想着怎样利用员工去赚更多的钱，那么也就没有必要学什么阿米巴经营了，因为就算强行在企业内部推行阿米巴经营，最后也不会有好的效果。

稻盛和夫经营哲学在一个企业内部就像土壤，阿米巴经营只有在这样的土壤才能生根，发芽，茁壮成长。

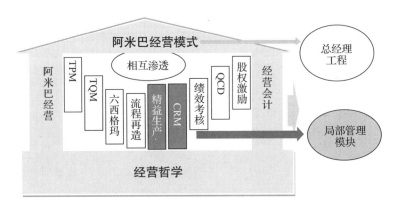

阿米巴经营模式及同其他管理方式的关系

误区2：阿米巴经营就是独立核算

很多人听说阿米巴经营时，第一反应是阿米巴经营就是独立核算。这种观点是错误的，只能说明抱有这样观点的人对阿米巴经营的理解还不全面，不深入。

阿米巴经营有三个目的：

1）确立与市场挂钩的部门核算制度。

2）培养具有经营者意识的人才。

3）实现全体员工共同参与经营。

阿米巴经营的核心思想是为企业培养具有经营者意识的领导者，在公司内部导入稻盛和夫经营哲学，让全公司都拥有共同的哲学思想。每一个独立的阿米巴巴长，都必须像企业经营者一样思考，思考自己所负责的阿米巴怎样才可以接到更多的生产订单，思考怎样才可以节约更多的经营成本。在统计方法与速度方面同样也要去思考，思考是否有更好的方法，可以更快、更准确地核算出各项所需要的经营数据。阿米巴的巴长必须像老板一样去经营管理自己的团队。用心去经营自己的团队不仅仅是核算经营数据这么简单。常规的独立核算是指独立单位对本单位的业务经营活动过程及其成果进行全面、系统的会计核算，只是按要求进行数据统计核算而已，管理人员很少有像老板一样的思考方式去思考经营方面的问题，认为经营方面的问题都是老板应该去想的，与他们无关，他们只是负责算数的工作人员。

误区3：阿米巴经营就是承包制

在推行阿米巴经营的过程中我们一定要明白，阿米巴经营与承包制完全不一样，两者是有本质区别的，如果把推行阿米巴经营当成另外一种形式的承包制来运作，那么结果肯定会失败。现在有相当多的人误认为自己比较了解阿米巴经营，开口就说与承包制差不多。我有一个朋友，在一家比较大的民营企业做副总，有一天我们谈到阿米巴经营，他马上就说："阿米巴我早就听说过了，实际上就是一种承包责任制。"后来他还打了一个比喻："阿米巴经营就好比公司做了一个大蛋糕放在桌子上，看看老板怎么分，分得好大家高兴，工作也努力；分得不好就会给企业的管理带来一定的困难和麻烦。"

什么叫作承包制？承包制又称承包经营责任制，以利益制约为机制，以责任为核心，把责、权、利有机地结合起来，同时实行所有权与经营权分离，以承包合同的形式确定经营者与所有者之间的利益分配关系。它是实现自主经营、自负盈亏的一种管理制度。其经营者都是以自己利益最大化的，几乎很少去考虑其他人的利益；经营理念都比较短浅，以赚快钱为主，为企业未来考虑得非常少，经常是以牺牲公司长期利益来获取承包者的短期利益，对企业的长期稳定发展不利，是一种比较短视的行为。这种经营理念与阿米巴经营完全不同。

阿米巴经营的经营理念是为企业长期不断培养具有经营者意识的各个阿米巴领导人，以"敬天爱人""利他之心""做人，何谓正确"为企业核心经营理念，各个阿米巴在进行独立核算的同时必须以公司利益为前提，不可以做出有损公司任何利益的行为，否则这个阿米巴就不具备独立核算的资格。各个阿米巴必须与公司拥有同样的哲学思想，有利他之心。

- 2009年11月初，稻盛和夫与张瑞敏在中外管理恳谈会上对话。两个人讲话的主题相同，稻盛和夫讲阿米巴经营，张瑞敏讲自主经济体。
- 张瑞敏说："标准利润归公司，超额利润归自主经济体分配。"
- 稻盛和夫说："你那是成果主义！那样是行不通的！我搞了几十年的阿米巴经营，我知道其中的窍门。"成果主义会激励各经济体去争抢资源，结果使得整体配合的效能不好。而阿米巴经营要的是整体效益。
- 阿米巴经营并不把考核结果和个人以及团队的收益挂钩。阿米巴经营的奖励是做得好的领导人得到提升，承担更大的责任，有更大的事业舞台。
- 阿米巴经营考核的作用是让各阿米巴经营单位了解自己的经营状况，找出改善问题的方法，提高经营业绩。它是业绩改善的工具，是发现人才的方法，却不是奖金分配的依据。
- 阿米巴经营不是成果主义！

误区4：阿米巴经营就是绩效考核

我所在的公司2011年就开始学习稻盛和夫的经营哲学，我讲的最多的是"做人，何谓正确""公平、公正、一身正气"和"利他之心"。2011年公司还在做绩效考核，时间久了就开始发现各部门上报的绩效考核数据越来越不真实，最后甚至为了考核而考核，不仅对企业的管理起不到推动作用，反而增加了管理难度，因为部门经理为了完成公司要求的绩效考核指标，没有办法就只能提交一些不真实的数据。这就开始导致员工对部门主管、经理有意见，认为他们不公平、不公正。员工与员工之间也开始产生矛盾。我发现不能再这样继续下去了，于是拟了一份通知发下去：从本月开始公司取消绩效考核。结果效果很明显。那种员工与员工之间的对立关系、员工与经理之间的不信任明显有了好转。

阿米巴经营与绩效考核完全是两回事，把阿米巴经营与绩效考核扯上关系的应该是还没有理解透稻盛和夫的经营哲学及他的阿米巴经营思想，应该算是一知半解。

我以前对绩效考核也比较感兴趣，但是，随着时间的推移，我越来越发现绩效考核对企业的内部团结、对企业的长期发展有一定的负面作用。

误区5：阿米巴经营就是量化分权

不知道为什么一些管理顾问公司的从业人员，会把阿米巴经营说成是量化分权。分权制是指当企业做大了，分成了几个事业部，老板一个人忙不过来，在没有办法的情况下被动地把原本只属于经营者一人所拥有的权力分给事业部负责人。这种分给的权力有一定的局限性，很多事情必须受企业老板监控，或者因为不信任收回部分权力。事业部负责人也没有像企业经营者那样"付出不亚于任何人努力"经营自己的部门，没有充分有效地利用自己所拥有的权力经营企业，而且很可能利用手上的权力做一些损人利己的事情，做一些有损公司利益的事情。

阿米巴经营不叫分权，因为阿米巴巴长都是经过企业长期培养的具有企业经营者意识的领导人，这些人的权力都是公司基于高度信任的基础上授权给他们的。授权也可以叫赋权。因为这些人都像企业经营者一样思考企业经营的问题，拥有同公司一样的哲学理念，这样的领导人当阿米巴巴长，公司应该赋予他们相应的经营权力。

分权与赋权核心内涵的不同，主要是由于企业经营者本人经营理念的不同而造成的。经营者以怎样的心态把如此重要的经营责任托付给一位总经理，他是在充分信任的基础上授权给这位总经理，让他去行使一个经营者所应该行使的经营权力，还是委派了一个自己的代表、自己的替身前去代表他管理这个新公司。当然，为了达到自己管控的目的，在没有办法的情况下必须分给这位总经理部分管理权力。比如，一般的事情这个总经理可以自己做主，大的事情特别是经营层面的事情还得经过老板同意才可以决定，这就是分权。分权制度下的权力行使空间比较有限，受到总公司的控制，不能充分发挥一个经营者的经营才干。事业部总经理一开始就只是一个管理者，不是一个经营者，只要完成了总公司下达的业绩任务就万事大吉，不会去多想其他在经营方面的创新与改进。他们为了不给自己添麻烦，可能就会出现"多做多错，少做少错，不做不错"的错误思想观念。事业部总经理就像一个大部门的经理，而不是像一个企业总经理那样去思考经营问题，思考怎样进行管理创新，怎样进行产品、技术创新，怎样才可以占领更多的市场份额等。分权制度下的这些事业部总经理只是机械地完成总部下达的工作任务，如果达不成也会找出很多听起来非常有道理，也非常合乎情理的借口。这些就是在分权制度下出现的经营管理现象。

阿米巴经营模式是公司在培养阿米巴长为经营者的同时赋予他们相应的经营权，是每一个阿米巴领导作为一个经营者应该拥有的经营权力。如果是分权，说明下面的人还是一个管理者的角色，没有转变成经营者。员工没有从"要我做"转变为"我要做"。作为一个阿米巴领导，自己是一个经营者站在经营者的高度认为需要怎样去经营自己这个小企业，需要什么样的权力，最关键是怎样去用好这些经营权。要站在老板的高度去分析所有问题，权力从自己心中产生，认为对的就去做。

误区6：稻盛和夫的经营哲学不适合中国企业，那是日本文化

稻盛和夫从年轻时就开始喜爱中国的传统文化，在中央电视台《对话》栏目中他也谈到这个问题。他说他从年轻时就开始看中国古代文学，尤其喜欢孔子、孟子的书。孔子是中国古代著名的思想家、教育家，是儒家学派的创始人。儒家经典《论语》是稻盛和夫非常爱看的一本书，并且推荐给了京瓷公司的许多高层管理人员。稻盛和夫思想层面深受中国古代儒家思想的影响，还深受中国明朝时期王阳明思想的影响。应该说他的哲学思想起源应该是王阳明。

"致良知，知行合一"是王阳明心学的核心思想。良知直指良心，叫作天道、天理，是人与生俱来的，是天赋的道德意识，人人俱有，是道的本体。"致良知"即是用实际行动实现良知，知行合一。"知行合一"不是一般的认识与实践的关系，"知"主要是指道德意识和思想意念；"行"主要是指人的道德意识与道德践履的关系，也包括一些思想意念和实际行动的关系。王阳明认为"知行"是一回事，不能分为两截；不行动不能算"真知"。从这些王阳明哲学思想之中可以看出，稻盛和夫的很多哲学思想来源于此。如果我们看完稻盛和夫的经营哲学再看王阳明的著作，就可以发现他们的很多思想观念几乎是一样的。从这一点来说，学习稻盛和夫的经营哲学和理念，实际上是在学习我们自己老祖宗的文化精髓，是在传承我们自己的文化。

稻盛和夫先生虽然是日本人，但是他从小就深受我们中国儒家思想的影响，从年轻时开始学习王阳明的心学，他不仅仅只停留在学习层面，而且对

王阳明心学做了深入的研究。学了没有加以运用等于白学，稻盛和夫就是一个学以致用的人，做到了知行合一。他把王阳明的哲学思想活学活用，都用在了实处，用在了企业经营之中，用在了为人处世之道上。在这方面稻盛和夫又可以作为我们中国人的老师。稻盛和夫得到了王阳明的真传，把王阳明的处世哲学演变成他的经营哲学，成功打造了两家世界500强企业，使他成为日本的一代"经营之圣"，成就了他作为一代企业界的领袖。

为什么日本人这么善于学习我们中国之所长，反而我们中国人只要一听说是日本的第一反应就是水土不服？认为日本同中国的文化不一样，思维不一样，等等。这些都是借口，都是一种不愿意接受新事物的表现，也是一种没有上进心的表现，是胆怯，是逃避。

京瓷公司在中国有很多家分公司，东莞有两家，一家叫东莞京瓷美达，另外一家叫东莞京瓷光学。这两家分公司除了少数高层是日本人外，其他都是中国人。为什么这些企业的中国员工可以做得这么好呢？为什么这两家企业的中国员工愿意接受稻盛和夫的经营哲学呢？难道他们不是中国人，都是日本人吗？所以说，稻盛和夫的经营哲学不仅适合日本企业，同时也适合世界上其他国家的企业，只要我们去实践，阿米巴经营模式就可以在企业生根、发芽。当然，能否取得成功，关键看我们的经营者是否愿意去改变自己。

京瓷在美国收购了美国本土的企业，收购后稻盛和夫没有从公司总部调一个人去美国公司，而是自己亲自去为中高层讲解京瓷哲学，不厌其烦地反复讲，同时通过颁布一系列对企业员工有利的措施，使美国员工慢慢开始相信稻盛和夫所说的"实现员工物质与精神两方面都幸福"的话是真实的。企业把实现员工物质与精神两方面都幸福放在首位，而不是把股东利益、客户利益放在首位。员工与企业建立了信任关系，京瓷哲学也就理所当然在企业内部受到欢迎，从而可以生根、发芽。

我所在的公司就是一家典型的中国民营企业，2011年开始我在公司内部宣导稻盛和夫的经营哲学。在导入前期可以说天天讲、不停地讲，大会上讲、小会上也讲。我去车间看到车间主管也会讲，就像一个"传教士"一样，不停地讲解稻盛和夫的经营理念，特别是他的"做人，何谓正确"。时至今日，稻盛和夫的经营哲学已在我公司扎根。

稻盛和夫的经营哲学不分国界，不分民族，适合于世界上所有国家。更何况稻盛和夫的经营哲学来源于中国古代的思想家和哲学家，本来就是我们中国祖先的思想精华和智慧结晶，作为一个中国人，学习起来应该更加得心应手。

误区 7：中国企业推行阿米巴经营的时机还不成熟

虽然说不是所有的企业都可以马上推行阿米巴经营，因为他们还没有完全了解阿米巴经营是什么，所以不能随随便便就推行。如果通过学习，完全懂得了应该在企业怎样去推行阿米巴的时候就可以大胆推行。

那些说中国企业推行阿米巴时机尚未成熟的人，是因为他们根本就不懂阿米巴经营，所以才说出这样的外行话。不管大企业，还是小企业，不管企业处于什么发展阶段，都可以学习稻盛和夫的经营哲学，都可以逐步推行阿米巴经营。

结合我自己在公司推行阿米巴经营的经验，不存在什么时机成熟与不成熟的问题，只存在经营者自己愿不愿意接受稻盛和夫的经营理念的问题——老板愿不愿意有"利他之心"；愿不愿意把"做人，何谓正确"作为自己企业的经营哲学，作为处理任何事情的指导思想；愿不愿意本企业的员工在物质与精神两方面都得到幸福。有些老板只要一听说要多分企业的钱给员工，让他少赚点钱，多考虑员工的物质与精神生活，马上就会说出一大堆理由。如果是这样的老板，他们的企业的确永远都是时机不成熟。

我公司在推行阿米巴经营的过程中，稻盛和夫的经营哲学在推行前期差不多宣导了一年多时间，通过这么长时间的宣导，企业员工逐渐认可了这种经营理念，所以最后推行起来也比较顺利，没有太大的困难。能够比较顺利地推行阿米巴经营，其中有一个主要原因就是我在过去这么长时间里，经常对员工说我将会怎么做、怎样核算成本，同时也会要求他们怎么做。通过这样的方式，管理人员在员工心中也已经做好了划分阿米巴进行独立核算的思想准备。

我公司在推行阿米巴经营以前，有一个比较大的工程维修部门。各车间的机修师傅加起来有30多个，公司准备推行阿米巴时，为了各个车间能够更好地进行独立核算，把各个车间的维修师傅划归了所属车间，各车间主管就是巴长，每一个巴长都必须对自己所负责的部门业绩负责。也就是说，在推行阿米巴经营的过程中我们要解决一些组织结构问题，为了适应市场变化，我们也随时要对组织结构进行调整。

当然，一个还不了解阿米巴经营的企业，肯定不可以随便推行，如果这样做了，就叫作盲目推行。为了推行而推行，这样做肯定会吃大亏。

误区8：阿米巴经营是一个很虚的东西，根本就不实用，都是吹出来的

"阿米巴经营是一个很虚的东西，根本就不实用，都是吹出来的"，这样的话我经常听到。这又是一个误区，这样的言论很容易误导一些准备了解阿米巴经营的经营者。说这些话的人都是一些根本就不了解阿米巴经营的人。我有一个朋友，在上海一家企业做老总。有一天我在看稻盛和夫的视频，突然接到他的电话，他问我在干什么，我说我在看稻盛和夫的视频，我建议他有时间也看看，应该对他管理企业有一些帮助。他回答我说："阿米巴就是一个很虚的东西，吹吹牛而已，在我们中国根本行不通，而且听说都是一些会计知识，听起来就玄得很。"这完全是不了解就乱发言，根本就不知道阿米巴经营是怎么回事就乱说。持有他这样看法的人不少，主要是因为他们还不了解阿米巴经营，没有认真看过这方面的书，更没有接受过这方面的任何培训，只是凭主观意识乱猜。

很多人听说推行阿米巴经营模式首先要懂得稻盛和夫的经营哲学，在学好经营哲学的基础上才能推行阿米巴经营模式，而哲学是一个非常虚的东西，都是一些不靠谱的理念知识，连"阿米巴"这个名字听起来也都感觉怪怪的，看来阿米巴经营肯定是一个很虚的东西，就是一个概念，肯定又是一些不干实事的管理顾问公司的人吹出来的。很多人刚刚开始接触阿米巴经营时，或多或少都有些这方面的想法，认为经营企业怎么同哲学挂上钩了。但是，实事上并不是这么回事。阿米巴经营是一个非常实在的、非常好的经营模式，可以从深层次解决一些企业多年想解决而解决不了的经营管理难题。

通过这些年经营企业的经验总结，我认为只有阿米巴经营才是站在经营者的角度去解决企业一系列经营问题的，它可以使员工从被动接受管理转变为主动为企业着想，从以前的"要我做"转变为"我要做"，是一场深层次的管理思维变革，理论与方法双管齐下，为企业的健康发展保驾护航。

没有推行阿米巴经营以前，我公司的品质管理部与生产制造部之间经常扯皮，当有产品质量异常的时候生产部就指责品质部，认为生产部虽然有责任，但是品质部是专门进行产品质量检验的部门，责任应该更大。品质部毫不示弱针锋相对地说："产品是生产制造出来的，不是检验出来的，品质部门的 IPQC（Input Process Quality Control，即制造过程中的质量控制）虽然有责任，但是生产部责任更大。"就这样两个部门经常为了谁的责任更大而争论。自从公司推行阿米巴经营以来，把每一个车间都划分成一个独立的阿米巴，车间主管就是巴长，每一个巴长都必须像经营者一样去经营自己的部门，全面负责本部门的各项工作，就像一个独立的小工厂一样，从此各车间的 IPQC 全部撤销，质量问题各个阿米巴自己负责。不仅质量要负责，人事方面的工作也要负责，内部经营各项费用全部由各个阿米巴自己负责，同时也包括以前需要 PMC（Production Material Control，即生产及物料控制）跟进的生产进度及物料进度也必须由各个阿米巴自己全部负责。从此以后，生产部与品质部之间再也没有这些扯皮的现象发生，反而质量比以前好了很多，合格率有了比较大的提升。

这些都是实实在在在我公司发生的事情，给企业带来了很大的收益，这些事情难道也能说是虚的吗？

误区9：阿米巴经营就是企业加强会计统计工作

在推行阿米巴经营的过程中，有些人会说阿米巴经营实际上就是企业加强成本会计统计工作，只要统计工作做好了，阿米巴经营就推行成功了。这样的观点肯定是错误的，会让刚刚接触阿米巴经营的企业经营者误会，使他们走进误区。阿米巴经营非常重视企业会计核算统计工作，但是指的是管理会计核算而不是财务会计核算。在核算的过程中与一般的财务会计核算不一样，阿米巴经营是每天都必须对车间生产数据进行详细核算，随时向经营者提供当天的经营情况，算出"单位时间附加值"，与传统的财务会计数据统计不一样。再者，阿米巴经营不仅仅是核算，更重要的是稻盛和夫经营哲学的宣导、思想理念的传播，在企业内达到哲学共有，同时不断培养具有经营者意识的阿米巴领导者，使这些阿米巴巴长在工作中像经营者一样去思考企业经营问题，有老板一样的思维，像经营者一样去思考企业生存与发展的问题。

阿米巴经营报表必须能够让每一位企业员工都能看得懂，能从经营报表中很快发现异常问题。这种报表通俗易懂，主要记录各阿米巴单位每天产生的各类生产经营数据。例如原材料成本、对外加工成本、总工时、各类辅料、管理费用等所有成本。然后用当天销售额减去总成本再除以上班总工作时间，得出单位小时所产生的附加值。这类报表是给企业内部管理人员看的，不对外，使企业经营者能够在第一时间快速、准确地掌握各个阿米巴的经营现状，然后做出必要的调整和改善。

所以说阿米巴经营不是简单的会计统计工作，它是支持企业的两根支柱之一。阿米巴经营是具有灵魂的，整个企业就像一个人一样能够灵活面对任何市场风险，面对来自外界的威胁能够做出灵活的应变措施。统一的思考和思维、统一的哲学理念、统一的行为，整个企业就是一个整体。这样的企业才是最强大的企业，才是最具有竞争力的企业。

误区10：是精益生产厉害，还是阿米巴经营厉害

是做精益生产还是推行阿米巴经营呢？自从稻盛和夫的阿米巴经营模式进入中国以来，就有不少人提出过这样的问题。事实上不存在哪个更厉害的说法，根据各个企业的实际情况，可以选择做精益生产，也可以选择推行阿米巴经营，两者之间并不矛盾。个人认为没有必要做这样一个选择题。精益生产是管理层面的一种非常有效的管理改善模式，履行的仍然是管理职能，本质上说还是被动接受管理指令；而阿米巴经营则是一种经营模式，主要是站在经营者的高度和角度去思考问题，解决企业核心问题，解决企业根本问题。在一定程度上阿米巴经营包括精益生产，如果人人都是经营者，那么自动、自觉、自发地对本职工作进行全面的改良与改善则是必须的，而且每一位员工也应该像经营者一样不停地去思考经营问题，思考怎样才可以把本职工作做得更好。

精益生产是丰田生产管理方式，是一个非常有效的生产管理模式，在管理方面提出较多新的理念。但是，最终仍然没有解决员工角度转化问题，员工仍然是被动式地接受管理指令，根据公司要求严格执行。员工没有从"要我做"，转变成"我要做"。员工的自觉性不够，企业仍然没有成为一个整体。如果一个企业成功推行了阿米巴经营，那么精益生产方式就会得到充分发挥。所以，我们要用稻盛和夫的经营哲学来武装我们的思想，用我们的思想来指导我们的行动，在具体操作层面阿米巴经营与精益生产没有什么区别，都是对生产工艺、流程、生产过程、研发等方面进行不断的改良与改善。

其实一个企业不在于你学什么样的管理模式，推行什么样的管理体系，这些都是表面现象，不是问题的关键。问题的关键是企业经营者的思想理念。比如说，经营者与员工之间是一种什么样的关系，是纯粹的老板与雇员之间

的关系，还是把员工看成自己家人一样，对他们生活的幸福指数负责。如果一个老板经营企业最主要的目的是自己赚更多的钱，心中根本没有员工，认为员工就是自己赚钱的工具，只要发给员工工资就可以了，员工如果不满意随时可以走人，那么这家企业根本不需要推行任何管理体系，就算在企业内推行最好的管理模式也一样作用不大。这种企业老板眼中除了钱什么都没有，对员工没有任何感情。订单多、忙不过来，就大量招聘工人；订单减少、淡季的时候，就毫无感情地裁减员工。在员工生活方面也不关心，甚至员工生病的时候也不闻不问；集体宿舍的门是坏的，连起码的维修费用都舍不得，在寒冷的冬天北风吹来，员工只能躲进被子里面取暖……在这样的企业工作，员工感觉不到一丝温暖，感觉不到哪怕一点点公司对他们的关怀，老板在他们心中就是一个铁公鸡，一毛不拔。如果员工有这样的想法，就可能怀着不满的情绪工作，也就不可能把工作做好，更不会用心去思考企业发展问题。对他们来说工作就是完成任务，交差而已。这样的企业，大部分员工都是得过且过，过一天算一天，到了该走的时候就走人。企业就如同行尸走肉，推行什么经营管理模式都是浪费时间，迟早改变不了破产、倒闭的命运。

如果一个企业的经营者具备了像稻盛和夫那样的经营哲学，有"利他之心"，用良心经营企业，以"做人，何谓正确"为经营原理原则，满足员工在物质与精神两方面的需求，在经营企业的同时首先想到的是自己企业员工的幸福，而不是股东利益和客户利益，这样的企业经营者，即使他们不推行阿米巴经营模式以及精益生产方式，同样可以把企业做得非常成功，因为他们得到了全体员工的真心拥护。稻盛和夫说得非常好，在这个世界上最不可靠的是人心，最可靠的也是人心。只要企业上下一心，拥有共同的经营理念，每一个员工都像企业经营者一样去思考本职工作，这样的企业不想做大做强都难。

误区11：老板的经营理念不改，只做形式上的阿米巴经营也行

有这样一些企业经营者，他们对阿米巴经营有了一些基本的认识，知道

通过划分阿米巴进行独立核算能给企业的经营带来一定的帮助，所以也开始要求企业中高管理层学习阿米巴经营。但是，作为企业经营者本人却不愿意真心接受稻盛和夫的经营理念。这只能说明这样的企业经营者是典型的机会主义者，他们的灵魂是比较贪婪的，也没有什么慈悲心，对员工、对世人更没有多少仁爱之心。他们都是以自我为中心，员工在他们眼中就是赚钱的工具而已，一批不行就换另外一批，根本没有像一个企业家那样用心去关爱自己的员工，为他们未来的幸福生活负责。

在这样的企业内部推行阿米巴经营只能是做做表面文章，只能是在形式上推行阿米巴这个管理工具，经营没有灵魂，核算也是死板的，最终不会有多大效果。

阿米巴经营是要注入灵魂的，企业经营者必须认可稻盛和夫的经营哲学，必须认可他的经营理念，把他的经营理念作为指导思想来指导日常的工作和行为。理念就像信仰一样重要，推行阿米巴经营必须接受稻盛和夫的经营哲学，必须把他的哲学理念作为信仰，企业经营者本人也必须像"传教士"一样不停地在企业内部宣传和推广。无论是开大会还是开小会，无论是在车间还是在走廊，只要有机会就要讲，只有多讲，多宣导，员工才有可能慢慢接受，稻盛和夫的经营哲学才可能在企业内生根发芽。

也有一些企业经营者可能对阿米巴经营了解得不太透彻，认为像7S、TQM、ERP、精益生产、六西格玛⊖一样，只要委派一个部门经理负责推行就可以。但阿米巴经营不可以，因为推行阿米巴经营模式的首要条件是企业经营者本人必须改变自己的经营理念，必须接受、认可稻盛和夫的经营哲学，在这样经营理念的指导下才有可能成功推行阿米巴经营模式，阿米巴经营才

⊖ 均为具体的管理方式或工具。7S 是整理（Seiri）、整顿（Seiton）、清扫（Seiso）、清洁（Seiketsu）、素养（Shitsuke）、安全（Safety）和节约（Save）7 个词的首字母。TQM，Total Quality Management 的缩写，即全面质量管理。ERP，Enterprise Resource Planning 的缩写，即企业资源计划。在我国 ERP 所代表的含义已经被扩大，用于企业的各类软件已经统统被纳入 ERP 的范畴。六西格玛是一种改善企业质量流程管理的技术，以"零缺陷"的完美商业追求，带动质量成本的大幅度降低，最终实现财务成效的提升与企业竞争力的突破。

能真正产生效果。

情景案例 15

我以前的一个同事,在一家生产电器的企业做总经理,该企业有员工1300多人,老板(董事长)2015年开始了解阿米巴经营,认为阿米巴经营模式非常不错,对他们企业的进一步发展可以起到推动作用,然后就召开全体管理人员会议,要求大家马上、立即开始学习阿米巴经营模式,特别是要研究这个核算模式,不请管理顾问公司,自己研究,自己做。就这样,这家公司开始热热闹闹地开展阿米巴经营。可是,奇怪的是这家企业的董事长在各种会议上几乎不提稻盛和夫的经营哲学,好像对稻盛和夫先生特别强调的经营理念漠不关心,只对划分阿米巴和部门核算感兴趣。最后大谈对表现好的员工给予怎样的奖励,给表现欠佳的员工怎样的处罚,完全把阿米巴经营当成另外一种绩效考核模式了。

据说,该公司董事长根本就没有打算接受稻盛和夫的经营理念,对待员工仍然像以前一样没有什么明显改变,在核算单价方面,产品对外售价也不让阿米巴巴长知道,包括单价核算部门也一样不知道。如此怎么能统计各个阿米巴每天、每个月的真正销售额呢?没有准确的销售额,怎么能算出当天、当月的真正利润呢?算不出利润又怎么核算出各个阿米巴单位时间的附加值呢?

所以说,如果像这样推行阿米巴经营则完全是一种表面形式,从一定程度上来说他们仅仅是从阿米巴经营模式中找到一种考核、同时要求员工努力工作的方法和工具。这种做法完全是一个资本家的行为,是一个剥削者发现另外一种能够更好地剥削自己工厂工人的工具。这样的企业经营者只是一个典型的"商人",只讲买卖不讲人情,只讲赚钱不讲仁义道德,只顾自己利益不顾员工利益。

这让我想起了洋务运动。洋务运动就是清政府典型的表面革新运动,清政府当权者们根本就没有想要真正进行一次彻底的思想变革，所以洋务运动注定失败。

任何改革必须从思想入手，一个企业就同一个国家一样，想推行阿米巴经营模式又不愿意接受稻盛和夫的经营哲学，其结果必然失败。企业之所以要进行改革、变革，大抵是因为企业在经营方面遇到了瓶颈，企业内部管理出现了难以解决的问题，想引进新的管理方法改善现状，同时推动企业的发展。但是，如果变革不改变思想，一切努力都将是徒劳无功。

误区12：必须完全悟透稻盛和夫的经营哲学才能推行阿米巴经营

在学习阿米巴经营的过程中有不少人问起这个问题，推行阿米巴经营是不是一定要把稻盛和夫的经营哲学都学透了才可以开始在企业内部推行？

我认为根本没有这个必要，只要对稻盛和夫的经营哲学有了一定的了解，从内心愿意接受他的经营哲学，认可他的经营理念，如"敬天爱人""利他之心""做人，何谓正确"等，并愿意实实在在地去实施，就一定能够取得好的效果。我认为对于阿米巴经营只要秉承稻盛和夫的正确思想理念，完全可以学多少就去实践多少，慢慢总结，逐步推行，在做中学，学中做，知行合一，致之力行，就一定可以取得好的效果。

必须完全悟透稻盛和夫的经营哲学才可以推行阿米巴经营的观点是错误的，是一种学习误区，也许对于一些没有实际操作经验的人来说可能会有这方面的担心。如果不在实践中运用稻盛和夫的经营哲学，我们一样也不会知道它到底适不适合我们的企业。特别是他的管理会计模式、单位时间效益核算，以及内部定价和内部交易，如果不去实践，永远都很难明白其中许许多多的问题点，也永远体会不到阿米巴经营的精髓。

我公司是做锁的，产品工序非常复杂，要想给各道工序定出合理的价格真的不是一件容易的事情。我首先要求采购部去外面寻找供应商报价，而且必须找至少三家供应商做对比，这样我们才能知道生产同样的产品零部件市场价格是多少，与我们的实际生产成本对比就能找出我们的不足之处。可是在执行的过程中，首先采购部在报价的过程中就出现了一些问题，他们认为是公司在做比价工作，不是真正寻找供应商，所以在谈价方面力度不大，这样就导致了外部报价的信息错误而直接影响内部定价。如果定价不准，就不能充分挖掘内部的生产制造能力。在内部定价时也同样出现了太多考虑不到的地方，如果只停留在理念理解与学习的层面而不去实践，那么永远都不会知道该怎样正确地去推行阿米巴经营。

我刚刚接触阿米巴经营时，也就是2008年，那个时候我对"做人，何谓正确"的理解还不透彻，通过在后来长期工作中不断总结、摸索，慢慢才真正体会了这句话作为经营的原理原则是多么的重要。

所有哲学理念都必须接受实践的检验，也只有在实践中才能发现真理。我公司多年来的实践证明，稻盛和夫的经营哲学在我国的企业中完全可以落地，适合我国任何一家企业。不去实践就不知道事情的真相，没有亲身体验也就没有发言权。

误区13：没有任何基础也可以推行阿米巴经营

也有一些企业经营者性子比较急，自己刚刚了解阿米巴经营，认为稻盛和夫的经营哲学理念非常好，的确可以帮到自己的企业，好像在茫茫大海中找到了方向标，同时也认为自己找到了一个经营企业的良方妙药，于是急急忙忙就在企业内推行阿米巴经营。这种急脾气的企业经营者做事风格可谓雷厉风行，说做就做，一刻也不耽搁。可是，推行阿米巴经营是不能操之过急的，在没有任何基础的前提下匆忙上马肯定会导致失败，一定会吃大亏，同时推行效果不好反过来也严重影响企业经营者的信心，会错误地认为阿米巴经营原来不过如此，原来都是一些不切实际的理论，根本不适合我们中国的企业等。

虽然推行阿米巴经营模式不需要等到完全悟透稻盛和夫的经营哲学后再实施,但是也不能在完全不太了解的情况下匆匆忙忙推行,这样也太过草率。也就是说不能走向两个极端,要把握好度的问题。的确有一些这样的企业经营者,在外面听完课回来就激动地召开公司中高层管理人员会议,给每一位中高层管理人员发一本关于阿米巴经营的书,把稻盛和夫的经营哲学抄一些下来分发给管理人员,要求他们在早会上带头念,有的老板甚至要求员工背诵这些哲学理念。这种强迫式、高压式的方式不叫推行阿米巴经营,叫赶鸭子上架,结果肯定是失败。

如果说稻盛和夫的经营哲学在企业内好比土壤,那么阿米巴就是一棵只能在这种特有土壤环境下才能生根发芽、长大成材的树苗。推行阿米巴经营需要提前做一些思想引导工作,要在企业内部讲解稻盛和夫的经营哲学,让全体员工明白为什么要学习阿米巴经营,为什么要学习稻盛和夫的经营哲学,在推行阿米巴经营之前这样的宣导工作不能少。这类企业经营者属于认可稻盛和夫的经营哲学,只是操之过急,匆忙上马,效果肯定不好。

情景案例 16

稻盛和夫先生在日本政府的力邀下,临危受命出任日航董事长,仅用一年的时间就使破产重组的日航扭亏为盈,并以历史最快速度完成再次上市。

稻盛和夫是航空业的门外汉,没有任何这方面的经验,所以当他初次走进日航的时候高层对他的抵触情绪比较严重,稻盛和夫先生讲的东西基本没人听得进去,在走进日航第六天就发生了交锋。

稻盛和夫先生提出要追求全体员工物质和精神两方面的幸福。高层说这个不对,怎么能强调员工幸福是第一位呢?日航是国家注资重建的企业,破产时负债高达 2 万亿日元。为此,稻盛和夫先生召集了全部董事进行"管理层培训教育",每天三个半小时,总讲 17 次。每次培训教育结束后进行聚餐,边喝酒，边讨论。但是，很多董事都拒绝了稻盛和夫先生的邀请，甚至有的人还躲到了正在加班的部下那里，并说一些类似"对于来自制造业的老人精神论，我们没有时间奉陪"的话。就是在这样的环境中稻盛和夫先生仍然每天坚持进行理念培训，宣导他的经营哲学。

就这样，稻盛和夫在日航整整讲了 14 个月的经营哲学，反复讲，不停地讲。稻盛和夫在几十年经营企业的过程中，总结出了一套行之有效的经营模式——阿米巴经营，同时也提出了，如果不能接受他的经营哲学，那么阿米巴经营也无法有效地在企业内推行。

所以说，没有很好地理解稻盛和夫先生的经营哲学就匆忙推行阿米巴经营是一个比较大的误区。

误区 14：推行阿米巴经营一定要成立独立的经营管理部

现在很多企业都在学习阿米巴经营，很多管理顾问公司在讲课的过程中都要求企业必须成立专门的经营管理部，好像如果没有一个这样的经营管理部就无法推行阿米巴经营一样。这个观点是不太正确的。虽然稻盛和夫先生也经常提到经营管理部的重要性，但是我们也没有必要全部照搬照抄，要灵活运用。对稻盛和夫先生的经营哲学及他的阿米巴经营我们应该正确地去理解，而不是全部照抄，这样肯定违背了稻盛和夫先生的经营理念。我认为，是否需要设立专门的经营管理部应视各公司的具体情况而定，只要有部门去负责，去履行经营管理部门的工作职责就行了。我公司就是总经理办公室在负责经营管理部的所有工作，我们没有另外成立经营管理部，经营管理工作都有专人负责。

有些企业经营者谈到，说管理顾问公司要求他们成立独立的经营管理部门，说这叫作"组织调整"。我只能说这样的管理顾问公司对管理的认识太肤浅了，完全是死板地照搬别人的东西。

管理应该简单化，流程更应该简单化，复杂的问题简单化是管理的原则。

经营管理部是企业推行阿米巴经营的重要部门，在京瓷公司这个部门在维护与管理以及进化与发展该体系基础的思想、方法和框架方面肩负责任并发挥了重要的作用。经营管理部是处理公司整体的经营数据的部门，在决定经营方向方面起到并肩负着准确收集重要经营信息的作用和责任。经营管理部作为一个京瓷经营思想的实践部门，必须具备使命感和责任感。

推行阿米巴经营的企业，可以视企业具体情况来决定是否一定要成立独立的经营管理部。但是，如果不成立专门的经营管理部，那么这个部门的职能、职责由哪个部门承担？是管理中心、总裁办，还是其他部门？

有趣的是，个别管理顾问公司说推行阿米巴经营无论企业大小都必须成立独立的经营管理部，说这是非常重要的一个部门，成立经营管理部是原则问题，否则怎么去推行阿米巴经营呢？经营管理部的确是一个非常重要的管理部门，但不一定在每一个公司内部都要叫经营管理部，只要这个部门的工作职责有一个职能部门去负责且能达到效果，叫什么名字并不重要。这根本就不是一个什么原则问题，学习知识是好事，但是还要会学习，要善于学习，灵活运用。

那么经营一个企业要不要讲原则呢？肯定要讲，但要看是什么原则，是否是企业经营的真正原则，如果像稻盛和夫提出的"做人，何谓正确"，这样的经营原理原则就要坚持；如果只是管理条例的一些条条框框，以及根本就不是原则的原则，这些都可以视企业具体情况而定。所以说管理是一门艺术，要灵活把握。有的原则一定要坚持，有的"原则"就不需要坚守。

一个企业太重"原则"往往都会比较官僚和僵化。一个过度死守原则不知道变通的管理人员不是一个合格的管理人员，他所带领的团队毫无生机和创新能力。重原则的人，往往不做具体的业务工作，这样的"管理者"多了，原则代替了业务，战略代替了行动，规划代替了细节，企业的忽悠能力直线上升，而生产力一定大幅下滑。

特别是一些没有实践操作经验的人，他们的知识多来自书本，往往就凭着那么一点点书本知识就可以忽悠一些企业经营者。他们往往是边喝茶、边指导一个工厂的工作，如果发现有什么不对的地方又马上拿出书来翻，左翻右翻，最后又来一招听起好像很有知识水平的管理名词。就这样反反复复，如果事情搞砸了，他们就会大谈特谈原则的必要性：原则没有错吧，正是你们忽视了我的原则，你们才迷失了方向；你们要亡羊补牢、深刻反思。

过分守"原则"就是一种思想的守旧，严重点说，是一种自我放纵和自我保护，希望一劳永逸，用不变的、光鲜的原则，应对变化的、琐碎的现实。世间能轻松躲避劳神费力细节的，也只有空洞唬人的"原则"了。想想看，如果管理顾问公司说："成立独立的经营管理部是推行阿米巴经营的原则"，又有多少公司会说不呢？

误区15：推行阿米巴经营就是让老板做甩手掌柜

有些管理顾问公司的老师在讲课时说，推行阿米巴经营就是为了让老板做甩手掌柜。稻盛和夫的经营哲学一直强调的是任何一个人如果想要获得持续的成功必须"付出不亚于任何人的努力"，强调的是努力、勤奋、拼搏、进取。无论是企业经营者还是高层管理人员都必须努力工作，掌握一手经营信息，从来没有讲过推行阿米巴经营之后老板可以做甩手掌柜。

"推行阿米巴经营的目的是让老板做甩手掌柜"这句话对一些企业经营者有一定的误导。其实没有真正意义上的甩手掌柜。作为一个企业经营者，作为一个公司老板，怎么可能不去关心企业的经营呢？如果说有这样的老板，那么也是极少数。在企业日常经营管理层面放手让职业经理人去独立运作的老板很多，可是当涉及企业重大决策、重大投资时，作为一个企业的经营者肯定要参与，因为他是企业的老板，是企业的经营者，他才最关心企业的长远发展，企业就是他的生命。在这个关键时刻，他不可能不闻不问。就拿阿里巴巴集团董事局主席马云和华为总裁任正非来说，也一样做不到当甩手掌柜。

阿米巴经营是一种非常精细化的管理模式，这种经营模式非常重视数据核算的及时性和真实性。企业通过推行阿米巴经营就可以一直处在受控状态，能够确保企业不亏损，经营者可以随时掌握企业的经营情况。

但是，推行阿米巴经营的目的不是让老板做甩手掌柜，而是让企业经营者更加关注企业的经营真实信息，能够随时了解和掌握企业的经营业绩，了解经营管理团队的真实经营水平。"甩手掌柜"是成果主义，成果主义有时候会害了企业，当企业经营真的面临危机时一切都晚了。

误区16：阿米巴经营模式只适合生产制造型企业

有一部分人认为阿米巴经营模式只适合生产制造型企业，因为他们认为推行阿米巴经营的京瓷是生产制造型企业。但是实际上阿米巴经营适合很多行业，日本航空公司属于运输民航行业，稻盛和夫先生根本就没在航空业工作过，可是他同样运用阿米巴经营模式在一年内快速拯救了日本航空，成为企业界一个最为经典和成功的案例。

阿米巴经营不仅适合航空业，中国有一家房地产企业叫阳光100，几年前就在推行阿米巴经营方面做得很好了，餐饮业也有同样成功的案例，可见阿米巴经营适合各行各业。

阿米巴经营首先是经营者重新思考自己创办这家公司的目的是什么，是完全为了赚取更多的钱财，成为一个富人，还是想打造一个优秀的品牌企业，为自己和家人谋福利的同时为社会做出更大的贡献。如果是后者，只要真心接受并秉承稻盛和夫的经营哲学理念，无论是什么行业都可以推行阿米巴经营模式。

第六章
推行阿米巴经营的三大阶段十个步骤

在此之前本书对阿米巴经营做了比较详细的讲解，能够使一个从来没有接触过阿米巴经营的读者看完之后对阿米巴经营有一个比较全面的了解。对阿米巴经营有了一定的了解之后，接下来学习推行阿米巴经营模式的具体办法就比较容易了。

现在很多企业都在学习阿米巴经营模式，有的企业取得了一定成效；有的企业却最终成了"四不像"，其主要的原因是他们还没有完全理解阿米巴经营应该怎样才能在一个企业内部落地。如果只了解一点理论方面的知识就想在企业内部推行阿米巴经营模式，肯定是行不通的。

对于阿米巴经营在企业内部的运用，我有比较深刻的体会。对于准备推行阿米巴经营模式的企业，我认为可以按照以下步骤稳步推行。

阿米巴经营在企业内部的导入周期可分为三大阶段十个步骤。

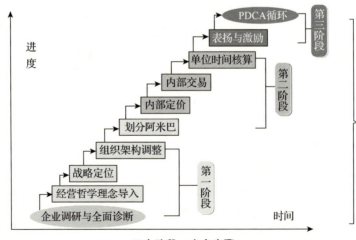

三大阶段　十个步骤

一、第一阶段

步骤1：企业调研与全面诊断

任何企业如果计划推行阿米巴经营模式，首先要对这个企业进行一次全面的企业内部调研与诊断。调研不是走过场，而是要认认真真地对企业内部的运营现状进行一次全面的详细了解，然后进行总结分析，找出企业目前在运营方面存在的问题，同时提出有效改善方案。

负责调研的人员必须有丰富的企业运营管理经验，对企业内部流程熟悉，而且有比较好的沟通和表达能力，有较好的亲和力，思路清晰，能站在经营者的高度去分析问题。

就算规模不大的企业最好也指派两名人员同去，这样不但可以缩短调研时间，同时也可以在现场进行商量、探讨，快速找到问题的切入点。在调研之前要召集企业中高层管理人员开一次调研说明会，向大家讲清楚本次调研不针对任何部门和个人，只是公司为了推行阿米巴经营模式而必须进行的调研。

访谈对象：

总裁、总经理、副总经理。

各个事业部总经理、总监，各部门经理、主管，部分基层管理人员。

部分基层员工（含清洁工）。

访谈人数： 视企业规模大小而定，通常约谈人数都在几十人以上。

调研周期： 视企业规模大小，一般一个月时间。

调研内容：

- 经营者对企业的远景规划是什么？计划把企业带往何方？想成为行业领导者还是作为行业跟随者？明年的规划是什么？是否有1~2年的战

略发展规划？
- 目前企业在同行业处于何种水平？是一线品牌、二线品牌还是三线品牌？
- 目前企业的管理水平与同行业相比处于何种水平？属于上等水平还是中等水平？更严重点说，是不是处在同行业下等管理水平？
- 本公司最大的优点是什么？最有竞争力的是什么？最大的劣势是什么？为什么会存在这么大的劣势？是否曾经想过要改变这些劣势？
- 这两年最影响企业发展的外部因素是什么？最影响企业发展的内部因素是什么？
- 近三年来企业盈利情况怎么样？如果企业盈利，那么知不知道是哪些部门盈利，同时又是哪个环节盈利？如果亏损，知不知道具体是哪几个部门造成的？主要亏损环节在哪里？是否有了改善措施？
- 员工对企业的认同感高不高？员工对企业是否有归属感？是否因为自己是企业的一员而感到自豪？
- 员工工资待遇在本地区处于什么水平？工资发放是否及时？
- 本公司是否打造了积极向上的企业文化？员工的劳动纪律怎么样？是否有比较好的行为规范？
- 各部门岗位职责是否明确？流程是否清晰？
- 各部门是否有开早会的习惯？如果有开早会的惯例，那么在早会上主要讲些什么内容？公司是否有开例会的习惯？
- 生产部门准时交货率有多高？生产部门的员工是否关注利润？

通过一个月对企业进行全面的调研，然后针对调研结果做出分析，拟订分析报告的同时提出改善方案。

针对不同企业的诊断报告所做出的企业内部调整是不一样的，例如，有的企业因为目前的组织架构不合理，不能有效地支持企业的内部运作，则必须对组织架构进行合理化调整。

情景案例 17

深圳有一家电器企业，老板是深圳本地人。公司有员工 1000 多人，产品都是外销的。因为有几个大客户，订单相对来说还算比较稳定，所以老板的危机感不强。随着国内外竞争日趋激烈，这几年该企业也受到了不小的冲击。老板开始有危机感了，开始担心企业的生存问题。2014 年他找到我，要我去他们公司帮忙看看企业到底存在哪些问题，并且协助他在企业内部推行阿米巴经营。

这家公司坐落在深圳龙岗，占地面积 4 万平方米，自建厂房，算是一家比较有实力的企业。我只是老板的朋友，而不是管理顾问，所以只是到他们工厂四处走了一圈，到各个车间看了看。看完后的总体感觉就是，这家企业像我公司 2011 年以前一样，员工工作积极性不高，纪律松散。我们去的时候看到有的员工在车间走廊吸烟，并且他们好像也没有感觉有什么地方不对，表情很平淡，当我们经过他们身边时他们仍然大方地吸着烟。当时我想，这家企业太需要进行企业文化革新了。

接下来看一看该公司调整前后的组织架构图。

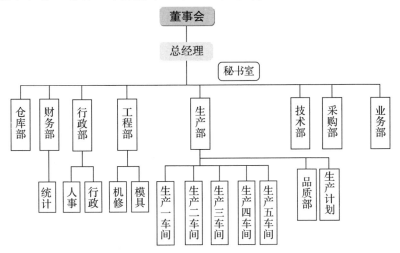

调整前的组织架构图

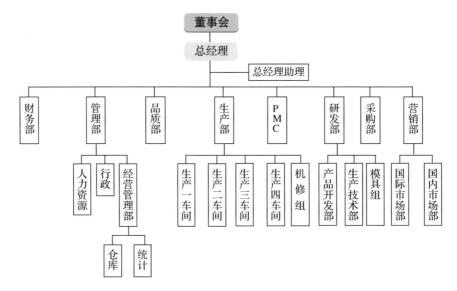

调整后的组织架构图

首先把品质部从生产部独立出来，如果品质部归属生产部，那么产品质量很难得到保证，这也反映出这家企业的老板对产品质量不太重视。企业推行阿米巴经营首先要有一个强大的核心部门去主导推行，并且这个部门必须负责所有经营数据的收集和统计工作，同时制定推行阿米巴经营规则，这个部门就是经营管理部。因为仓库主要是保管材料与收发材料的，仓库各类收发数据的准确性及录入的及时性直接影响阿米巴经营推行的效果，经营管理部是主要负责所有经营数据采集的部门，所以把仓库划归经营管理部是比较合理的，有利于阿米巴经营的有效推行，确保推行效果。

统计人员也在各车间从事各类经营数据的收集工作，并且第一时间录入计算机，所以他们也应该划归经营管理部，以确保录入数据的准确性和及时性。

机修部门是设备维修部，划归生产部管理，这样更方便生产车间灵活指派工作任务，并且工作之间减少互相扯皮的现象。并且当机修人员工作不忙的时候可以从事生产主管临时指派的工作，这样可以充分利用各项人力资源，不造成任何人力浪费。

工程部和技术部合并，成立新的研发部门，统一管理。

撤销业务部，同时成立新的营销部，分为国际市场部和国内市场部，除了两个比较大的老客户外，必须开拓新的国内外市场。

在推行阿米巴经营的企业中，推行效果越明显PMC部的工作压力会越小，不像推行前，工作进度、物料进度、生产车间几乎依赖PMC部门跟进。

新的组织架构图规划出来了，可是并不是马上就可以执行下去。之后的工作是要在企业内部进行长时间的稻盛和夫经营哲学培训，要让全体员工支持企业导入阿米巴经营模式，接受稻盛和夫的经营哲学，达到全体员工哲学共有，从而实现全员参与经营。要想达到这样的经营效果必须从根部解决问题。

接下来的工作是进行哲学理念的培训，从董事长、总经理、各部门经理、主管以及中下层管理人员都必须参加（因企业不算大，全部管理人员加起来也就70多人，不含办公室文职人员，培训室足够大，所以该公司几乎所有的管理人员都参加了培训）。看得出来，不是所有人都对阿米巴经营感兴趣，有的人甚至会故意做出一些不友好的表情。在推行阿米巴经营的前期，所有这些不配合的现象都比较正常，不可能所有人对一个非常陌生的经营理念都能很快接受。根据我自己在粤丰公司推行阿米巴经营的经验，员工在推行期间必然有一个接受的时间和过程。

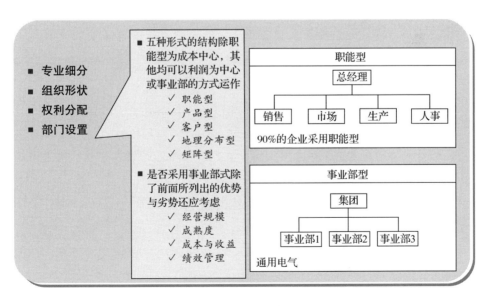

组织结构的分类

这只是推行阿米巴经营第一个阶段的工作，接下来就要进入第二个步骤的工作了。

步骤2：经营哲学理念导入

在培训之前首先成立阿米巴推行小组。

组长1名：由董事长或者总经理亲自担任。

第一副组长1名：有副总经理岗位的则由副总经理担任，没有副总经理岗位的则由管理部经理或总监担任较好。

副组长若干名：副组长由生产部经理、财务部经理、管理部经理等相关部门经理组成，具体人数视各企业具体情况而定。

组长职责：

- 负责在企业内部全面导入阿米巴经营，对整个项目负全面的责任。
- 负责协助顾问老师做好各项工作，亲自带头学习，向全体员工发出推行阿米巴经营的坚定信心的信号。
- 亲自带头在企业内部给各级人员讲解稻盛和夫先生的经营哲学，亲自带头示范，为企业树立新的形象，让全体员工看到企业的未来和前景，对公司抱有新的希望。
- 激发全体员工的工作热情，在公司内部掀起一股新的创业高潮。

第一副组长职责：

- 负责协助组长全面推行阿米巴经营，对阿米巴经营最终推行效果同组长一样负主要责任。
- 当组长不在公司时负责履行组长的工作职责。
- 负责带头学习稻盛和夫的经营哲学，向全体员工发出公司推行阿米巴经营坚定决心的信号。
- 不定期召开阿米巴经营推行小组的工作会议，总结经验。
- 带头在企业内部给各级人员讲解稻盛和夫先生的经营哲学，亲自带头示范，为企业树立新的形象，让全体员工看到企业的未来和前景，对公司抱有新的希望。
- 激发全体员工的工作热情，在公司内部掀起一股新的创业高潮。

副组长职责：
- 负责协助组长在企业内部推行阿米巴经营，对推行阿米巴的最终成果负有相关责任。
- 负责带头学习稻盛和夫的经营哲学，向全体员工发出公司推行阿米巴经营坚定决心的信号。
- 带头在本部门内部开展阿米巴培训，负责本部门阿米巴培训的所有工作，主动做相关部门的思想工作。
- 用实际行动激发全体员工的工作热情，在公司内部掀起一股新的创业高潮。
- 协助组长及责任部门制定阿米巴经营的各项制度。

成立了阿米巴推行小组后可以对企业展开全面的培训工作。

谈到培训，很多人都会认为就是在培训室大家坐在下面听老师讲课。其实培训有很多种形式，在培训室讲课只是其中最为常见的一种形式。我个人认为，培训最好的效果并不是在培训室，而是随时随地根据不同的工作问题点而展开的培训。在任何地方都可以讲解稻盛和夫先生的经营哲学。例如，在自己办公室处理工作时，在外面走廊遇见了几个人，在车间办公室，在工厂流水线，在仓库遇见库管员等，所有地点、任何时间都可以讲，只有这样把所有地方都随时变成培训场地，不停地讲，不断地讲，只要遇见就讲，效果才会比较好。只要谈话，最终都可以说到稻盛和夫的哲学，因为我们在工作期间谈的都是工作，而稻盛和夫哲学就是教我们怎样去有效地开展工作的经营哲学。这样无时无刻、随时随地的培训是最有效果的。这是我多年推行阿米巴经营的经验总结，也只有通过这样多层面、多次数的不间断地讲解才会收到好的效果，因为这样的培训会更加贴近工作，更能让员工接受。

情景案例 18

深圳某制造有限公司，自从推行阿米巴经营模式以来公司开始设立了每周两天的总经理工作日。公司总经理姓李。于是李总每周的周二和周五下午两点开始带领相关部门总监、经理对全公司的质量管控体系、7S、员工行为规范、员工的成本意识、各阿米巴长对阿米巴经营模式的理解程度以及在实际工作中的运用等方面进行摸底、检查。

他们是这样对全体员工进行阿米巴经营意识培训的。

某日下午公司李总带领制造中心总监、品质管理部总监以及其他相关部门的负责人一起到生产现场进行例行的工作大检查。

品质管理部总监负责审核现场作业人员的质量意识，同时要求车间负责产品质量的一线品质管理人员一起从首件产品进行审核，品质总监这时走到一个作业员面前仔细看了他的整个操作过程，过了一会他提问作业员。

品质总监："你好，你的首件产品经过验证是合格产品吗？"

作业员："是经过 IPQC 验证过的，首件检验是合格的。"

品质总监："那么请问你在工作中会不会自检呢？是完全依赖巡检人员帮你发现产品质量异常还是自己负责检验自己的产品呢？"

作业员："我们是自己负责检验自己产品质量的，根本就不会依赖巡检。"

这个员工回答比较令人满意。品质总监又来到一个开冲床的员工那里。品质总监对这个开冲床的员工说："你好，请问你的作业指导书在哪里？拿给我看看。"

作业员说："好的。"

作业员马上停下手中的工作从冲床后面拿出了作业指导书交给了品质管理部总监。品质总监发现作业指导书与员工现在作业的工序不是同一款产品，于是就问这个员工。

品质总监："你现在生产的产品用的是这份作业指导书吗？"

作业员：（迟疑了一下回答说）"不是这份作业指导书。"

品质总监："没有作业指导书，你怎么知道你操作的过程是符合要求的呢？你有自检吗？"

作业员：（低头回答）"没有。"

品质部总监马上向总经理汇报了这一严重现象，听到汇报后李总即刻对大家说："现在大家都把手上的工作暂时停下来，我们开一个现场检讨会。"李总接着说："刚刚我们在审核时发现有作业指导书与现在正在生产的产品不是同一款产品，也就是说员工在作业时没有作业指导书，更严重的是，员工也不知道怎样去检验自己的产品是否合格，完全依赖车间巡检，一线作业人员完全没有质量意识，这样下去会非常危险，会给我们造成重大经营损失，这样的现象是不应该发生的，我们公司推行阿米巴经营已经这么久了，怎么仍然存在这样的低级错误？制造中心杨总监你说说我们公司推行阿米巴经营有多长时间了？阿米巴经营模式你们部门懂得了多少？为什么员工到现在仍然没有较强的质量意识？阿米巴经营我们推行了这么久了，要求每一个员工都要有质量意识，要有经营者意识，自己生产的产品必须是合格的产品，否则怎么可以卖出去呢？有哪一个客户会买不合格产品呢？你自己当着你的员工谈谈吧。"

这个时候杨总监很难堪地走过来说："对不起，李总，这是我工作没有做到位，我需要好好检讨。大家下午好！我们公司推行阿米巴经营这么长时间了，制造中心也没有少做这方面的宣导和培训，一再强调员工必须要有较强的质量意识，自己生产的产品自己负责，就好像自己是老板一样，自己家生产的产品如果有质量问题怎么卖得出去呢？我们每一个员工都应该有这种思想意识，要有经营者意识，稻盛和夫老先生不是说过吗？推行阿米巴经营就是要培养我们大家都具有经营者意识，所以我们每一个员工都必须理解阿米巴经营的精髓，特别是制造中心的各个阿米巴长，你们都是小厂长，都是小老板，自己阿米巴的所有工作都必须自己负责，包括产品质量、生产成本、人工费用、水费、电费、人力资源等都归你们各自阿米巴长自行负责。不可以像以前那样什么事情都依赖上司，这就是阿米巴经营模式与其他管理模式不一样的地方。所以像今天这样的现象以后不可以再发生，这个小生产单位的小阿米巴长与车间的大阿米巴长同我都有不可推卸的责任。"

车间现场培训结束了，在李总的要求下，这个车间的小阿米巴长以上的管理人员包括IPQC在内一起到车间办公室开会，再次检查阿米巴经营模式的落地情况。

这是一个比较大的空调器车间，有9个小阿米巴长，加上大的阿米巴长、车间巡检等相关管理人员一起不下20多个人。

李总发言："大家好！刚刚在车间发生的本不应该发生的质量管控问题在座的各位有什么想法没有？这样的现象是个案还是普遍现象？如果是普遍现象就有大麻烦了，这说明我们的制造部门质量管控体系严重失控。如果是个案，以后也要杜绝。"

品质管理中心总监："这是个案，我刚刚审核了很多其他操作岗位都没有这样的现象。"

李总："即使是个案，以后也必须全面杜绝类似现象的发生，这是低级错误不可以再犯。我们公司推行阿米巴经营，其中有一个最大的目的就是要让所有员工都参与到企业的经营中，只有这样企业才真正可以不断做强、做大。否则只靠我们这些管理人员是远远不够的，一线的员工才最重要，只有他们参与到企业的经营中来，企业才能够长治久安。下面我想考核一下车间小阿米巴长对阿米巴经营到底理解多少。"

李总："王小华阿米巴长，请问你的阿米巴有多少员工？"

王小华："6个。"

李总："请谈谈你对阿米巴经营的理解吧，首先回答什么是阿米巴经营。"

王小华："好的。阿米巴经营是把团队划分成一个个小的组织，通过独立核算模式为企业培养具有经营者意识的人才。"

李总："你对阿米巴的经营理解只能算是一般般。阿米巴经营还有一个非常重要的内容你没有讲，那就是'实现全员参与经营的经营管理模式'。另外，你们的大阿米巴长对你们做出过哪些有关阿米巴经营内容方面的培训呢？"

王小华："我们每周都有两次阿米巴学习会，就在我们车间办公室，每次时间为一个小时，主要是大阿米巴长为我们讲解，同时我们每一个小阿米巴长也轮流发表自己对阿米巴学习的心得。"

李总："你说实话，自从公司推行阿米巴经营以来，你个人有哪些方面的转变？你的团队又有哪些比较明显的变化？"

王小华："自从公司推行阿米巴经营模式以来，我感觉自己的工作责任心比以前强了很多，压力大了很多。以前做不好向主管反映，最后都是主管去想办法帮忙解决。现在不是了，现在很多事情都要我自己解决，就连生产一线缺作业员也是我去想办法招聘，如果是以前是不可能的。现在我明白这样就是要培养我们像一个真正的经营者一样去经营我们这个小的阿米巴，什么事情都必须自己负责，就像一个小老板一样。"

李总："不错，看来你们这些小阿米巴长对阿米巴经营的精髓有了一定的理解，值得表扬和肯定。"

李总："张红军，你的阿米巴现在还缺一线作业员吗？"

张红军："李总下午好！首先非常感谢李总亲自到一线来给我们大家做这样的现场阿米巴经营理念的培训。我们还缺3个作业员，现在作业员不好招。"

李总："为什么不好招呢？你们是自己在负责招聘员工还是完全依赖人力资源部帮你们招呢？"

张红军："主要是我们自己在负责招聘各自阿米巴的员工，我们不会依赖人力资源部的，因为人力资源部招聘过来的员工没有我们自己介绍的员工稳定，所以我们是发动下面各自阿米巴组员推荐，介绍自己认识的朋友、老乡、以前的老同事等。"

李总："不错，看来你们对阿米巴经营真的有了不浅的认识，你们大阿米巴长应该做了不少培训工作。"

就这样通过这种现场培训方式，深圳这家企业的阿米巴经营取得了非常不错的效果。

如果一个企业想通过导入阿米巴经营模式达到实现高收益，那么企业经营者首先必须亲自带头学习稻盛和夫先生的经营哲学，必须接受"使员工在物质与精神两方面都得到幸福"的经营理念，否则员工也不会像经营者一样去经营这家公司。如果企业经营者接受这个经营理念，可以在大会上、培训课堂上当着全体管理人员讲出来，以鼓舞士气，增强全体员工的斗志，在很短的时间内形成一股强大的凝聚力。这个时期是推行阿米巴经营的最好阶段，企业经营者为了让全体员工对自己本人、对公司未来发展有信心，可以立即在某些方面做一些改善。例如，员工改善住宿条件、提高伙食标准、提高工资标准等。这样员工对企业的信任度就会提高很多，公司推行阿米巴经营也会顺利很多，效果会更加明显，员工通过努力工作所产生的效益一定会超过企业为员工的付出。

培训也是有要求的，首先看这个培训老师的从业背景，如果企业是外请咨询顾问公司辅导，那么就必须看这个顾问老师是职业讲师还是有过企业高管背景。现在有些管理咨询顾问公司的老师口头表达能力比较好，所谓的"台风"也不错，但是没有真正在企业从事过比较高层次的经营管理经验，更没有全面运营一个企业的实际经验，有的在企业只担任过中下层的管理岗位，甚至有的老师根本就没有在企业工作过。他们非常欠缺全面运营一个企业的实际经验，可是这些人一样成了阿米巴经营的辅导老师，经调查，他们中有少数人曾经做过传销或者保险行业，他们就像一个演员一样，拿起剧本，只要记住台词，然后通过脸部表情、手势及其他各种肢体语言就可以把这个角色演好。那只是表演而已，而我们企业所需要的不是表演者，而是要有真正的实操经验的人。

老师的实战经验很重要，培训的方式与方法也非常重要。要开展不同形式的培训，内容主题一样，但是表现的形式不一样，可以以座谈会形式，可以是站在那里聊天的形式,也可以大家一起吃吃饭,等等。

例如,2011年,正值我公司导入稻盛和夫先生经营哲学的前期,当生产经理、采购经理、品质部经理在一起为了产品质量问题产生不同意见时,我就借机发挥。

我说:"你们几位经理现在都不要争论谁是谁非了,我就问问你们,如果你们是这个企业的老板,面对这样的问题,你们会怎么处理?生产经理先回答这个问题。"这个时候生产经理感到比较突然,不知道该怎么回答,我接着说:"没有关系,如果你是老板你怎么处理这件事情?你是怎么想的,就怎么回答。"通过我的一番鼓励,生产经理说:"如果我是老板,我会要求我们的生产部自己必须生产出合格的产品,很多小工厂根本就没有品质部,完全靠生产部员工自己控制产品质量。""说得不错,挺有道理。"我对生产经理的回答大加表扬。我又接着问生产经理:"如果你是公司老板,产品质量出现了这样的问题,你现在最重要的工作是什么?是在这里讨论谁对谁错吗?"生产经理回答说:"当然不是,我会马上回到车间要求所有员工进行返工,确保准时交货,而且没有返工费,因为他们没有足够的责任心才导致质量发生异常,他们太依赖品质部门了。"我对他的回答加以肯定,我说:"这就是稻盛和夫先生说的'做人,何谓正确'的经营理念,是经营的原理原则。你现在是站在一个企业经营者的角度在考虑这个问题,所以你能够很快找到正确的解决办法。"接下来我又问采购经理:"如果你是公司的老板,你会怎么做采购呢?这么多钱都是从你的口袋掏出去的,供应商现在卖给你的是这样的次品,你会接受他们的材料吗?"听完我的问题,采购经理想了一会儿说:"如果我是老板,这样的材料我肯定早就退回去了,这样的供应商不讲诚信,我会换掉他们的。"听完采购经理的回答,我也一样加以肯定。

如果我们自己是公司老板,那么这些问题根本就不会存在,早就得到解决了。接下来我就开始同他们讲"做人,何谓正确",讲"利他之心"等。像这样借处理工作问题的机会对各级管理人员和一线员工进行经营原理原则培训是我主要采取的培训方式，比在培训室上课效果要好很多。

在车间，只要看到地上掉有零部件而员工没有及时捡起来，我就会走过去并且通知该车间的主管及班组长，我会在现场培训他们。通常我会这样做："大家都过来一下，王主管你去把那几个零件捡起来，放在台面上。大家知道这是什么吗？这是几个零件，对不对？你们肯定会说这就是几个零件。可是我想对大家说，这是钱，是现金，如果一个零件5元钱，那么掉在地上一共有6个，加起来就是30元，你们这一个小组就有30元掉在地板，整个工厂有8个车间，每个车间有这么多生产线，大家知道每天会有多少钱掉在地上没有人管吗？如果在我们自己家中，地板上掉了30元你们会不会也不捡起来呢？应该不会吧。不要说是30元，就是1元钱掉在地上我们一样都会捡起来。那么为什么在工厂，在我们车间，地上掉了这么多钱都没有人去捡呢？原因很简单，因为我们都认为自己是打工的，公司的财产与我们没有多大关系；再者是因为掉在地上的是零件，是一颗螺钉，不是钱，所以大家没有太多去关注，对一颗螺钉掉在地上与人民币掉在地上的关心程度不一样。可是大家想过没有，掉在地面的每一颗螺钉都是公司拿钱买来的，每掉在地面一颗螺钉都是现金，如果零件没了，公司同样要拿钱去买。所以地上掉多少零件实际上就是掉了多少现金。我们应该像在自己家里一样，钱掉在地板上必须随手捡起来；螺钉掉在地板上，也必须随手捡起来。这样就叫聚财，否则就叫散财。"

接下来我又说："一个企业同一个家庭实际上是一样的，如果一个家庭总有人乱花钱，不会打算，这样的家庭再怎么努力也是搞不好的。企业也是同样的道理，如果我们每一个员工每天都丢钱，都在浪费钱，这样的企业就像那个搞不好的家庭一样永远赚不到钱。企业赚不到钱员工的工资和各项福利就上不去，这样又反过来影响了我们每一个员工的家庭。所以我们必须节约公司的每一分钱，所有员工每天一定要把掉在地上的零件捡起来而且放好，为公司聚财而不是散财。"

这就是"做人，何谓正确"在现场的培训场景，现在来看，效果非常不错。

有的人会问，那么稻盛和夫的经营哲学学习多长时间才可导入阿米巴经营模式呢？这样的问题很常见，经常会有人问到这个问题。我认为，我们要灵活运用，不可以太死板，可以一边培训，一边做一些推行阿米巴经营前期的宣传准备工作。比如说，公司推行阿米巴经营会对组织架构进行一些调整，会对工作岗位进行优化等。先放出消息，让大家在思想上做好一定的准备，当真正面临组织调整时，特别是觉得个人利益受到影响的管理人员会比较容易接受一些。

进入培训阶段之时，企业的调研与诊断已经做完，从中我们可以发现很多经营过程中存在的问题，有人为的，也有客观存在的。在培训的过程中，我们可以讲在诊断过程中发现的一些问题，这些问题很多都是不应该发生的，都是可以避免的，可是还是发生了，并且是同样的问题重复发生，为什么呢？我们在讲经营哲学的时候可以结合企业存在的实际情况进行讲解，这样学员会更明白、更清楚自己应该怎样做。

在培训室进行的培训往往参加的都是管理人员，普通员工没有机会参加这样的培训。但是，阿米巴经营追求的是全员参与经营，所以普通员工也要接受培训。那么员工的培训任务就必须是部门经理及主管去完成的工作，给员工做培训的方式一样可以多样化——可以在公司培训室，可以在车间办公室，可以在流水线，也可以在车间比较空阔的地方等。总之，各阿米巴巴长都必须负责自己本阿米巴员工的培训，必须营造全体员工的学习氛围。如果必须给自己所负责的阿米巴讲解阿米巴经营，那么首先他们的阿米巴巴长必须掌握这方面的知识，只有自己懂了才能去给员工讲，这样也反过来要求各阿米巴巴长自己必须努力，自觉学好阿米巴经营哲学，否则无法给本阿米巴单位培训。

这样的培训两个月以后就可以逐步推行阿米巴经营，可以双管齐下，一边大力宣导经营哲学理念，一边开始推行阿米巴经营具体的工作。

通过近两个月的培训，全体员工对阿米巴经营已经有了一定的认识，在心理方面也做好了一定的准备，准备迎接新的经营管理模式。当然有积极的，也有不积极的，同时也有反对的，所有这些都属于正常现象。公司怎样开展阿米巴经营模式导入工作，这开始体现辅导老师的实际操作水平了。

步骤3：战略定位

很多企业都不太重视战略定位，认为那些都是虚的东西，企业只需要做好眼下的工作就好了。有这样想法的企业家很多，他们都没有做战略规划的习惯，认为自己这么多年经营企业都没有做过什么战略规划也一样过得很好。当然也有很多企业经营者比较重视企业战略规划的制定，他们重视企业的长期发展，比较有危机意识，他们会比较客观地分析自己公司的优点和缺点，会关注外部市场变化，关心与本行业有关的所有信息，根据外部信息随时做出灵活、合理的战略调整。

说到战略定位、战略管理，那么什么叫作战略管理呢？

在经济全球化的今天，技术日新月异，新的经营模式不断涌现，以及信息交流过程发生根本性变革的超竞争环境下，越来越多的企业逐渐认识到战略管理的重要性。然而，人们对什么是企业战略，一个成功的企业战略应具备哪些基本的要素和特征，对战略管理与业务管理的联系和区别等并没有清晰和一致的认识，这在一定程度上限制了战略管理作为一种科学分析方法的应用。

情景案例19

美国通用电气（GE）前CEO杰克·韦尔奇曾经被誉为全球第一CEO，最受尊敬的CEO，美国当代最成功、最伟大的企业家之一。看看他是怎么做企业战略的。在他的个人自传《赢》一书中他这样写道。

1981年，我成为GE的CEO，随后发起了一项声势浩大的运动："我们要在每个业务领域成为数一数二的领导者，要修整、出售甚至关闭现有的业务"。这并不是我们的战略，当然也有人那样说。那只是溢美之辞而已，所描述的事情不过是我们打算如何继续前进。我们不会再像过去那样，继续留在没有竞争力的产业中。争取成为行业领导者的运动，不过是一种宣传工具，它的目的就是改善我们的多样化经营，而且也确实发挥了作用。

我们的战略其实有更加明确的方向，即GE将要逐渐放弃那些已经成为大众化产业的领域，而更多地转向创造高价值的技术性的产品，或者是转向销售服务而不是实物的产业。作为战略行动的一部分，我们需要大规模地提升人力资源——人才——空前关注培训和发展。

这样的战略抉择是20世纪70年代做出的，当时我们遭受了来自日本企业的沉重打击。在电视机、空调机等产业上，我们在传统上保持着合理的利润率，可是日本人迅速地使其走向了大众化。在失利之后，我们疲于招架。我们的质量、成本和服务——大众化的产业的主要武器——在他们的产品创新和价格攻势面前已经不堪一击。每天的工作都变成了延续的痛苦。尽管我们的生产力还在提高，不断有发明创新推出，可利润还是锐减，东芝、日立、松下这样的竞争者从来没有心慈手软。

然而，看到GE资本公司在20世纪70年代末的表现之后，我感到震惊与欣慰。在金融服务产业赚钱是多么容易，特别是与GE报表中的其他产业相比而言。那里并没有什么工会，也没有外国竞争，却有无数有意思的创造性的方法，可以给顾客提供差别化的产品和服务。

成为CEO之后，我知道GE必须离那些大众化的产业越远越好，而靠创造高附加值的产业越近越好。因此，我们分离了电视机、小家电和空调产业，以及一家巨型的煤炭公司。我们也因此加大了对GE资本的投资：收购了

RCA公司，也包括NBC；把资源投入能源、医疗、飞机发动机和机车领域的新技术产品的开发。

我们处在一个激烈变革的时代，那么GE为什么能够在长达20多年的时间里坚持一个战略方向呢？答案在于，如果大的方向对，又有一定的宽度，则战略并不需要经常改变，特别是，还可以有新的项目补充进来。出于这个目的，多年以来，我们发动了四个运动来持续推动公司的总战略。

此外，我们的战略之所以有这样的持久生命力，最主要的原因是它建立在两个牢不可分的原则上：大众化是糟糕的，人才决定一切。

杰克·韦尔奇针对企业战略做了以下五个幻灯片

幻灯片1

1. 在你所属的产业里，都有些什么样的竞争对手，无论它们是大是小，是新企业还是老牌公司？
2. 在全球市场和每个国家的市场里，这些企业各自占有多大的份额？你的企业在哪个市场上更擅长？
3. 这个产业有什么特征？是大众化的，还是高附加价值的，还是介于这两者之间？是长周期的，还是短周期的？它处在产业增长曲线的什么位置？决定利润率的主要因素都是什么？
4. 每个竞争者的优势都有哪些？他们的产品是否出色？各自在研发上花了多大力气？各个对手的销售能力如何？其企业文化在多大程度上是业绩导向的？
5. 这个产业的主要客户有哪些？他们有怎样的购买方式？

幻灯片2

1. 过去一年里，各个竞争对手都有哪些可能改变市场格局的举动？
2. 是否有人引进了可以改变游戏局势的新产品、新技术或者新的销售渠道？
3. 是否出现了新的进入者？它在去年的业绩如何？

> **幻灯片 3**
> 1. 在过去一年里，你的表现对市场竞争格局有何影响？
> 2. 你是否收购了企业，引进了新产品，挖走了对手的主要销售人员，或者从某家创新企业得到了一项新技术的特许权？
> 3. 你是否失去了过去的某些竞争优势——一位杰出的销售经理，一种特殊产品，或者一项专有技术？

> **幻灯片 4**
> 1. 在下一年，你最担心什么——竞争对手有没有可能做出什么事情，把你封杀出局？
> 2. 你的对手可能采纳什么本部门的新产品和新技术，甚至改变游戏规则？
> 3. 会不会发生针对你的兼并收购？

> **幻灯片 5**
> 1. 你能做些什么来改变竞争格局——企业兼并，新产品，还是全球化？
> 2. 怎样做才能让客户保持黏性，比以前更忠实于你，比依赖别人更依赖你？

战略有两个基本特征：一种具有导前性，即战略形成在经营活动发生之前；二是具有主观性，即战略是人们有意识、有目的制定的，更多地反映了人们对未来行动的主观愿望。战略是一种完整的计划，旨在说明在每一种情况下应该做出怎样的选择。

企业应该把未来的生存和发展问题作为制定战略的出发点和归宿，也就是说，一个好的战略应有助于企业实现长期生存和发展的目标。要做到这一点，企业不仅需要了解企业本身及所处行业的过去和现在，而且特别需要关注行业内外环境因素发生跳跃性变化的时代，仅凭过去的经验和传统的分析方法已不能满足企业建立持久竞争优势的要求，失去对未来动态的充分估计和把握，企业将失去目标和方向。反之，则可以把握住有利的时机，建立起自己的竞争优势，从而获得加速发展。

战略应为企业确定一个简单、一致和长期的目标。大量的研究发现，无论对于个人、企业还是其他组织，其中成功者的一个重要特征就是始终不渝地追求一个目标，并为此付出不懈努力。对于一个企业来讲，这种目标不仅指明未来发展的方向和引导资源的配置，而且有助于协调不同部门和个人之间的活动，增强组织的凝聚力。

为了在日益复杂动荡的环境中生存和发展，企业应该未雨绸缪，主动地迎接和适应环境变化所带来的挑战。换句话说，企业战略应是在经营活动之前有目的、有意识地制定的，应体现一种主动精神。虽然有人对这种事先筹划的科学性和有效性提出质疑，实际生活中也不乏战略自然形成的先例，但是正像很多人愿意采用理性主义的处理方法一样，我们认为系统分析和理性判断对战略的形成仍然是必要的。没有这样一种事先的科学分析，战略的形成过程，尤其是在高层管理水平上可能就是混乱的。同时，某些关键决策可能变得易于受个别管理人员选择偏好和流行时尚的影响。

战略的实质是帮助企业建立持久的竞争优势，即帮助企业保持一种强大而灵活的态势，这意味着战略不仅有助于管理人员处理可预见的事件，也要有助于他们处理突发和难以预见的事件。事实上，由于管理人员很难预料各种重要影响因素之间相互作用的方式和程度，也很难预料竞争对手的反应以及企业本身不得不调整战略的时机和方法，所以战略应为企业提供若干个可以实现其目标的途径，以应付外部环境可能出现的例外情况。

战略主要涉及组织的远期发展方向和竞争范围选择问题，因此，评价战略优劣的一个重要标准就是看其是否有助于实现组织的长期目标和保证长期利益的最大化。换句话说，战略更关注长远利益，而不是关注短期利益，这是与一般战术和业务计划的显著区别。

例如，如果一个产品或项目尽管在短期内会赚些钱，但长期市场潜力不大，甚至会造成严重亏损，从战略角度看这样的项目就不应该上马。相反，如果一个项目尽管短期内会造成一定亏损，但长期市场潜力巨大或适合技术发展的趋势，只要经营得当，将会获得长期稳定的收益，从战略的角度看就应该上马。

战略不仅要有全局性、长期性和相对稳定性，而且要有较强的适应性。一个好的战略总是力求实现稳定性和适应性的统一，前者意味着战略在较长时期内保持相对稳定，能够稳定组织成员的情绪，增强他们的信心；而后者意味着所确定的战略目标既要目标明确，同时又不过分僵化和具体，保持适当的张力。换句话说，企业在制定战略时，应考虑建立资源缓冲地带，保证资源分配的灵活性，因而使本身具有一定的机动能力。这样当外部或内部因素发生变化时，就可以通过战术调整来适应这种变化，而不致做大的战略变更，保持整个组织的协调和行为的一致性。

那么一个企业到底该怎样做战略定位呢？企业推行阿米巴经营时，战略定位是非常重要的。做好了战略定位企业全体员工就有了一个明确的奋斗目标，也清楚自己在整个战略中所处的位置，清楚自己的工作与公司的整个战略规划息息相关。

在同一个时期、同一个区域、同一个行业，不同的企业经营者做出的战略也不尽相同。制定怎样的战略与企业经营者的眼光、心胸、见识、能力、信心、魄力等方面都有关系。

步骤4：组织架构调整

经通过企业调研、培训和最后的战略定位，就可以对公司内部进行组织结构调整了。在前期已经做过了调研，存在的问题点也非常清楚，同时也制订出了新的组织架构图。这个时候就可以启用新的组织架构，如果变动不大，只是进行了一些微调，那么公司成员反响并不会太大。但是，如果像深圳那家电器企业一样，组织架构进行了比较大的调整，那么我们就要把握好度的问题。虽然大家在培训时个个都表示支持，可是，真正变动到了自己头上多少会有抵触情绪。这个时候就该体现公司高层及辅导老师管理的艺术水平了。我们不但要保证新的组织架构顺利执行，而且还要安抚好一些受到影响的管理人员的情绪，让他们能够理智地面对这次组织架构调整，并且支持公司此次的调整工作，同企业一起风雨同舟。

就拿深圳那家电器企业来说吧，在组织架构调整过程中仓库划归经营管理部，从一级职能部门变成了二级部门，因此仓库经理自然就比以前低了一个级别。这样的变动发生在任何人的身上可能都会有情绪，所以我们首先必须有一定的思想准备，在未公布之前先找仓库经理说明为什么要这么调整、这样做的好处在哪里等。同时也要让他明白，公司一定要这么做，否则组织调整就无法执行。面对这种情况，仓库经理往往有两种选择：一种是选择留下来继续为企业做贡献；另一种觉得面子过不去而选择离职。站在公司的立场要尽量留下仓库经理，如果实在留不住，就只能任他离开，另外聘请合适的人员。

品质部独立出来，从原来的二级部门调整为一级部门，这样的调整在未公布之前也应找生产部经理和品质部主管谈清楚，说明此次组织架构调整的必要性。这两个人的工作都不难做，应该比较顺利。

总之，所有部门的调整都应该事前与他们的负责人进行深入沟通。如果有人不理解，那么就需要进行多次沟通，直到理解为止。当然也不排除有个别管理人员，他们思想顽固、保守且个人私心非常重，像这样的管理人员经多次沟通仍然不思进取的可以劝退。企业的发展不可能因为某个人而停止不前。

组织架构调整的消息放出去之后，所有员工心中都有一定的准备，且该做思想工作的部门和个人都做了思想工作，公司推行阿米巴经营的决心也告知了全体员工，随后召开管理人员会议，在大会上由总经理向全体参会人员讲解公司未来的发展规划，为企业的未来发展定下新的方向和目标，分析企业目前的处境以及在同行业的位置，分析公司的优势和劣势，同时对企业未来的发展提出新的要求。

"为了公司全体员工未来的幸福生活，为了企业能够长期持续稳定发展，董事会决定在全公司范围内推行阿米巴经营模式，为了确保阿米巴经营模式有效推行，所以对组织架构进行了一次合理的调整，所有的调整都是为了有效推动企业的发展。"这样宣布之后，没有必要让大家在一起进行长时间讨论，不过可以这样说："对此次组织调整有意见的人员可以在会后找我，我们再进行沟通。"整个会议时间短、目的明确，表明了决心。

组织结构做了调整，必须马上制定相应的岗位职责，三天内必须发放下去，否则会影响工作正常运转，同时也容易被那些对组织结构调整有意见的管理人员找到借口，从而借题发挥。

刚开始执行新的组织，推行力度要大，遇到任何问题总经理必须全力支持，以免阿米巴经营模式还没有开始就胎死腹中，这样的情况在很多企业都发生过。

组织结构调整后，就要开始制定推行阿米巴经营的各项制度，所有制度的制定必须公平、公正。

有一些人认为，企业推行阿米巴经营就可以不重视原有的管理制度了，推行阿米巴经营后企业所有问题便可以自行解决。这种观点都是错误的，阿米巴经营模式并不是万能药，它一样需要各项制度的支持。

- 首先各职能部门的职责要清清楚楚，不可以有灰色地带。
- 各岗位工作职责要明确、清楚。
- 原有的各种管理体系一样要保持运行。当然随着阿米巴经营的落地和推行，有些体系的运作流程需要更改。例如，推行阿米巴经营之后，生产部就没有品质部的 IPQC 负责巡检了，生产部全面对产品的质量、成本、人力等方面负责。
- 公司的行为规范应该重新制定，各项制度的制定必须以稻盛和夫的经营哲学为基础，这是因为阿米巴经营模式只能在稻盛和夫经营哲学的土壤环境中生根发芽，然后才能长成参天大树。
- 制定公司的经营理念。可以简短，不要太复杂。
- 制定阿米巴划分规则，以及各阿米巴内部定价规则。
- 制定各阿米巴之间产品销售规则和结算规则。

- 制定阿米巴之间出现不统一意见时的处理流程及负责处理的高层管理者。
- 制定统计工作人员新的岗位职责,特别强调数据的准确性、及时性和真实性。对统计人员的工作做出细致的布置和交代。
- 制定对优秀阿米巴巴长的奖励方式和办法,对优秀阿米巴组员的表扬形式。

……

需要注意的是,在推行的时候各项制度肯定不完善,所以我们只能在推行的过程中不断完善。

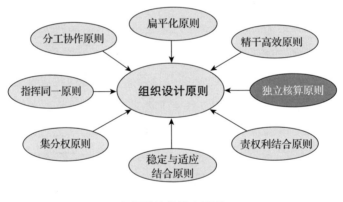

组织设计的基本原则

二、第二阶段

企业进行了组织架构调整,推行阿米巴经营第一个阶段结束。接下来可以马上进入第二个推行阶段,第二阶段分为4个步骤(第5、6、7、8步骤)。

步骤5:划分阿米巴

组织架构调整后,接下来的工作是进行阿米巴划分。

步骤到此可能有人会问:"培训是不是已经讲完了,不用再给员工培训了吧？"这样的想法是错误的，只能说那种有规定时间、比较正式的而且是在培训室进行的培训结束了。可是培训是无处不在的，我们仍然要时时刻刻抓住任何机会给员工做任何形式的培训。培训一直都要进行，只是形式不同而已。

阿米巴划分实际上就是划分利润部门和成本部门。

1. 划分阿米巴的三个条件

阿米巴的划分首先要满足以下三方面条件。

第一，划分后的阿米巴必须有明确的"收入"，同时能够计算出为获取这些收入而所需的支出。为了采取独立核算制，必须能够计算收支，为此必须准确地掌握独立组织的收入和支出情况。这是划分阿米巴的第一个条件。

第二，每一个划分后的阿米巴都必须是独立完成业务的单位。也就是说，阿米巴必须是作为完成一项独立业务而成立的，是拥有最小限度职能的单位。因为阿米巴是作为一项独立的业务而成立的，所以阿米巴巴长才有空间发挥自己的经营能力。

第三，能够贯彻公司的整体目标和方针。稻盛和夫先生说："即使能够明确计算收支状况并且成为一个能够独立完成业务的单位，但如果妨碍了公司方针的实施，就不能把它独立成一个阿米巴。"

在一个工厂，能够满足以上三个条件的通常只有生产部和市场部，研发部也可以划分，只是他们产生销售的时间太长，不能做每个月的结算。其他各行业视具体情况，不同的企业有不同的经营模式，不同的经营模式阿米巴划分也就不一样。

有些企业老总问过这样的问题："生产部、市场部推行阿米巴经营模式，那么其他部门就没有关系了吗？"怎样才能像生产部一样可以衡量他们对企业的贡献呢？如果这样，其他部门的员工没有像生产部、市场部一样有经营者意识，企业内部岂不是"一国两制"？

这样的疑问有很多人问过我，我公司就有些管理人员提出过同样的问题，而且当公司推行阿米巴经营模式的时候明显可以感觉出来，其他部门的人员没有像生产部、市场部人员一样用心，没有他们那种紧张感，原因就是这些部门没有进行月度经营结算。

我公司有十个车间，如冲压车间、铜胆车间、压铸车间、装配车间、字码一车间、字码二车间、机加工车间、电子车间等。每一个车间都划分成一个独立的阿米巴，巴长人选为各车间主管。各个车间内部根据产品和工序再划分小的阿米巴，巴长由各组人员及部门巴长共同决定。

阿米巴划分出来就等于各个车间成了一个独立的小工厂。那么各个车间阿米巴长就成了这些小工厂的厂长。既然是厂长就必须对本工厂的产品质量、成本、人力资源等各个方面负责。

刚开始员工们可能仍然不习惯，虽然划分了阿米巴，但是当出现质量问题时还是像以前一样互相推诿，说质量问题生产部虽然有责任，但是品质部也一样有责任。每当这个时候我就会说："生产部已经没有品质部的工作人员了，现在是你们生产部自行负责产品质量，你们就是一个独立的小工厂，你这个巴长就是这个小工厂的厂长。你想想看，如果你就是这个工厂的老板，你们工厂产品的质量应该依赖谁呢？难道真的要去外面找一个帮你做巡检的公司吗？"每当这个时候，就是一次很好的阿米巴经营理念培训的机会，刚刚开始推行阿米巴经营模式发生这样的现象也比较正常，要让各阿米巴长有一个过渡的时间段。

除了质量问题，还有物料跟进以及生产进度跟进也存在同样的现象。以前车间的物料跟进工作都是依靠PMC部门跟单员去催料，生产进度跟进也是PMC部门负责跟进。现在各部门划分成了独立的阿米巴，各个阿米巴就必须自己负责跟进生产物料及所有生产进度工作。生产物料不仅包括供应商来料，同时也包括内部各车间提供的半成品和零部件。这样前道工序就真正变成了后道工序的供应商，后道工序变成了前道工序的客户。后道工序收货时要像公司IPQC验收外部供应商的材料一样进行严格抽样检验，需要全检的则一定要全检，发现不合格的产品立即退回给前道工序，前道工序只要是因为人为方面造成的不合格，返工费就得由各阿米巴自己承担。被退回的产品一律不可以计入当天的销售额。

划分各部门小阿米巴组织时，不同的企业有不同的划分方法。例如，我公司的冲压车间，整个车间都是冲压工种，有的是单冲模，有的是连冲模，往往一个员工要看几台机器。员工工作岗位也不固定，有时会有调动。经过分析最后决定以产品划分阿米巴。压铸车间情况就不一样了。压铸车间经过分析以原来的小组作为小的阿米巴组织。例如，所有开压铸机的员工组成一个阿米巴；所有开冲床、钻床、打水口的员工组成一个小的阿米巴；所有除毛锋的员工组成一个小的阿米巴等。其他各个车间有的是以产品为划分原则，有的是把原来的小组改为阿米巴单位，根据不同的情况，每个车间都划分了数个阿米巴。阿米巴组员人数都不多，有3~7个人的，大的阿米巴组织有10多个人。

划分阿米巴组织不是越细越好，要视具体情况而定，能划分就划分，不能划分的就不可以划分。现在划分不了的，也不能代表以后不能划分。做好眼前的工作，一步一步，逐步推进，从粗到细。

2. 培养阿米巴巴长

划分阿米巴之后有一个非常重要的工作，即培养阿米巴巴长。因为只有把阿米巴巴长培养出来才可以彻底在全公司范围内推行阿米巴经营模式。阿米巴巴长培养成熟了，他们就可以按照同样的方法去培养下面的员工，这样就可以快速在公司内部复制具有经营意识的人员，从而达到全员参与经营的目的。

阿米巴巴长培训是一项重要工作，本书将单独列出一个章节专门讲解阿米巴巴长的培训方法。

阿米巴划分完毕，接下来该怎么做呢？是不是划分了阿米巴就可以自动产生效益？显然是不可能的。接下来全体员工必须以全新的工作态度面对自己的工作，必须以一个经营者的身份来从事自己的工作，否则就算划分了阿米巴也毫无意义。

企业划分了阿米巴经营单位，管理顾问公司必须协助企业指导他们该怎样去做接下来的工作。

我公司前期通过长时间对稻盛和夫经营哲学的宣导,到真正推行阿米巴经营模式时相对来说比较顺利,当然遇到的问题仍然是很多的。

3. 从7S管理开始

首先我们做的是激发员工工作的自主性和积极性。一个企业同一个人一样,好不好看车间管理,看车间的7S工作做得怎么样,如果车间7S工作比以前做得好,说明员工工作态度比以前有了好转。这个时候还不能说他们真的具备了经营者意识。是否具备了经营者意识需要进行长时间的观察。

那时我每天到车间巡查,只要看到车间有摆放不整齐、地上掉有零部件、员工精神面貌不好等现象我就会找各相关阿米巴巴长,我会把大阿米巴巴长和小阿米巴巴长都叫过来,就在现场同该阿米巴全体员工一起进行一次经营原理原则内容方面的培训,我会"借题发挥",力争达到一次比较好的培训效果。

说到7S,很多管理人员都不重视,甚至有的人说7S已经过时了,现在都在做精益生产了,都在做阿米巴经营模式了,谁还做7S啊。有这样想法的人不在少数。这就是一个需要突破的难题。虽然有些阿米巴巴长开始具备一些经营者意识了,但他们从内心深处还不懂得怎样去经营自己这个"小工厂",就算真的是他们自己的企业也一样不会重视7S管理。所以这个时候必须对不重视7S管理的阿米巴巴长进行思想意识再培训,需要列举很多工作方面和生活方面的例子来引导他们。例如,我经常同他们说:"一个客户参观一家企业,当他们走进工厂看到到处都是垃圾,车间物料摆放乱七八糟,防火通道被堵塞,设备布满灰尘,这样的情景客户会相信我们能生产出合格的产品吗?企业深层次的经营问题客户参观期间是无法发现的,但是车间生产现场每一个客户都看得清清楚楚,谁会相信一个车间管理乱七八糟的企业能生产出合格的产品呢?一个对工作没有严格要求的企业会对产品质量提出高的要求吗?"

我还经常举这样的例子:"在招聘公司管理人员时,对应聘者的第一印象非常重要，如果他衣冠不整，头发乱七八糟，个人简历思路不清晰并且上面有油污，这样的应聘者不用说，肯定是不会被录用的。同他聊上几句只是出于礼貌而已，在第一眼见到他外表形象这么糟糕的那一刻，我就已经把他立即除名了。这么懒散的一个人，能对工作提出严格要求吗？他对工作真的会严谨吗？对他的下属他会提出严格要求吗？这样对自己没有任何要求的人怎么可能对下属要求严格呢，也许他根本就不懂得怎么去要求他的下属。这样的人谁敢录用呢？这个应聘的案例同我们工厂做7S管理是一样的。"

细节决定成败，企业内部任何人都不可以认为这是一件非常小的事情。但是往往就是这些非常浅显的道理我们也没有真正弄明白，更没有在生活、工作中用好它。就像稻盛和夫说的那样，他去日航讲课的时候，一开始只讲一些我们小时候就懂的道理，即"做人要诚实、公平、公正、努力、关心别人、谦虚、对人有善意"。这些都是最基本的做人道理。在这么大的公司讲这些连小孩早就明白的道理，一开始遭到了一些人的反对，可是通过长期的培训以及在工作方面的具体运用，这些思想比较固执的管理人员都慢慢转变过来了，最后成了稻盛和夫经营理念忠实的追随者和传播者。

既然7S工作这么重要，那么就必须在企业内部做全面要求，推行阿米巴经营从每一个员工开始，让每一个人都参与到推行工作中去。其实没有接受过7S培训的企业员工非常少，可是真正能够做好7S的工厂又有多少呢？

任何一家企业，7S管理都是基础工作，做好了7S不代表这家企业的管理水平就一定有多高，企业经营得有多好。但是，一个连7S都做不好的企业，其经营管理肯定不会好。以我们的经验，推行阿米巴经营模式第一步应从全公司的7S工作开始，扎扎实实，一步一个脚印，稳打稳扎，这样最后一定可以成功。

7S工作不是哪一个阶段要做的工作，而是一种常态化的工作，必须每天都要做好的工作，要成为员工的一种工作及生活习惯。2016年12月2日，我公司最大的美国客户代表来公司参观，一走进车间就被我们车间的整洁、干净所吸引，当时就对我们的现场管理提出了肯定和表扬。这位客户是第一次来我公司，所以他对我公司的印象直接来自车间，来自生产现场，而且可以看得出我们车间的 7S 工作不是临时做出来的，而是每天都实施。

4. 利用《单位时间核算表》

有了经营者的意识固然非常好，但是如果不知道该怎样去改进自己的工作也是比较麻烦的，工作效率一样得不到大的提升。所以，在有好的经营理念的前提下还必须懂得怎样去改善、改良自己的工作，这两者都非常重要。当然具备经营者意识才是最为重要和关键的。

阿米巴经营模式中的《单位时间核算表》是一份记录各个阿米巴组织经营成本的明细账，这样可以使阿米巴巴长能够立即找出上个月经营存在的问题，并且即时提出改进措施。企业经营者也同样可以通过《单位时间核算表》即时发现上个月经营存在的问题。每个月的经营总结会议，这份表也是会议讨论的主要内容。

例如，通过《单位时间核算表》每个阿米巴单位即时找出了本月需要改善的工作环节，可是怎么样才能做出有效改善呢？并不是企业推行了阿米巴经营模式各项管理工作就会自动变好，各种经营难题就都会自动消失，这些都是不可能发生的，所有的问题点都必须经过我们做出有效改进才能得到改善。

5. 阿米巴经营与精益生产

谈到制造过程中的改良与改善，就应该提到精益生产。我们的员工有了经营者意识就可以运用精益生产的技术和改进方法对各个生产环节进行全面的梳理，对每一个环节进行重新评估。这个时候应该让每一位员工都参与到流程改善以及工艺改进中来。真正有发言权的一定是生产一线员工，他们才真正知道如何最大限度地节约成本，怎样才能进一步提高生产效率。通过稻盛和夫先生经营哲学的宣导，员工逐步有了经营者意识，工作态度开始转变，从以前的被动接受管理到现在的主动工作；从以前的"要我做"到现在的

"我要做"，性质完全不同。全体员工开始有了工作的主动性和积极性，有了这样的经营团队企业就一定可以克服任何困难，不断发展和壮大，成为一个基业长青的百年企业。

精益生产，是衍生自丰田生产方式的一种管理哲学。包括众多知名的制造企业以及麻省理工学院教授在全球范围内对丰田公司的这一生产方式进行了研究、应用与发展。

20世纪初，从美国福特汽车公司创建第一条汽车生产流水线以来，大规模的生产流水线一直是现代工业生产的主要特征。大规模生产方式是以标准化、大批量来降低生产成本、提高生产效率的。这种方式适应了美国当时的国情，汽车生产流水线的产生，一举把汽车从少数富翁的奢侈品变成了大众化的交通工具，美国汽车工业也由此成为快速成长的一大支柱产业，并带动和促进了包括钢铁、玻璃、橡胶、机电以及交通服务业等在内的一大批产业的发展。大规模生产流水线技术在生产管理史上具有极为重要的意义，但是，第二次世界大战以后，社会进入了一个市场需求向多样化发展的新阶段，相应要求工业生产向多品种、小批量的方向发展，单品种、大批量的流水线生产方式的弱点就显现出来了。为了顺应这样的要求，日本丰田公司首创了精益生产模式，也就是JIT及时生产。

精益生产方式的基本思想可以用一句话来概括，即Just In Time（JIT），就是指"在需要的时候，按需要的量，生产所需的产品"，因此也被管理者称为JIT生产方式、准时制生产方式。

推行阿米巴经营的过程中是导入精益生产的最佳时机，因为只有员工具备了稻盛和夫的经营哲学思想，拥有了一定的经营者意识，企业导入精益生产才真正有意义，否则员工仍然是处在被动的管理状态，有太多的借口说办不到、太难了等，阻碍精益生产的推行，这也是阿米巴经营与精益生产的根本区别。

精益生产主张控制浪费，其实任何一种管理模式都是在控制浪费，关键在于怎样才能有效地控制浪费。发现问题不难，如何有效地解决问题才是关键。精益生产提出了八大浪费，即过量生产浪费、等待时间浪费、运输浪费、库存浪费、过程浪费、操作动作浪费、产品缺陷浪费以及忽视员工创造力浪费。

精益生产提出控制浪费对每一家企业来说都是非常迫切需要的，可是怎样有效地控制这些浪费呢？浪费是企业生存与发展最大的敌人，能否知道这些浪费具体是由哪一个员工造成的呢？一些企业推行精益生产几年了，可是所取得的收获并不大，根据我公司多年推行精益生产的经验，我认为最主要的原因在于不知道这些浪费到底是谁造成的，找不到真正的责任人，如果每个月能清楚地知道所有浪费具体是由哪一个部门、哪一个小组、哪一个员工造成的，那么解决起来就容易多了。当然，最主要的原因还是员工没有经营者意识，完全把自己看成打工的，工作没有主动性，做任何事情都是被动接受，没有主动要求去做，即使他们知道该怎样去提升工作效率也可能装作不懂，不会及时向公司反映，他们对企业的生存和发展漠不关心。这些员工在企业待一天算一天，如果这家企业倒闭，可以马上去另外一家企业。员工如果有了这样的想法，就算拥有世界上最好的、最科学的管理方法也毫无作用。精益生产模式解决不了这两个难题（思想意识和核算问题），但是阿米巴经营模式可以解决。

在推行阿米巴经营的过程中，所有阿米巴必须进行各项工艺改良、流程完善工作。大阿米巴巴长必须要求各个小阿米巴巴长每天同本阿米巴单位成员一起商讨工作改进计划。

每一个小的阿米巴组织（以前叫小组）要把自己这个阿米巴看成是一个独立的小工厂，哪怕只有三个人、五个人都一样。虽然此时还没有进行"单位时间核算"，但是可以做好一系列的准备工作。每一个小阿米巴巴长都必须考虑自己负责的阿米巴这个月总体的订单数是多少，虽然目前计算不了产品单价和月销售额，但是一样可以做月度经营计划。

提前做月度经营计划就是提前练兵，当公司正式进行"单位时间核算"时就有了一定的经验。小阿米巴巴长可以向大阿米巴巴长索要当月的生产订单清单，根据各自阿米巴的生产能力像老板一样提出合理化要求，比如要求增加订单，增加了订单销售额自然也就提高了，成本肯定会有所下降，那么单位时间内的附加值也就增加了；或者要求对生产的产品进行更加合理的调整，从而可以进一步提升所负责阿米巴的产量。

材料浪费通常是制造型企业最大的浪费之一，作为一个阿米巴巴长，要像企业经营者一样去思考怎样节约原材料。作为现场最小的阿米巴巴长整天都在生产一线，天天同本阿米巴成员在一起，对各个工序应该非常了解、熟悉，非常清楚怎样做才能节约原材料，甚至自己制作一些小的工具可以更加节约原材料、节约成本。在推行阿米巴经营以前，生产过程中做错了的产品，按照惯例经品质部鉴定认为不合格后判定该报废的就报废，该怎样处理就怎样处理，没有人会站在老板的角度考虑问题。推行阿米巴经营之后，我们就应该有经营者思维，要去思考怎样把这些本来该报废的部件通过重新加工变成合格品，这样就增加了销售额，减少了浪费。我们所有员工必须有经营者意识，要有老板的思维，特别是各车间内部都划分了很多小阿米巴组织，每个组织也都是一个独立的小工厂，组织成员要为这个小的阿米巴每月的营业额及利润负责。就是这几个人，如果不团结，不一起想办法，最终的经营业绩肯定不会好。所以为了大家共同的荣誉和业绩，必须齐心协力才有可能取得好的成绩。这时几乎所有的人都会行动起来。

通过不断地培训和宣导，以及各级阿米巴的划分，每个月每个人的业绩状况会越来越清晰，每个员工也同样会越来越努力工作，越来越有经营者意识，通过经营哲学的导入以及详细的《单位时间核算表》的运用，员工会越来越有集体荣誉感，越来越在乎个人的表现。这就是变化，就是结果，也是推行精益生产很难达到的效果。

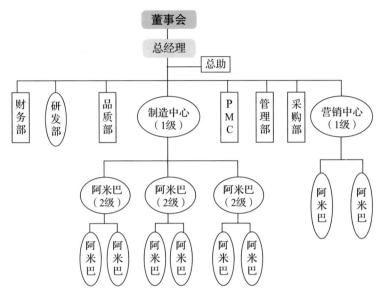

阿米巴层次结构图

注：椭圆代表划分为阿米巴组织，也就是利润单位；长方形代表非利润单位，也就是目前没有划分为阿米巴经营的组织。阿米巴层次结构图可以看成是一个公司，也可以看成是一个集团公司的事业部，有几个事业部就有几个像这样的阿米巴层次结构图。

阿米巴经营最主要是通过《单位时间核算表》让各级阿米巴巴长及公司的高层能够及时、直观地发现企业经营存在的问题，然后及时提出改善措施。

步骤6：内部定价

推行阿米巴经营的关键阶段是内部定价。内部定价是比较复杂的一个环节，说起来简单，真正操作起来有很多想不到的地方。

我公司产品种类非常多，定价就定了一个多月，产品种类多，反反复复，在定价的过程中遇到了各种各样的问题。

例如：

- 移印车间有的产品部分工序没有单价，要重新进行计算。

- 在核算过程中有的车间配合度不好，特别是曾经原材料浪费比较大的车间。
- 冲压车间、压铸车间、铜胆车间、字码车间、装配车间有计件方式的也有计时方式的。
- 有的产品结构图样有错，有的不完善，甚至有的产品结构图找不到。
- 产品工序流程图不完善。
- 原材料涨价比较明显，不好分配每款产品的成本价格。
- 公摊费用不好分配，阿米巴领导之间有不同意见和看法。
- 采购部工作态度不认真，认为只是比价而已，而不是真的发外加工，导致找回来的价格不真实，需要重新报价。
- 公司占地面积比较大，有一个比较大的人工湖（湖上有小岛、岛上养了一些小动物）、高尔夫练习场、篮球场、树木园区等，这些公共场地占了不少面积，虽然整个工业园都是我们自己的自建厂房，但是每个月一样按市场租金价格核算各个车间的租金费用。生产工厂真正占地并不多，这些公共场地按照怎样的分配方式分摊给各个车间？是按照各个车间实际占地面积大小，根据所占比例分摊租金，还是按照各个车间每月的实际销售额，根据比例分摊公共场地租金？

不同的公司会遇到不同的定价问题，定价与一个企业原有成本管理水平有关，如果原有成本核算水平高，那么产品定价就会相对容易一些，如果原有的成本核算水平比较差，那么产品定价就有一定的难度。产品内部成本价格的准确性非常重要，如果成本价格核算不准，那么最终得出来的产品定价也会不准。我公司目前有十个车间，十个车间也就是十个阿米巴单位，每个车间内部又划分了数量不等的小阿米巴组织，也就是大阿米巴内有小阿米巴。每个车间都生产不同的半成品及不同的零部件，这些半成品及零部件所在的每一道工序都必须有一个价格。

定价规则：①首先必须算出产品的成本价（成本价是可以变动的，根据外部市场的变化而变化),包括产品在各个工序的成本价(成本价包含原材料、人工、水费、电费、厂房租金、税费、设备折旧、管理费等所有开支费用)。②产品对外销售价。③纯利润。

> 如果产品成本是100元,最终销售价格是110元,那么纯利润就是10元,也就是10%的纯利润率。
>
> 销售总额－经营成本＝利润
>
> 110－100＝10(元)
>
> 10÷100＝10%

- 如果公司认为必须保持产品纯利润不低于10%,那么最保守的成本价格不能超过100元每件产品,否则就实现不了10%的纯利润目标。
- 假设某个产品A,成本价是100元,由25道工序完成,这25道工序分别在不同的阿米巴生产单位,那么每一个阿米巴生产这款产品的总成本是多少?每一道工序的生产成本又是多少?

必须注意,既然是内部市场化,那么就不仅要清楚自己工厂的生产成本,而且同样要了解外部市场价格,参考外部的市场价格,对比我们自己的成本价格。采购部门必须多找几家供应商进行报价,至少要有三家以上才有说服力。否则,如果遇到一家生产能力比我们还要差的公司,我们就会认为自己的生产水平已经很高了,从而失去了改善的动力。所以要多找几家进行对比,假如对比结果发现,外部几家工厂做同样的产品平均单价都在95元左右,那么说明我们在制造成本方面能力较差,有比较大的改善空间,制造水平至少有5%的空间可以提升。也就是说,我们必须想尽一切办法努力降低生产成本,提高利润。如果通过我们的努力实现了成本降低5%的目标,那么我们的纯利润率将有15%。

以我公司产品为例,我们有一款密码锁,有几十道工序,每一道工序都有成本价格。它的外部销售价格为110元,现在怎样对这款产品进行定价呢?

- 传统定价方法：销售价(变动值) − 成本(固定值) = 利润(变动值)
- 阿米巴经营定价方法：销售价(变动值) − 利润(固定值) = 成本(随市场而变)

如果该产品外部销售价格为110元，那么就要考虑把这个110元怎样分配到工厂各个阿米巴单位。各个阿米巴都希望各自的产品价格高一点，价格越高他们的阿米巴销售额就会越高，单位时间附加值也就会越高。该产品在我公司要经过6个阿米巴生产单位，这个时候合理定价就是一个非常关键的问题，定价主导者要公平、公正。根据各个阿米巴的实际情况，结合外部市场行情，定出一个公平、公正的价格。定出了各个大阿米巴的产品价格，那么每个大阿米巴接下来同样需要合理定出该产品每一道工序的价格。

在内部定价方面没有绝对的规则，企业内部情况不一样会影响定价的合理性。当然只要是制造企业大体上是一样的。

推行阿米巴经营模式，我们应该把营销部门看成是一个独立的中介公司，我们把产品生产出来交给营销部（中介公司）销售，营销部从中提取一定金额的佣金，佣金提成的额度一般不会超过4%（视各公司具体情况而定，客户比较稳定，营销工作主要在于跟进与维护的，佣金提成数相对就会少一些；如果是新开发的客户，市场开拓费用相对就会多，那么佣金提成数就会相对比较高），营销部为了多拿佣金提成，必须努力寻找优质的客户，把产品以客户能接受的最高价格销售出去。

如果生产部把该产品交给营销部这个中介公司去销售，最后以110元销售价签订销售合同，生产部每款产品的生产成本是100元（含所有经营费用），那么每款产品就有10元的利润，也就是10%的利润率。在这样的情况下，生产部各个阿米巴生产单位所生产出来的产品也必须不能低于10%的利润，只有各个阿米巴所生产出来的产品都确保纯利润不低于10%，才能够达到公司的整体经营目标。既然这样，就必须把各个阿米巴的销售单价定下来，同时加上10%的利润，低于这个目标值的就没有达到公司的经营目标，高于的就为公司创造了更高的利润价值。

为了明确各个阿米巴生产产品的销售价格，我们应该分别合理定出各个阿米巴的销售价格。

例如： 该产品的销售单价为110元

阿米巴1（冲压车间），经评估"阿米巴1"生产的内部销售单价为2元。

阿米巴2（压铸车间），经评估"阿米巴2"生产的内部销售单价为50元。

阿米巴3（铜胆车间），经评估"阿米巴3"生产的内部销售单价为21元。

阿米巴4（油漆车间），经评估"阿米巴4"生产的内部销售单价为6元。

阿米巴5（移印车间），经评估"阿米巴5"生产的内部销售单价为10元。

阿米巴6（装配车间），经评估"阿米巴6"生产的内部销售单价为21元。

阿米巴1（冲压车间）1道工序：内部销售单价2元

开坯→2元（成本+10%的利润）

阿米巴2（压铸车间）47道工序：内部销售单价50元

压铸(3元)→冲水口(0.5元)→钻孔(1元)→攻牙(1.5元)→除毛锋(0.5元)→抛光(2元)→选件(0.5元)……共计47道工序。

总计内部销售单价为50元(50=成本+10%的利润)

阿米巴3（铜胆车间）10道工序：内部销售单价21元

弯钩(2元)→冲缺(1.5元)→选钩(0.5元)→打铜花(1元)→调平(1元)……共计10道工序。

总计内部销售单价为21元(21元=成本+10%的利润)

阿米巴4（油漆车间）1道工序：内部销售单价6元

喷漆(6元)　内部销售单价6元（6元=成本+10%利润）

阿米巴5（移印车间）5道工序：内部销售单价10元

填油(3元)→抹油(1元)→印字（3元）→检验(1元)……共计5道工序。

总计内部销售单价为 10 元（10 元 = 成本 + 10% 利润）

阿米巴 6（装配车间）10 道工序：内部销售单价 21 元
　　打码(1元)→调锁钩(1.5元)→上片(1元)→贴胶卡(0.5元)→组装(2元)……共计 10 道工序。

总计内部销售单价为 21 元(21 元 = 成本 + 10% 利润)

上面所列举的是市场稳定，客户没有提出降价要求，利润仍然保持在 10% 的情况。如果客户对产品价格提出降价要求，整个市场环境不好，同类产品都在降价，这时该怎样进行定价呢？

阿米巴经营是销售额决定成本，同时确保利润。

$$销售额 - 利润（确保利润）= 成本$$

如果客户要求降价，如单价从 110 元下降到 105 元，成本是 100 元，公司该如何应对呢？如果认为通过成本核算单价为 100 元，并且这样的成本费用是不可变动的，那么利润就只剩下 5 元，公司的利润立即下降一半。如果过了一段时间客户再要求降价，最后每件产品销售单价为 101 元，这个时候又该怎么办？整个公司几乎没有利润，面临生存危机。

根据阿米巴经营理念，客户往下调整了单价，公司为了确保利润只能从内部经营方面想办法，确保企业盈利。例如，客户下调了 5% 的销售价格，那么企业内部也一样要把经营成本从单价 100 元下调为 95 元甚至 93 元。然后对各个工序重新按照下调比例进行相应的内部交易价格调整，每道工序根据压缩 7% 成本价格进行重新定价，同时确保 10% 的利润。

企业内部成本不能有天花板无法再压缩的观念，任何时候内部成本都有改善空间。这个时候企业经营者可以把公司的这种困境向全体员工公开，让全体员工都行动起来共同想办法实现企业新的经营目标，把企业经营者的经营目标变成全体员工的共同目标。

步骤 7：内部交易

完成了内部定价，接下来就可以进行内部交易了。

既然是交易就有买方和卖方，所有后道工序都是前道工序的客户，所有前道工序都是后道工序的供货商，各个阿米巴都以独立的工厂模式运作，对前道工序提供的产品要像外部来料一样进行检验，对所有来料进行严格控制，合格的产品进仓，不合格的产品退回前道工序。

前道工序的"阿米巴1"每天生产销往后道工序"阿米巴2"的产品，每天5点前必须与后道工序"阿米巴2"办完交接手续，经双方人员签名确认，"阿米巴1"负责送一份当天的销售订单复印件到经营管理部，经营管理部经确认后做好登记，录入"阿米巴1"当天的销售额记录。

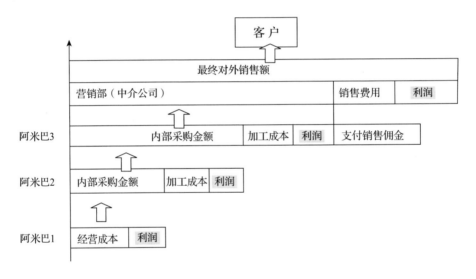

阿米巴内部交易图

有些公司在刚刚推行阿米巴经营时，个别阿米巴可能仍然像以前一样把做好的产品存放在本阿米巴车间，没有主动通知下道工序，而是被动等待下道工序催货，这样的工作方式效率极低。企业推行了阿米巴经营，那么所有车间都应该是一个个独立的小工厂，各个小工厂完成了的销售订单必须第一时间销售给客户，这样做既可以及时把本工厂生产的货物销售给客户，同时也能提前收回销售货款。

在交易过程中，下道工序（阿米巴2）相当于下了生产订单给前道工序

（阿米巴1），"阿米巴2"视具体情况必须经常催促"阿米巴1"按时交货，当"阿米巴2"接到"阿米巴1"出货通知时，应马上指派相关的品质检验人员按照收货检验标准进行验货、点数，经确认无误后双方签名办理交接手续。

在交易的过程中，肯定会出现一些意见不一致的现象，那么这时如果双方经办人员解决不了，必须立即通知双方的阿米巴巴长，双方的阿米巴巴长应以公司的利益为最高利益，在服从公司整体利益的前提下灵活处理所有不同意见。

有时"阿米巴2"只有在流水线上才能发现"阿米巴1"的产品有质量问题，在货期非常紧张的情况下，如果退货需等待"阿米巴1"重新生产加工，但这样就不能给客户按时交货，所以这时"阿米巴2"必须在流水线即时对不合格产品进行修复加工，所有的加工费用都必须由"阿米巴1"承担，并且这些费用不能计入公司工资成本，必须由"阿米巴1"自行解决。

推行阿米巴经营的公司在内部结算方面都用人民币作为结算单位，而不是完全用数量。例如，"阿米巴1"销售给了"阿米巴2"零部件共计人民币5万元，而不是5万个。如果有阿米巴生产单位在制造过程中产生了废品，结算单位同样是用金额结算，而不是完全用数量结算。例如，"阿米巴3"2016年10月报废产品价值2500元，而不是2500个。这样以金额作为结算单位，全体员工对报废就比较重视，就会更加关注报废产品。

金额是每一个人每天都在使用的共同尺度，是凭日常生活经验所能直觉到的。为了让一线员工能在自身的工作中感受现金金额发生了转移，规定必须在所有的票据上注明金额。

每天下午5点之前是内部交易时间，超过5点仓库不进货，入不了库的产品都不能计入当天的销售额；每月1日到最后一天下午的5点之间是该月的交易时间，超过当月最后一天下午5点所有产品不可以入库，不能计入当月的销售额。

每日交易时间： 8:00—17:00

每月交易时间： 当月1日—当月最后一天 17:00

销售额统计部门： 经营管理部负责统计各阿米巴的销售额，所有阿米巴都必须把产生的有效销售单据送一份到经营管理部，经营管理部确认后录入当天该阿米巴的销售额。

在交易过程中，如果处在前段的阿米巴所生产出来的产品经常有质量问题，或者人为抬高单价，那么为了确保给客户准时交货，后段的阿米巴生产单位可以要求公司将这批订单下给外面的供应商，那么公司内部从事该产品前段工序加工的阿米巴生产单位将会失去一批订单，"单位时间附加值"可能立即就是负数，也就是说，当月该阿米巴可能会亏损。这样的后果，对该阿米巴巴长将会产生比较大的影响，因为当月的"单位时间附加值"将会在全公司公布，各个阿米巴之间都会进行业绩对比，亏损的阿米巴巴长将会遭到公司内部很多人不友好的眼光和嘲笑。有的人甚至会说"就是这样的人让企业亏损了，以前我们公司没有推行阿米巴经营，不知道谁为公司赚钱，也不知道谁在造成亏损，现在通过《单位时间核算表》就很容易知道了，这样的阿米巴巴长能胜任工作吗？"面对这样的压力，谁都会拼命努力工作，这不是关乎钱的问题，而是关乎一个人尊严的问题，是面子问题，比金钱处罚的威力大多了，这就是阿米巴经营的效果。

在交易时一定要有双方负责人当面交接清楚，对产品质量、数量进行确认。必须公平、公正，不可以欺骗、使小手段骗取对方的确认签名。

在交易的过程中有时会因为双方的计量工具不一样而产生意见分歧，特别是比较重的产品有时候是用地磅称的，双方的地磅不一样偏差就比较大；有时各个阿米巴单位之间的地磅和电子秤偏差也比较大，这时就必须要求双方重新进行合理计量，按照合理的办法进行称重。本着公平、公正的处事原则，任何问题都可以得到解决。

步骤8：单位时间核算

各个阿米巴生产单位内部完成了交易，经营管理部就必须在下个月的2号左右提上个月各个阿米巴的《单位时间核算表》，也就是各阿米巴的"单位小时附加值"。"单位小时附加值"是一种经营会计核算方法,与传统的会计核算方法不同,经营会计对每一个独立的阿米巴日常的经营费用都必须制作一份详细的汇总表,即《单位时间核算表》。

下面对经营会计与管理会计以及传统的财务会计做一个对比。

1. 什么叫经营会计?

经营会计是以现金为基础的经营核算方法,以现金流经营为原则,以协助企业经营者随时准确掌握企业是盈是亏的会计统计方法,而不是按照国家税法规定所要求的财务统计报表。这种经营会计报表只需要提供给企业内部各级人员以及企业经营者,方便各级阿米巴领导及时对工作做出合理调整,以应对市场的变化。经营会计强调的是企业到现在为止,是盈还是亏,有多少现金流,每个人每天每小时为企业是赚钱还是亏损,实实在在地计算各项费用,不玩虚的。

以现金为基础的经营实际上就是把注意的焦点放在现金的流动上,依据事物的本质,实事求是地经营企业。会计应该为企业经营提供及时的服务,所以必须以现金为基础。这也是稻盛和夫先生经营会计学里面的一项最基本的原则。

经营会计不需要有高深的会计学知识,人人都可以自然领会,都能看懂经营会计报表,也都可以填写这样的报表。例如,这个月生产了多少产品,卖了多少给客户,收回了多少货款,支付了多少费用。利润就是支付了所有费用后剩余的金额。有没有盈利看看剩余了多少金额就非常清楚了。这就是真正能够给我们每一个企业经营者提供帮助的经营会计,简单实用,没有令人难懂的会计术语,容易看懂的费用收支明细表。

很多企业账面上是盈利的,而实际上公司没有现金,银行也没有钱,那么赚到的钱去哪里了?经过核查,原来所谓赚到的钱都变成了库存、应收账款。这样的会计报表对企业经营者没有任何帮助,反而会误导经营者认为公司有大量的现金,从而做出错误的判断。

实际上,《单位时间核算表》与《家庭收支明细表》差不多。

单位时间核算表（前工序车间）

阿米巴负责人：_____ 车间_____ _____月 单位：（元/时）

项目					金额
一、总销售额					
总销售额	对外销售额				
	对内销售额				
二、所有经营成本					
车间直接费用	① 原材料：		公共费用分摊	① 部门管理工资	
	其中：锌合金			② 部门福利费	/
	其中：铝合金			③ 接待费	
	其中：铜材			④ 差旅费	
	其中：带钢			⑤ 办公水电费	
	其中：冷板			⑥ 社保费	
	其中：其他外购件			⑦ 办公费	
	其中：公司内部采购			⑧ 电话费	
	② 生产辅料费（详见附表）			⑨ 招聘费	
	③ 低值易耗品（详见附表）			⑩ 快递费	
	④ 工人工资	/		⑪ 维修费	
	⑤ 车间管理人员工资	/		⑫ 其他费用	
	⑥ 水费			⑬ 租金	
	⑦ 电费			⑭ 离职准备金	
	⑧ 机器折旧费			⑮ 折旧与摊销	
	⑨ 维修费			⑯ 银行手续费	
	⑩ 租金			⑰ 企业所得税	
	⑪ 办公费			⑱ 增值税	
	⑫ 社保费			⑲ 城市建设税	
	⑬ 员工福利费			⑳ 教育费附加	
	⑭ 招聘费			㉑ 堤围防护费	
	⑮ 工伤医疗费			㉒ 印花税	
	⑯ 报废产品扣款			㉓ 产品运输费	
				㉔ 报关费	
三、车间利润：总销售额 – 经营成本					
四、总上班时间					
五、单位时间附加值	正常上班时间				
	加班时间				
	车间利润/总上班时间				

说明：本表适用于装配、字码一、字码二。

公司月度经营结算报表

_____年　　_____月　　　　　　　　　　　　　　　　　　　　单位：（元）

销售总额：					
制造总成本：					
营业外收入总数：					
纯利润：（销售总额－制造总成本＋营业外收入总数）					
全厂上班总时间：					
单位时间附加值：（纯利润/全厂上班总时间）					
营业外收入由以下项目组成					
一、利息收入：		二、理财收益：		三、废品收入：	
制造成本由以下项目组成：					
一、主要原材料 （总计：　　元）		四、低值易耗品 （总计：　　元）		十七、接待费	
1. 锌合金耗用		1. 手套		十八、招聘费	
2. 铝合金耗用		2. 口罩		十九、快递费	
3. 铜件耗用		3. 钻头（针）		二十、维修费	
4. 带钢耗用		4. 纱带		二十一、其他	
5. 冷板耗用		5. 磨材		二十二、租金	
6. 不锈钢耗用		6. 扫帚		二十三、差旅费	
7. 外购半成品耗用		7. 其他		二十四、离职工资	
8. 合金塑料粒耗用		五、生产工资		二十五、折旧与摊销	
9. 其他材料耗用		六、燃油动力费		二十六、银行手续费	
二、包装物料 （总计：　　元）		七、物料耗用		二十七、个人所得税	
1. 纸箱耗用		八、设备折旧费		二十八、企业所得税	
2. 不干胶耗用		九、加工费		二十九、增值税	
3. 白垫纸耗用		十、维修费		三十、维护建设税	
4. 标签耗用		十一、运输费		三十一、教育费附加	
5. 其他包装物耗用		十二、模具费		三十二、堤围费	
三、辅助材料 （总计：　　元）		十三、其他		三十三、印花税	
1. 油漆材料耗用		十四、水电费 （总计：　　元）		三十四、产品运输费	
2. 移印材料耗用		1. 水费		三十五、报关费	
3. 打包带		2. 电费			
4. 透明胶		十五、工伤医疗费			
5. 拉伸膜		十六、员工福利费			

单位时间核算表（营销中心）

阿米巴负责人：　　　　部门：　　　　月　　　　日　　　　单位：（元/时）

项目				金额
① 销售额				
② 市场部本月佣金：销售额×4%				
③ 销售成本总计：				
部门直接费用	招待餐费		公共费用分摊	部门管理工资	/
	招待娱乐费			部门福利费	
	招待住宿费			接待费	
	送给客户礼物费			差旅费	
	陪客户旅游费			办公水电费	
	部门工资	/		社保费	
	通信费			办公费	
	差旅费			电话费	
	送货运输费			招聘费	
	快递费			快递费	
	出口报关费			维修费	
	促销费			其他费用	
	广告宣传费			租金	
	样板费			离职准备金	
	办公费			折旧与摊销	
	租赁费			银行手续费	
	应收账款利息			企业所得税	
	维修费			增值税	
	公司公共费用			城市建设税	
				教育费附加	
				堤围防护费	
				印花税	
				产品运输费	
				报关费	
④ 部门纯利润＝销售额－销售成本				
上班总时间：				
	正常工作时间				
	加班时间				
	分摊公司公共时间				
单位时间附加值	部门纯利润/总工作时间				

现 金 流 量 表

___年___日　　　　　　　　　　　　　　　　　　　　　　　　　　单位：（元）

	项目	金额	备注		项目	金额	备注
现金流入	一、收到货款			现金流出	六、支付其他物料采购货款		
	二、收到退税款				七、支付加工费		
	三、银行理财所得				八、购买设备支付现金		
	四、银行利息所得				九、支付各项税费		
	五、卖废品所得现金收入				十、支付工资		
	六、供应商罚款所得				十一、支付工厂租金		
	七、回收借款所得现金				十二、工伤医疗费		
	八、借款所得现金				十三、支付社保费		
	九、其他与经营有关的现金收入				十四、支付水费		
					十五、支付电费		
					十六、支付招待费		
					十七、支付运费		
					十八、支付报关费		
					十九、支付其他与经营有关的费用		
	*流入现金总计				*流出现金总计		
上月库存现金	一、库存现金			本月结存现金	一、库存现金		
	二、银行存款				二、银行存款		
	*上月库存资金总额				*本月库存资金总额		
现金流出	一、支付其他往来款						
	二、支付采购原材料货款						
	三、支付辅助材料金额						
	四、支付低值易耗品金额						
	五、支付包装物料金额						

制表人：　　　　　审核人：

单位时间附加值 =（销售额 – 经营成本）÷ 总上班时间

单位时间平均劳务费 = 总人工费 ÷ 总劳动时间

单位时间附加值 > 单位时间平均劳务费　　阿米巴盈利

单位时间附加值 < 单位时间平均劳务费　　阿米巴亏损

从以上的报表中可以看出，经营会计完全是一种算明细账的报表，与《家庭收支明细表》差不多。这样的经营会计与传统的财务报表完全是两回事，传统财务报表没有一定会计基础的人是很难看懂的。一个让人看不懂的报表怎么能指导经营者经营企业呢？

2. 财务会计

财务会计是会计人员以货币为基本计量单位，通过确认、计量、记录、报告等方式主要为企业外部有关税务部门方面提供企业过去和现在的经营财务状况。

财务会计的工作主体往往只有一个层次，即主要以整个企业为工作主体，从而能适应财务会计所特别强调的完整反映监督整个经济过程的要求，并且不能遗漏会计主体的任何会计要素。而经营会计主体可以分为多个层次，既可以是整个企业的主体，又可以将企业内部的局部区域或个别部门甚至一个管理环节作为一个工作的主体。经营会计可以像记录家庭收支一样对所有开支做一个明细报表。

传统财务会计的作用时效主要反映过去，无论从强调客观性原则，还是坚持历史成本原则，都可以证明其反映的只能是过去实际已经发生的经济业务，因此，财务会计实质上属于算"呆账"的"报账型会计"，这样的会计数据对我们的经营提供不了什么帮助，甚至会误导经营者做出错误的决策。

财务会计工作必须严格遵守《企业会计准则》和行业统一会计制度，以保证所提供的财务信息报表在时间上的一致性和空间上的可比性。

经营会计不受任何限制，可以像家庭流水账一样，只要记录清楚所有发生的费用开支就行，为企业日常的经营管理提供了宝贵的参考数据，是企业经营的一盏指路明灯，对企业的经营起着非常重要的作用。

如果有一份《资产负债表》和一份《损益表》给大家，大家能及时看出这个月具体经营状况吗？能明确知道是哪个工序产生浪费的吗？或许这些都很难知道。但《单位时间核算表》就可以明确告诉大家，具体有哪些盈利和亏损部门；如果盈利又是哪几个环节盈利；如果亏损，具体是哪几个环节造成的，为什么亏损了，亏了多少，都清清楚楚。

上面我们对财务报表与经营报表做了一个比较全面的对比，对这两种报表有了一个比较清楚的认识。接下来继续讲解在推行阿米巴经营的企业该怎样进行具体的"单位时间核算"。

单位时间核算，就是算出各个阿米巴单位时间效益，在阿米巴经营模式中叫作"单位时间附加值"。

当月销售额－经营成本＝利润

利润÷上班总时间＝单位时间附加值

各个阿米巴在当月最后一天下午5点之前产品一定要入库，否则不录入这个月的销售额。

所有核算工作都是经营管理部负责，各车间有统计员负责统计各个阿米巴每天产生的经营费用。统计员每天要统计所负责的阿米巴当天领用了多少原材料、多少辅料、多少燃气、多少办公用品；统计当天每批次入库数据；统计生产过程中产生的报废；统计各阿米巴向外部借用的人工费用；统计本阿米巴支持外部人工费用等。

阿米巴统计员是经营管理部的员工，他们只服从经营管理部安排，这样就避免了统计员同阿米巴巴长一起做假账的潜在风险。统计员的工作地点在各阿米巴生产办公室，在工作上与阿米巴巴长互相配合，没有从属关系。统计员针对阿米巴巴长不合理的工作要求可以拒绝，同时视具体情况向经营管理部领导反映，必须坚决杜绝伙同阿米巴巴长共同做假账的现象发生。

虽然统计员归属经营管理部领导，但是他们上班的地方是在各阿米巴办公室，各阿米巴巴长对统计员会造成一定的心理压力，特别是刚刚上班不久的统计员，他们有时候甚至不敢不听阿米巴巴长的，难免在原则面前出现妥协的现象。这样的现象在我公司就发生过。

在计数时，阿米巴巴长有时候会以自己的领导地位来要求统计员按照他们的要求计数，有的统计员敢于反抗，有的就不敢，特别是新来的就更不敢，经常出现新上班的统计员被迫接受阿米巴巴长的不合理要求。当然绝大多数的统计员敢于坚持真理。所以别小看一个统计员的工作，他们是任何一家企业推行阿米巴经营管理模式的重要环节。

怎样对统计员进行有效管理呢？如果在一个办公室上班肯定比较好管理，可是统计员的工作地点在各阿米巴办公室，他们整天面对的是阿米巴巴长及其他同事，这些人都是生产部的工作人员，只有自己属于经营管理部，时间久了难免会被同化。为了对这些统计员进行有效管理，必须要求经营管理部负责人经常召集所有统计员在一起开会，谈工作，同他们沟通、交流，让他们感受到自己是经营管理部的员工，而不是生产部的员工。这样他们才会更加坚持原则，不会被生产单位的阿米巴同化。

统计员一般以女性为多，他们大多年纪都不大，处在这样的夹心空间工作的确有一定的为难之处。他们与生产部的员工朝夕相处，互相之间比经营管理部员工要熟得多，私人关系也要好一些，所以怎样有效管理这些统计员需要付出一定的心思。

统计员最终必须把所有数据送到经营管理部汇总，所有数据的归类、统计、汇总工作在经营管理部完成，经营管理部的工作人员必须公平、公正、实事求是，否则如果数据有假或不准，所有的工作将会失去应有的价值，这样的结果对企业的损害是非常巨大的，我们艰辛努力的付出其结果都是白费。

在核算的过程中，不同的企业会有不同的问题发生，那么必须要求我们的统计员灵活运用统计技术，同时又必须坚持原则。

每个月的 3 日之前经营管理部上交各个阿米巴《单位时间核算表》，各个阿米巴都会及时收到上个月本阿米巴的《单位时间核算表》，并且在各个阿米巴生产车间公布栏内公布，各个小阿米巴也清楚知道自己给企业带来的是利润还是损失。通过单位时间附加值，对照《单位时间核算表》，每一个员工都能发现自己在工作中的不足之处，能够及时找出工作中需要改善的地方。

各个阿米巴巴长拿到这份《单位时间核算表》后要召开本部门的经营会议，各个小阿米巴巴长及相关的技术骨干和员工代表都要参加。各个小阿米巴巴长也要及时召开本组织的经营会议，对照上个月的经营计划和业绩目标，检讨工作中存在的不足之处，同时制订改善计划。

公司层面的经营管理会议应该在《单位时间核算表》发出来第二天召开，在会上针对各个阿米巴的《单位时间核算表》进行点评，各个阿米巴长必须全员全加，不允许请假，不允许找代理人。参会人员在《签到表》签名。这样的经营会议不仅要求各个大阿米巴长参加，有时候也要求三级阿米巴长参加。

开这样的会议，可以先用投影仪投放各个阿米巴的《单位时间核算表》，由经营管理部负责人逐项对表内内容进行讲解。要求单位时间附加值比较低的阿米巴做出解释。为什么利润这么低？为什么经营成本这么高？为什么人工费比上个月高出这么多？为什么原材料多用了这么多？为什么这个月产生了这么多的报废？为什么这个月发生了不应该发生的工伤事故？为什么员工这个月离职率这么高？等等。针对这些问题必须要求做出回答，同时制订下个月的改良与改善计划。

在经营会议上总经理可以根据各个阿米巴的《单位时间核算表》，逐项找出他们在经营过程中存在的问题，要求各个阿米巴必须制定改善措施，同时也对当月的工作做出重点要求。

三、第三阶段

步骤9：表扬与激励

到了第8步骤，阿米巴经营推行的过程就结束了，单位时间附加值核算出来实际上也就是阿米巴经营工作阶段性的结束，同时也是新一轮工作的开始。所以阿米巴经营永远没有结束，只有不断地完善和改进。

开完月度经营总结会议，就必须对一些附加值高的阿米巴巴长及阿米巴团队进行表扬。表扬的形式有很多种，首先公司有专门用来张贴通知、通告、表扬等各方面的通告栏，以最大篇幅在通告栏张贴，同时在各个阿米巴的通告栏张贴。以红色榜单对各个阿米巴的业绩进行排名，这种形式是一种表扬和激励,这种表扬的形式涉及每一个阿米巴巴长的个人荣誉。针对业绩不好的阿米巴巴长公司虽然没有做出任何的批评和处罚,但是以这样的形式公布出来,任何一个阿米巴巴长都有自尊心,每一个人都希望能得到别人的认可,这是对自己能力的一种认可,也是一种个人价值的体现。这种认可不是钱可以解决的。通过这样的宣传形式,无形中对业绩不好的阿米巴单位就会产生一种压力,刺激他们在下个月的工作中更加努力,创造高收益。

针对业绩表现突出的阿米巴巴长,作为企业总经理要单独找他们谈一次,就在总经理办公室,由总经理亲自为他们泡茶,边喝茶边聊。谈话内容可以是多方面的,有工作方面的,也可以有生活方面的。例如,聊聊他们家小孩的上学情况,聊聊他们家乡的情况等。这样让当月表现优秀的阿米巴巴长感受到来自总经理的关心和对自己工作能力的肯定。

针对连续三个月都表现非常优秀的阿米巴巴长,公司可以组织他们去省内旅游两天,连续半年表现都非常优秀的阿米巴巴长,可以组织他们去省外旅游四天。

当公司普遍加薪时,针对业绩表现优秀的阿米巴巴长肯定加的工资幅度要高一些,同时如果公司有晋升机会,这样的机会通常都会留给这些优秀的阿米巴巴长。

类似这样表扬的形式多种多样,每个公司可以针对自己公司的具体情况给予不同的表扬与激励。有一点必须注意,那就是千万不可以让员工变成"唯钱主义",如果员工眼里只有钱没有责任,那就是最大的失败;不可以变成一种绩效考核方式。

在表扬这些优秀阿米巴成员时,不可以根据他们创造的利润按照比例分给他们,一次都不可以这么做,只要做了一次就会要求有第二次。这样的事情在我公司曾经发生过,本来是他们自己的本职工作,最后到了不谈钱就不愿意去做改良与改善的工作。

步骤 10:PDCA 循环

PDCA 是计划(Plan)、执行(Do)、检查(Check)和调整(Action)英

文首字母的缩写。PDCA 循环就是按照这样的顺序进行质量管理，并且循环不止地进行下去的科学程序。

阿米巴经营推行到单位时间核算阶段实际上就是一个循环，这个时候必须召开经营总结会议，总结在推行过程中存在的一些问题，拟订改良与改善计划。

一般在推行的过程中，稻盛和夫的经营哲学仍然有很多人不能接受，为了达到更好的经营效果，必须对这些思想相对比较固执的管理人员进行有针对性的培训，重新对他们进行哲学理念培训，让他们认识到经营企业哲学思想的重要性。这样的员工在各个部门都会存在，所以各级阿米巴领导要有比较好的耐心，要耐心解释、引导他们，并且要多举一些生活及工作中的案例。

在培训的过程中耐心非常重要，如果没有耐心，一定会影响推行的效果。那些不接受稻盛和夫经营哲学的管理人员，往往都是在企业待了很多年的老员工，并且部分人还是中高层管理人员，在企业内部有一定的影响力。所以对这些人要有耐心，必须慢慢引导他们，培训他们，让他们真正感受到企业在变，在朝好的方向转变。在大的环境下，在实事面前，绝大多数思想比较守旧者将会慢慢接受新的经营理念，接受阿米巴经营管理模式。当然也有个别管理人员思想根本无法改变，言行举止对企业的发展造成严重影响。在多次引导无效的情况下这样的员工只能劝退，解除他同公司的劳动关系。

在企业内部推行阿米巴经营，前期确实难度比较大，我深有体会。阿米巴经营推行的方法与工具可能很多人都知道，但是不一定每个人都可以推行成功，这就是管理的艺术，需要丰富的企业经营管理经验。推行阿米巴经营需要把握好一个度的问题，就好像乡下酿酒一样，酿酒的程序大家都知道，可是有的师傅酿出来的酒味道可口，有的师傅酿出来的酒味道有点苦涩。酿酒的程序都一样，为什么酿出来的酒味道有这么大的差异呢？这就是火候把握的问题，这个度的把握才最为关键。怎样把握好火候要靠丰富的成功酿制好酒的经验，这种经验无法具体用文字来表达，只有靠自己领悟。

企业存在的经营管理问题同样是这个道理，这些企业存在的问题很多人都知道，企业老板知道，中高层管理人员知道，甚至全体员工都知道，可是怎样才能真正地有效整改，知道的人却非常少。为了解决企业存在的这些难题，为了更好地推动企业发展，很多企业先后聘请了不少总经理（CEO），可是能真正有效解决问题的总经理少之又少。其实企业存在的问题点所有总经理都非常清楚，应该解决哪些问题这些先后聘请过来的总经理也都明白，可是由于他们经营理念与具体工作方法不一样，个人能力不一样，曾经的经历不一样，导致的结果也完全不一样。有过成功经营企业经验的总经理，比较容易找到问题的切入点，他们思路清晰，目标明确，能很好地把握企业在整改过程中度的问题。有些聘请过来的总经理，因为没有这样的经历，没有这方面的实践经验，完全按照理论去解决实际存在的复杂问题，其结果很容易失败。经验很重要，理论知识也很重要，工作中度的把握更重要。这也是一种火候的把控，如果没有把控好这个度的问题，不但解决不了企业存在的困难而且还会带来更多负面的影响。

所以负责辅导的顾问老师必须有丰富的企业经营管理经验，如果只凭一点书面理论知识，那么辅导结果肯定不理想，甚至会对企业造成严重后果，阿米巴经营模式的推行也成了走形式而已。当一个企业推行阿米巴经营模式到了一定的阶段，也是评估这个咨询公司真正水平的时候，如果发现他们是虚的多，根本帮助不了企业解决实质性的问题，那么必须尽快终止合作，否则只能越帮越乱，不但没有解决企业存在的问题，很可能又给企业带来新的管理问题。

进入 PDCA 循环，企业经营者必须对整个项目在推行的过程中进行全面的回顾和评估，如果经过整个经营管理团队评估认为聘请的管理顾问公司能力有限，不能继续辅导企业，那么就要立即终止合同。如果认为顾问公司比较有能力，完全能够辅导企业继续推行阿米巴经营，那么应该从企业内部找问题。重新梳理一次推行阿米巴经营的所有过程，对组织架构也要重新评估，评估新的组织架构是否有效。评估各个岗位的工作职责是否起到了指导作用，特别对工作流程要进行一次认真的评审，流程不合理将会严重制约运营效率。在推行的过程中，必须要求各个阿米巴把遇到的问题全部记录下来，然后针对所有问题进行逐项评估讨论，分析问题本质，提出改善建议，总结经验。

第七章
推行阿米巴经营的 35 个注意细节

当一个企业推行阿米巴经营模式时,有许多细节需要特别注意,这些细节如果没有把握好,很可能会导致推行的失败。这些都是我推行阿米巴经营模式多年的实际经验总结。在本书中,从对阿米巴经营原理的理解到实际操作,从点到面都做了比较详细的分析,只要认真看完这本书对阿米巴经营模式应该会有一个比较全面的了解。本书也可以说汇集了稻盛和夫先生所有著作的精华,并且对重要部分结合实际操作经验进行了详细讲解。可以说,参考本书然后在企业内部去摸索,去逐步实践,只要方法得当,把握好度的问题,就一定可以获得比较好的效果。

第 1 个注意细节:内部定价

产品内部定价一定要参考外部市场价,而且要多找几个供应商进行比较,才能得出一个比较真实的市场价格。得到这些外部的报价后再与公司的实际成本进行对比,找出与外面工厂生产能力之间的差异。当经营管理部要求采购部去外部寻找供应商报价时,必须注意采购部的工作态度,因为他们知道本次报价只是比价而已,所以他们有可能不会认真地去同供应商谈价格,如果是这样,价格就会偏高,所谈的价格不能真实反映出市场真实的价格。这个时候必须要求采购部像寻找加工商一样去寻找此次比价的供应商,认真谈价、压价,只有这样才可以得到真实的市场价格,有了真实的市场价格就可以与企业内部的价格进行对比,从而定出合理的内部价格。

内部定价有两种情况,据我的经验,有的公司老板刚开始并不太愿意让员工知道企业有多少利润空间（这样的情况不多，但确实存在），如果是这种情况，能不能定价呢？是否就不能推行阿米巴经营模式呢？也不完全是。如果是这种情况，可以先以成本价定出内部单价，各个阿米巴内部价格都不包含利润。也就是说如果某一个阿米巴生产单位制造成本在这个成本价以内，那么说明他完成了公司制定的单位时间附加值目标，为企业创造了预期利润。如果最终生产成本高于这个内部定价，说明单位时间附加值肯定没有达到目标值。当然企业经营者必须尽快公布产品利润空间，这样就可以计算出每一个阿米巴为企业创造了多少利润，这对每一个人来说都会有一个明确的奋斗目标。

内部定价由经营管理部主导财务部配合共同执行，经营管理部必须拥有一个强大的成本核算能力团队。拥有强大成本核算能力的团队是确保阿米巴推行成功的重要保证。各项基础数据搜集的准确性和及时性是推行阿米巴经营的基础，没有这两项基础工作做保证，推行阿米巴经营只能是一句空话。

第2个注意细节：营销部是一个销售代理公司

营销部在推行阿米巴经营的企业中相当于一个代理销售公司，在工作中可以把它当成一个中介公司看待，营销部从销售总额中提取佣金作为部门的收入。营销部既然是制造部门的销售代理公司，那么它们之间就是互相合作的关系，不像某些传统的企业那样，营销部员工总感觉高人一等，习惯对制造部发号施令。推行阿米巴经营的企业，制造部的员工同营销部的员工都是平等关系，是合作关系，营销部那种高人一等的现象会被彻底消除。

制造部生产出来的产品交给营销部，营销部依据提成方案从销售总额中提取佣金，销售额越高它们的提成也就越高。营销部为了获取高额提成必须以最高的价格把产品销售给客户。在这种情况下，生产部是产品供应商，如果市场价格有所变动，代理销售部门（营销部）必须即时把价格变动信息第一时间告诉生产制造部，生产制造部为了确保盈利必须想尽一切办法与市场对接，必须重新梳理生产制造流程，寻求改进办法，同时对产品制造工艺以及原材料进行重新研究、探讨，以寻求更经济实惠的生产工艺和生产用料。在推行阿米巴经营的企业，生产制造部与营销部是合作关系，营销部为了获得收益必须全力销售生产制造部提供的产品，生产制造部为了把生产出来的产品顺利销售出去，只能依靠销售部。所以这两个部门为了各自的利益必须精诚团结、互相配合，消除互相推卸责任的不良现象。

第 3 个注意细节：《单位时间核算表》不包括人工费

阿米巴经营模式中的《单位时间核算表》不包括人工费。针对这一条很多人都不理解，认为人工费是最主要的经营成本之一，如果不包含人工费，那么核算出来的单位时间附加值将会不准，也没有实际意义。事实上他们这种想法是有道理的，因为人工费在任何一家企业都是最重要的经营成本，核算企业经营成本怎么可能不包括人工费呢？甚至有人怀疑提出这种观点的人到底懂不懂成本核算。这个问题很多人同我讨论过，我公司推行阿米巴经营前期，当我同财务部负责人提到《单位时间核算表》不包括人工费时，财务部负责人当时就表示不理解，认为这绝对是错误的，哪有核算经营成本不算人工费的。那个时候不仅是我们的财务部负责人不理解，很多部门经理及部门主管都不理解。我对他们做出了解释，但是仍然有一部分人认为这是不合理的。管理人员有这样的想法是非常正常的，因为长期以来，任何一个企业在核算内部经营成本时没有不算人工费的，所以大家有这样的想法当时我特别能够理解。

为了向大家解释清楚《单位时间核算表》为什么不包括人工费，我反复说着同样的话：核算经营成本不是不算人工费，而是各个阿米巴核算单位时间附加值时不算人工成本，而在公司层面的月度经营总结报表中仍然要核算人工成本。为什么核算各个阿米巴单位时间附加值的报表中不能核算人工费呢？因为我公司各个阿米巴单位人数比较少，有的阿米巴只有 3 个人，有的阿米巴有 5 个人，有的可能有 8 个人。这么少的人数，特别是一个阿米巴只有三四个人时，如果在《单位时间核算表》中填写三四个人的总工资，也就等于公布了每一个员工的工资,只要某个员工知道了同级别其他员工的工资比自己高,那么多半会打破该员工内心的平衡,互相之间就会有攀比,就会不服对方的工资比自己高,只要有了这样的想法,员工之间的配合就会出现问题,就会出现互相推卸责任,甚至互相攻击对方的恶劣现象。这样的现象一旦发生,工作就难以开展,管理也将会越来越难。所以各阿米巴核算单位时间附加值不能包括人工费,所有阿米巴单位计算经营成本都不包括人工费也是一种相对的公平,同样可以进行经营业绩评估。

第4个注意细节:划分阿米巴只是一种概念,而不是真正的独立小公司

推行阿米巴经营不是真的在企业内部成立众多独立的小公司,而是制造一种概念,通过这种虚拟的独立小公司来培养具有经营者意识的人才。在推行阿米巴经营的过程中,我们肯定会说诸如这样的话:"你们现在都是独立经营的阿米巴巴长了,所以你们必须有老板一样的经营意识,每个月都必须考虑能不能按时发工资给员工,考虑本月的经营是盈利还是亏损,像企业经营者一样去思考节约成本的各种方法,思考工艺流程是否可以更加优化。"等等。这时很可能会有阿米巴巴长说:"真的吗?那我想把一些不听话的员工全开了,重新招聘新员工;采购原材料我想自己去寻找供应商,不需要采购部采购,他们采购回来的材料不好用;员工的工资可不可以由我们阿米巴巴长代发?既然我们是一个独立的小工厂,我们这些阿米巴巴长又是这些小工厂的老板,那么给员工发工资也应该是我们的责任吧。"这时我们就必须耐心地对这些阿米巴巴长解释,解释这只是一种虚拟的经营概念,是以这种虚拟独立经营公司的形式来培养具有经营者意识的领导,当然企业推行阿米巴经营之后,各阿米巴巴长相对以前来说有比较大的个人能力发挥空间,公司赋予他们一定的经营管理权。但是,各阿米巴所有的经营活动都不可以损害整个公司的利益,必须绝对服从总公司的统一指挥。

所以我们在做培训时必须强调一点:划分阿米巴不是真的成立一些独立的小公司,而是制造这样一个概念,能够将这个虚拟概念在实际的工作中落地，通过这种方式才可能培养出真正具有经营者意识的领导。

第 5 个注意细节：给各级阿米巴巴长培训《单位时间核算表》

《单位时间核算表》是一种非常通俗易懂的简易表格。在给大家讲解《单位时间核算表》的同时也要让他们看一看传统的财务《损益表》和《资产负债表》。两种不同的表格放在一起进行对比，阿米巴领导能够很快判断出《单位时间核算表》才是他们经营管理过程中最需要的表格，他们通过《单位时间核算表》可以直接看出生产环节所出现的问题。

在培训《单位时间核算表》时，各阿米巴怎样合理承担公司的公摊费用可能会引起阿米巴领导的争议，这时培训负责人就必须耐心地向大家解释清楚。

《单位时间核算表》有几个比较重要的科目需要重点讲解，如当月销售额的组成、内部销售额、外部销售额、公共费用摊分等。

第 6 个注意细节：内部交易都以金额为结算单位

推行阿米巴经营有一个最大的好处是公司任何经营信息都必须用数字来表示，以金额作为结算单位，部门与部门之间的产品流动都以内部交易的方式进行，结算表不仅有数量，同时也要填写金额。以金额来表达所有的经营信息，从而使经营管理人员第一时间直观地掌握本部门的经营业绩。因为最终结算单位是金额，所以在一定程度上加强了阿米巴巴长对经营结果的关注度。

我公司在推行阿米巴经营之前都是以数量和重量为结算单位的，大家对这些数据都不太敏感，这么多年所有工作人员都是对着数字打交道，多一个零少一个零对他们来说好像没有太大的感觉。现在改为以金额为结算单位，情形完全不同了，金钱是大家最为关心的也最为敏感的，只要提到钱，员工的关注度就不一样。所以以金额为结算单位，数据的大小会强烈刺激员工的感观，他们就会高度注视数据的变化、数据的真假和数据的准确性。

第 7 个注意细节：设定每月单位时间附加值目标

在推行阿米巴经营的过程中，各个阿米巴单位通过《单位时间核算表》就可以知道自己为公司创造了多少利润，本阿米巴的存在是为企业创造了利润还是造成了损失。员工们就像球场上的球员一样，非常明确自己的奋斗目标，他们为了实现目标而备加努力。每一个员工都有自己明确的奋斗目标，同时人人都有不服输的心理，所以每一个员工都会想尽一切办法实现工作目标。最终阿米巴生产单位变成了一个竞赛场，所有员工都在这个场地里展示自己的最高技能水平。

每一个阿米巴巴长都必须制订当月的经营计划，拟定单位时间附加值目标。单位时间附加值受当月销售额及经营成本影响较大，所以在设定单位时间附加值时必须考虑当月的最大销售量。阿米巴生产单位可以向公司提出需要增加产量的要求，同时在不影响公司订单生产的前提下可以接外单增加利润。在设定单位时间附加值时阿米巴巴长必须考虑在成本节约方面有多少空间，成本是决定单位时间附加值的重要因素。

拟定单位时间附加值时可以召集阿米巴相关人员开会讨论，小阿米巴也一样，只有通过大家讨论且一致通过的计划，执行下去才会有力度。同时，全体阿米巴成员也会认为这个单位时间附加值是自己参与讨论而确定的目标，既然是自己参与制定的奋斗目标，难道不应该努力去实现吗？如此一来，全体阿米巴成员参与制定的单位时间附加值就会成为大家共同努力奋斗的目标。

第 8 个注意细节：划分阿米巴不宜过细也不宜过粗

生产制造型企业一般按照产品类别、工序来划分阿米巴，因为企业是按照阿米巴单位进行经营业绩核算的，如果分得过细，经营管理会变得比较烦琐、复杂；如果分得过粗，阿米巴单位过大，则又不能明确对每一个经营细节进行核算。所以在划分阿米巴时要注意以上两个方面，把握好度。

第 9 个注意细节：各阿米巴必须召开月度经营总结会议，必须制订月度经营计划

我公司在没有推行阿米巴经营之前，各个车间从来没有制订本部门经营计划的习惯，公司对他们也没有提出过这方面的要求。各个车间的生产计划来自于 PMC，生产制造部只需要根据 PMC 的生产计划排产，一切听从 PMC 的生产调度指令。推行阿米巴经营之后，为了体现各个阿米巴长的经营水平，充分发挥各阿米巴长的经营管理能力，公司要求各阿米巴结合公司所下发的生产计划，自行灵活制订各自的月度经营计划。

制订月度经营计划主要参考本部门的生产能力、生产潜力、员工工作的积极性等各方面因素。制订的月度经营计划提交公司批准后生效。

各个阿米巴每个月必须召开月度经营总结会议，小的阿米巴组织必须全员参与会议，在会议的过程中阿米巴长听取全体组员的意见，大家齐心协力共同制订一份具有积极意义的经营计划。小阿米巴制订的经营计划交与本部门大阿米巴巴长审批。同时在经营会议上阿米巴全体成员必须检讨过去一个月在工作方面存在的不足，以及应该采取怎样的应对措施等。

每个月必须召开由总经理主持的公司级别的月度经营总结会议，阿米巴巴长必须全体参与。在会议中，所有阿米巴巴长分别汇报本部门上个月经营目标完成情况以及本月的经营计划；对过去一个月未完成目标的项目做出详细的解释，同时汇报将要采取的改善措施。针对各个阿米巴巴长的工作汇报，总经理要分别做出点评，对未完成目标的阿米巴巴长提出工作要求，对业绩表现优秀的阿米巴巴长给予表扬和肯定。

公司的月度经营总结会议结束后，最好在当天晚上举行一次聚餐，通过聚餐加强各阿米巴之间的沟通，同时也是一次精神上的放松。

第 10 个注意细节：推行阿米巴经营之前要进行详细的调研和诊断

导入阿米巴经营之前要对企业进行全面的调研和诊断，这是非常关键的环节。如果对企业的经营现状没有完全了解，那么制订的推行计划必定很难有针对性。每一个企业存在的问题点都不一样，在推行阿米巴经营时不同的企业运用的推行方案以及所采取的方式与方法都会不同。员工整体综合素质高的企业所采取的推行方案与员工整体综合素质相对较低的企业所采取的方案有一定差异。

在走访的过程中，管理人员要做访谈，对员工也要做访谈。访谈要深入，不可以走过场，每个员工要确保面谈时间不少于30分钟。视具体情况，有的员工可以做更长时间的访谈，从中找出更多企业存在的问题。对企业的诊断时间也不可以只做几天时间就草草结束。要全面了解一个企业，几天时间肯定是不够的，所以访谈调研时间不能少于15天。

访谈是一个关键性的环节，访谈人员要有一定的技巧，更要有丰富的企业管理经验，否则保证不了访谈效果。访谈人员应经常在一起沟通、交换意见、总结经验，确保访谈效果。同时如果有条件，可以在企业高层管理人员中找几个相处比较好的人寻求他们的支持，有了他们的支持就可能获取更多真实有效的信息，这些信息对下一步推行工作非常有利。

第11个注意细节：实行内部交易

内部交易是阿米巴经营的独到之处，是稻盛和夫先生几十年成功经营企业的经验总结，是经营企业的思想精华。传统企业内部很少用金额做核算单位，很少真正按内部市场化模式去运作。

推行阿米巴经营的企业，各个阿米巴生产单位生产出来的产品必须有内部的《生产流通单》，也就是所谓的销售票据。前道工序的阿米巴将生产出来的产品连同销售票据一起交给客户（后道工序的阿米巴生产单位），同时也要送一份销售单据到经营管理部登记，经营管理部经核实后录入当天的销售额。到此为止公司内部的交易才算完成。我公司每天下午5点及每月最后一天下午的5点之前为登记各类经营数据时间。

内部交易的关键在于数据的真实性、及时性以及单价换算的准确性，这项工作要求统计员具备非常强的责任心。统计员录入数据必须及时、准确，在交易时必须有双方人员签字确认。

第 12 个注意细节：当月实际销售额的计算方式

营销部同客户所签的销售合同，交货期在本月之内的才能计算为当月的实际销售额，超过当月交货期的不能计算为本月销售额。营销部将销售合同的各类信息整理后交给经营管理部，经营管理部审核受理后才能成为实际订单。登记时间我公司为当天下午 5 点之前，每月最后一天下午的 5 点之前。

第 13 个注意细节：内部也要收取利息

很多企业不仅仓库有库存，车间也有存货，还有的有大笔的应收货款。这种情况我公司以前非常严重，各个车间都有库存，都是平时自行超额生产的零部件。公司一再要求减库存、清库存，但因没有相关的措施，效果不佳。这些库存与应收货款都严重占用了企业的经营资金，给企业带来了一定的经营风险。推行阿米巴经营的企业绝对不允许有这样的现象发生，阿米巴经营所指的利润都是指现金，所有这些存货以及应该收回而没有收回的货款都不能纳入当期利润。为了提高资金的周转率，企业应对相关责任部门所造成的库存，以及到期没有收回的货款，按照当时银行利率标准收取一定的利息。通过把工作压力转移给相关责任部门的方式来加强对相关责任部门的管理，把资金积压的压力转移给相关责任部门，才能使责任部门尽全力消库存、加强收款力度。

因为工作失误导致产品出错并且在短期内无法销售出去的产品积压，同样要收取相关责任部门的利息。

第 14 个注意细节：推行阿米巴经营不能搞成绩效考核

很多企业都曾经推行过绩效考核，并且一度大受企业欢迎。绩效考核是成果主义，阿米巴经营对成果主义持否定态度。阿米巴经营的理念是"通过实现全员参与经营，大家齐心协力，共同盈利，在追求物质与精神双方面幸福的同时为人类和社会做出贡献"。成果主义强调胜者为王，败者为寇，而且制造出一大批的失败者，与阿米巴经营完全不同，阿米巴经营模式为企业培养大批的具有经营者意识的人才，两者的结果完全不同，对企业的贡献也完全不同。

阿米巴经营对优秀的人才特别是巴长同样会进行评价和表扬，但评价与表扬的形式与方法同绩效考核完全不同。任何一个企业所需要的都是能够长期为企业创造业绩的人，所以阿米巴经营模式的人事考核机制是每年只进行一点点的评估和表彰，经过积累和沉淀到了一定的时机，则提拔其担任更高级别的管理职位。

推行阿米巴经营绝对不可以演变成一种新模式的绩效考核，否则结果一定是失败。

第15个注意细节：成本部门必须把本部门经费报送给各阿米巴(利润)单位

很多企业推行阿米巴经营好像只与生产制造部以及市场部有关，与其他间接部门关系都不太大，这种观点是严重错误的。推行阿米巴经营是全公司每一个人的项目，与每一个员工都有关系。间接部门每个月必须把本部门的经费开支（含人工费、水电费、办公用品费等）报送给各阿米巴单位，如果间接部门的经费有所提升，则必须接受阿米巴单位的询问，这样就可以杜绝不必要的成本浪费。

每当这时必定有一些部门主管会不高兴，因为他们在未推行阿米巴之前本部门的人事问题都是自己决定的，现在推行阿米巴经营之后却要求他们向各阿米巴单位汇报人事增加的理由，这样的观念他们一时难以接受。可是要推行阿米巴经营就必须这样做，因为这些部门所有的人工费用都是平摊到各个阿米巴单位的，相当于各个阿米巴单位给他们发工资。既然是阿米巴给这些成本部门"发工资"，那么也就是说阿米巴单位是这些成本部门的"老板"。谁发工资谁就是老板，这是资本市场的规则，资本市场永远都是资本说话。

第 16 个注意细节：制订战略经营计划（1~3 年，重点是 1 年内的经营计划）

现在很多公司在制订企业战略经营计划方面走向两个极端，要么根本就不相信什么战略经营计划，从来不制订；要么制订的战略经营计划周期太长，5 年、8 年，甚至有的 10 年，这么长的时间跨度肯定太虚，也肯定实现不了。

推行阿米巴经营的公司特别强调，应制订 1~3 年公司战略经营计划，最多 3 年计划，其中最主要的是 1 年内的经营计划。在计划中明确各阿米巴必须实现多少营业额的增长，如何在本年度内推进目标的完成。同时在经营会议上把这些计划、方针传达给各个阿米巴。针对战略经营计划，各个阿米巴领导要承诺完成目标任务，同时反省上个月的问题点，把本月的所有对策纳入经营计划当中。年度计划按月度进行细化管理。

第 17 个注意细节：领导必须树立榜样，牢记"做人，何谓正确"

推行阿米巴经营的企业，领导首先要树立好榜样，以身作则，在日常工作中必须做到公平、公正，一身正气。"做人，何谓正确"是稻盛和夫先生提出的经营原理原则，管理人员应该把这句话作为标尺来衡量自己，检验自己，看看自己的思想是否偏离了正确轨道。"做人，何谓正确"这句话虽然听起来非常简单、朴实，没有太多深奥的道理，可是它却能够解决企业经营过程中最复杂的问题，能够把复杂问题简单化。牢记这句话，并运用好这句话，将会给我们日常管理带来诸多帮助。这么多年，这句话对我的帮助最大。

领导的表率作用非常重要。在推行阿米巴经营的过程中，领导必须身先士卒、尽心尽责，带头树立好榜样，把"做人，何谓正确"作为判断标准，在经营本部门阿米巴的同时也要有"利他之心"，只有这样阿米巴经营才能取得成功。

第 18 个注意细节：一定要执行"双重确认"签收制度，防止人为出错

"双重确认"其实在很多企业早已实行，只是稻盛和夫先生在他的阿米巴经营模式中特别做了强调。"双重确认"是解决数据准确性的一种制度，从制度方面预防出错。因为人都会有大意的时候，但两个人同时犯相同的错误概率很低，这就从制度上解决了数据不准、数据做假的潜在风险。推行阿米巴经营的成败，其中数据的准确性与统计的及时性是最为关键的因素。如果数据不准所有核算将会毫无意义。所以"双重确认"在推行阿米巴经营的企业中是重点中的重点，关键中的关键。

所有收货、发货都要有两个人签字，付款人和开票人要分开。其实很多企业实物与账本相差较大，最主要的原因还是没有真正做好"双重确认"。

第19个注意细节：必须不断增加单位时间附加值

阿米巴经营核心表格《单位时间核算表》实际上也是一份要求各级阿米巴单位不断改进、改良的表格，从表格中能直接看出所要改善的环节。阿米巴经营的精髓是永不满足现有经营管理水平，认为企业永远都会有改善空间，这也就是阿米巴经营特别强调的PDCA循环。只要存在改良与改善，单位时间核算效益就会得到不同程度的提升，所以在阿米巴经营哲学中要求每个月"单位时间附加值"都应该有所提升，这也是一种工作目标，必须不断向更高的目标挑战，然后达到目标。通过PDCA循环，把阿米巴组织打造成为一个不断挑战新目标且具有创造性的高收益团队。

第20个注意细节：各阿米巴必须清楚当天的单位时间核算效益

谈到《单位时间核算表》很多管理人员都认为这个表格只是月度核算表格，是一个月后才能看到的。如果有这样的想法就错了。单位时间核算效益应该每天都进行，只有每天都进行经营效益核算才能及时对经营过程进行有效控制。当然，一个刚刚推行阿米巴经营的企业在前期是很难做到每天核算的，但是，每天核算经营效益应该是我们努力达到的目标，否则就无法有效控制整个生产制造过程。

各个阿米巴巴长必须知道当天的费用总开支，应该像一个家长一样对一天之中所产生的费用开支清清楚楚。

第21个注意细节：报废品所产生的收益归属相关的阿米巴

只要是制造型企业，车间就会产生或多或少的报废，有的报废合理，有的报废不合理。不合理报废所产生的经济损失由相关阿米巴组织承担，报废产生的收益也同样计入相关阿米巴销售额。报废的价值远远低于原有价值，所以各阿米巴组织必须谨慎处理任何上报的报废事项。

第 22 个注意细节：阿米巴经营＝简单有效

推行阿米巴经营有一个观念一定要记住，阿米巴是把复杂的问题简单化，没有表演成分，没有花拳绣腿，阿米巴经营直指问题核心，一针见血，简单有效。如果顾问咨询公司所讲述的阿米巴经营听起来太过复杂或者根本就听不懂，那么说明这个顾问老师自己也不懂阿米巴经营，他所辅导的内容也不是真正的稻盛和夫的阿米巴经营模式。

特别是一些管理顾问公司把经营会计课程讲得非常复杂，甚至比传统的财务报表还要复杂，这只能说明两个问题：第一个问题说明这个老师真的不懂阿米巴经营，没有实际成功推行经验；第二个问题说明这个老师有忽悠的成分，认为讲得越复杂就越能体现自己的能力，越能体现他的专业水平高，也理所当然地向企业收取高昂的辅导费用。其实，阿米巴经营模式不复杂，原理很简单，关键是要接受稻盛和夫的经营哲学，经营者拥有一颗"利他之心"，把"满足员工物质与精神两个方面的需求"作为企业经营理念。如果真能做到，那么没有经营不好的企业。

第 23 个注意细节：企业经营者必须获得员工的高度信任

有些企业经营者听说阿米巴经营是一个不错的经营管理模式，能够使员工自觉、自发地工作，可以为企业节约大量的经营成本，这么好的东西老板们肯定要去用。于是他们便在企业内部宣传阿米巴经营模式。但是，有些老板只单纯看到员工可以为企业带来的收益，没有去思考作为一个企业经营者应该给员工带来什么；没有重视稻盛和夫先生特别强调的"利他之心""以心为本"的经营之道，以及"做人，何谓正确"，更没有重视京瓷的经营理念，即"在满足员工物质与精神两方面都幸福的同时为人类和社会做出贡献"。成功推行阿米巴的首要条件是必须把员工的利益放在第一位，如果不考虑员工的利益，不为员工的未来着想，不为员工的家庭幸福着想，推行阿米巴经营根本就是一句空话。离开了员工的信任，推行任何经营管理模式都是毫无效果的。

所谓企业都是由人组成的集团，但是这个集团的领导者即经营者必须获得员工的信赖和尊敬。没有员工的信任，任何企业都没有必要推行阿米巴经营模式，也不可能推行成功。"以心为本"的经营之道是阿米巴经营的精髓，是经营之王道。这一点是所有企业经营者都应该注意的。

第24个注意细节：领导必须公平、公正，一身正气

企业经营者的人格魅力对实施阿米巴经营的成败影响很大，经营者以及所有阿米巴领导必须公平、公正、一身正气，领导者的公平无私是调动员工积极性的最大力量。这一点对任何一个企业管理者来说都是非常重要的，公平、公正也是推行阿米巴经营的必备要素。

第25个注意细节：销售额最大化不是简单地提高单价

"销售额最大化，经费最小化"是阿米巴经营的核心内容之一。这里我们必须注意，销售额最大化不是指单纯地提高价格，关键还在于首次的"产品定价"，必须找到客户乐意接受的最高价位。

在推行阿米巴经营的企业中有很多人都认为销售额最大化就是要提高单价。价格定下来之后想再次提价谈何容易，所以首次定价就显得特别重要。

第26个注意细节：单位时间核算不是在月末统计当月的经营信息

很多企业在推行阿米巴经营之前也都有做月度经营数据统计与分析工作，但是很多企业是在月末进行统计的。这么多数据集中在一个时间段统计非常容易出错，也不能及时完成，耗时较长。推行了阿米巴经营之后，必须当天统计当天的销售额、经费开支、上班时间等重要的经营信息，并且将统计分析后的结果反馈给现场。这个细节问题需要特别关注，经营管理部必须要求统计员每天统计各类经营数据，只有每天统计才可以确保月末快速提供数据准确的经营信息。

每天统计阿米巴的经营信息，不只是为了能够给经营管理部快速提供数据作为当月《单位时间核算表》的核算数据，同时也是为了能够及时发现阿

米巴生产现场的异常问题并第一时间反馈到生产现场。

第 27 个注意细节：重视稻盛和夫经营哲学的培训

不少人认为稻盛和夫先生的经营哲学是虚的东西，没有必要浪费太多时间去学习，去了解，认为只要懂得阿米巴经营具体的操作方式与方法就可以了。这种想法是错误的，也可以说是一种投机的想法，同时也说明持有这种想法的人对稻盛和夫先生的阿米巴经营模式仍然不太懂。

实际上对稻盛和夫经营哲学的培训是非常重要的工作，员工对经营哲学的理解程度越深推行阿米巴经营的过程就会越顺利；相反，如果员工对经营哲学不理解、不接受或者一知半解，阿米巴经营的推行将会严重受阻。

稻盛和夫经营哲学的培训非常重要，我刚刚接触阿米巴经营时也犯过同样的错误。很多企业高层管理人员对此不重视，严重者将直接导致阿米巴经营项目推行的失败。

第 28 个注意细节：差旅费应按具体项目详细填写

不少企业在差旅费报销方面比较随意，这样的报销方式不符合阿米巴经营管理的要求。在填写《单位时间核算表》时每一项报销金额都必须分开填写，按照机票费、出租车费、住宿费、餐饮费、礼品费等详细分类。这样就清楚地知道应该削减哪部分开支。

第 29 个注意细节：临时工的劳务费不作时间管理

很多企业会请临时工，推行阿米巴经营的企业临时工的劳务费不做时间管理，仅仅作为一种经费开支加以掌握，所以《单位时间核算表》中的总时间不包括临时工的劳动时间。

第 30 个注意细节：每一个员工都必须了解本阿米巴的经营目标

有些企业的员工不清楚本部门的工作目标，甚至连管理人员也不清楚本企业的月度、年度经营目标。当然有些企业根本就没有制定这样的经营目标，其中虽然也有部分企业制定了月度、年度经营目标，但是这样的经营目标只有少数高层管理人员才清楚，中下层管理人员以及普通员工根本就无从知晓。

推行阿米巴经营的企业所有员工都必须了解各自阿米巴的经营目标，使目标成为他们自身的一部分，每个人都可以了解本月订单、产量、销售额、单位时间产值等当月的经营目标。

第31个注意细节：及时反省

每个月都要进行仔细反省——为完成计划采取了什么样的措施，这些措施是否合理、有效，是否按计划实施了这些措施。通过及时反省来帮助下个月度改善经营。

第32个注意细节：要有产品虽然大幅降价也要确保盈利的决心

产品虽然大幅降价也必须确保盈利的决心非常重要。这是经营企业最重要的理念。很多企业对这一方面认识不足，认为产品降价了，企业利润也理所当然下降了。实际上这个观念是非常错误的，在阿米巴经营模式之中稻盛和夫先生非常明确地提出："虽然产品价格大幅下降，但是也要确保盈利。如果公司内部缺乏具备无论如何也要以这个价格来保持核算平衡的坚强意志的领导，那么公司也就无法维持经营。只有这种即使大幅降价，无论如何也要盈利的领导才能够决定公司的命运。"

所有经营者必须重视这个环节，并且要在内部宣导这种理念。

第33个注意细节：不断对自身工作进行改良与改进

不断对自身承担的工作进行改良与改进是阿米巴经营的根本，不断创新是阿米巴得到成长、公司得到发展的根本行动方针。这一点是对阿米巴每一个成员提出的工作要求，每一个阿米巴组织成员都必须每天总结自己的工作，思考更有效的工作方式，不断地改进自己的工作方法。

第34个注意细节：《单位时间核算表》中时间的核算方法

《单位时间核算表》中体现出来的总时间是各个阿米巴所属员工一个月的正常上班工作时间、加班时间及其他工作时间的总和。单位时间附加值是指各个阿米巴在本月之中平均每小时所产生的附加值。

第 35 个注意细节：阿米巴经营核算软件

阿米巴经营的关键在于数据核算的准确性和及时性，如果这两点得不到保证，那么推行阿米巴经营模式必定失败，迟迟得出的核算结果及错误的核算数据对阿米巴经营将是致命打击。所以很多企业都将 ERP（企业资源计划）软件运用到阿米巴经营数据运算中。除了使用专业 ERP 软件外，也可以通过本企业 IT 部门开发一款适合本企业数据核算的简单软件，不需要特别复杂，只要具备快速核算功能即可。如果每天各阿米巴统计员都能即时对各类数据进行统计，也不一定非使用专业核算软件不可。

有个别管理顾问公司为了从企业多赚一些费用，在辅导企业时不仅推销自己的阿米巴经营模式，而且也推销所谓的阿米巴经营核算软件。但据我了解，目前市场上还没有真正行之有效的阿米巴经营核算软件。

第八章

阿米巴经营带给企业诸多经营方面的改善

1. 企业经营者会重新思考创办企业的目的

能够接受阿米巴经营模式的经营者,首先必须认可稻盛和夫先生的经营哲学,也就是必须把"追求全体员工物质与精神两方面都幸福的同时为人类社会的进步与发展做出贡献"作为企业的经营理念。能够做到这一点的企业经营者实际不多,也就是说,推行阿米巴的企业经营者从经营理念方面有了很大的进步,他们会重新思考创办企业的目的——是成为一个暴发户,还是有担当的企业家。他们愿意与员工分享企业的经营成果。

经营者经营理念发生了改变,真正视员工为企业的合作伙伴,以"做人,何谓正确"为企业判断一切事物的原理原则,经营者有了"利他之心",那么在企业各项管理制度及员工薪酬制度方面都会得以体现。企业有了正确的经营理念,有了公平和公正,有了浩然正气,全体员工精神面貌也将随之改变,整个企业从本质上将会发生翻天覆地的变化。从此老板开始关心员工的生活及家庭,员工开始真正爱护企业,真正参与到企业的经营之中。

推行阿米巴经营的企业经营者会重新思考会将把企业带向何方。通过对稻盛和夫经营哲学的学习和理解,企业经营者会重新制定企业的中长期战略规划,立志打造一个具有品牌价值的优秀民族企业。

2. 企业经营者会把"追求全体员工物质与精神两方面都幸福"作为企业的经营理念

如果经营者打算推行阿米巴经营模式就必须从心底接受稻盛和夫的经营哲学,推行阿米巴经营首先经营者的观念要改变,要有"利他之心",要关心员工,如果只为了自己多赚钱,这样的经营理念是不用推行阿米巴经营的,也根本无法推行。不把员工利益放在心中的企业是不会长久的。当企业经营者打算推行阿米巴经营时,员工将会得到企业的重视和尊重,员工的福利待遇也将会有一定程度的改善。企业福利待遇好了,员工归属感也强了。当员工珍惜这份工作时,他们为了企业的长远发展,为了自己有一份稳定而又令人羡慕的工作,势必与企业风雨同舟,全身心投入到工作之中;企业也真正实现了全员参与经营。

推行阿米巴经营的企业,经营者的经营理念变了,员工也真正参与到了企业的经营管理之中,很多人为的浪费消失了,产品质量也得到了进一步的提高,客户投诉少了,采购回来的原材料合格率高了,制造中的各种浪费大大减少,员工工作的主动性和极性比以前强了,企业进入了一个良性循环。

3. 员工从"要我做"转变为"我要做"

在没有推行阿米巴经营之前很多企业推行过其他的管理模式。例如,精益生产、六西格玛、企业流程再造、7S、TPM、TQM、QCD 等。这些管理模式都只是一种管理工具,仍然是员工被动接受管理指令,没有真正从内心深处去改变员工,不能让员工主动去工作、主动去思考应该怎样做。

在推行阿米巴经营的企业中,对总经理的要求就是首先改变经营理念,然后必须像一个"传教士"一样不停地在各种不同场合宣导稻盛和夫的经营哲学，不停地讲，随时随地讲，特别是现场讲效果最好。阿米巴经营最重要的一个目的就是为企业培养具有经营者意识的人才，这种培养对象不仅仅是指阿米巴巴长，也同样包括普通员工，如果普通员工都有了经营者意识，企业就没有完不成的任务，没有实现不了的目标。所以这就要求企业经营者首先要把大阿米巴巴长培养成才，然后再由大阿米巴巴长去培养小阿米巴巴长，小阿米巴巴长去培养自己的组员，这样一层层复制下去，企业的全体员工也就具有了经营者意识。有了经营者意识，工作就会变被动为主动，会自觉、自发地思考问题。

情景案例 20

上海某五金制品有限公司是一家专业生产各类家具五金配件的制造企业，公司成立有 18 年了，是一家典型的民营家族企业。父亲是董事长，母亲是副董事长，儿子是总经理，还有很多亲戚朋友在企业任职管理岗位，长期以来这家企业的管理都是比较糟糕的。副总经理聘请了一个又一个，中层经理换了一批又一批，职业经理人很难生存下去，企业的中高层管理岗位长期都由老板的老部下以及亲戚朋友担任。这样的企业根本无法输入新鲜的经营管理血液，没法导入新的经营管理思想。企业内部拉帮结派、钩心斗角十分严重。

长期以来企业的制造成本居高不下，采购成本高，采购回来的材料也总是发生质量问题，只好退货，退货又导致生产线停产，最终导致延期交货，屡屡被客户投诉。在生产过程中员工根本没有质量意识，更谈不上经营者意识，连最起码的责任心都没有，材料浪费非常严重，每个月报废的产品、半成品、原材料数量多得吓人。部门之间沟通也非常困难，往往一个非常小的问题，本来只要打一个电话就可以解决，却要浪费几天时间才能解决。

随着市场竞争越来越激烈，产品价格越来越低，企业利润空间也越来越小，全公司有 700 多人，每个月光发工资就是一笔不小的开支，所以企业的经营压力也越来越大。此时董事长认识到，如果再不进行经营思想的变革，不进行管理革新，不引进新鲜的经营管理血液，企业倒闭是迟早的事。

日子越来越艰难，正应了那句话："不到黄河心不死，不撞南墙不回头。"在现实面前不改不行了，于是2015年6月董事长终于痛下决心，对企业进行全面整改，引进职业经理人，同时推行阿米巴经营模式。

为了企业的生存和发展，董事长多次去听稻盛和夫先生的报告会，买了很多关于阿米巴经营方面的书，看了稻盛和夫的视频，之后整个人都变了，连性格都变了。2015年8月该公司正式推行阿米巴经营。

董事长的思想观念变了，经营理念也在变，开始以员工为本，不断改善员工的福利待遇，从生活伙食到住宿环境，再到工资待遇都做了调整，整个公司的氛围一下全变了。员工开始按时上下班，开始关心产品质量了，上班也不磨洋工，很多事情都有人主动去做，交货也越来越准时，客户的满意度也越来越高了。当然，在推行阿米巴的过程中也有少数不配合的中高层管理人员离职。

2016年5月，这家公司的订单非常多，很多车间都在赶货，有一个客户因为特殊原因要求提前交货，为了满足客户的要求，市场部答应了提前交货的请求。这样，原本就非常紧张的生产周期变得更加紧张了，为了按时交货，为了不失信于客户，没有想到的事情发生了，在交货的前两天所有工程师、办公室人员、机修、保安在没有要求他们到一线帮忙的情况下都自发地、不约而同地到生产一线帮忙，最后连清洁工都自愿协助打包装。因为全体员工都行动起来了，最终提前一天完成了订单任务。客户也因此而对该公司刮目相看，成了该公司忠实的客户。

这就是变化。

当然不是所有推行阿米巴经营的公司都会有这么大的变化，要看这家公司是真的接受了稻盛和夫的经营理念，还是接受得不够，或者压根就是装模作样。只有真正从内心深处接受稻盛和夫经营哲学的企业才会有这么大的变化，才会逐渐成为一个受人敬仰、令人羡慕的高收益公司。

4. 大幅降低经营成本，减少内耗

为什么说大幅度降低经营成本呢？原因很简单，因为在没有推行阿米巴经营之前很多企业的经营成本太高。为什么太高呢？因为内耗太大，因为员工认为企业的发展与他们无关，他们只是打工的，这里不好做，企业没有前途，他们可以马上离职换另外一家，所以对企业不关心，企业的死活与他们没有一点关系。员工是这样的心态，经营成本怎么可能不高呢？

在一家企业的经营成本中，采购占据了大头，尤其是生产制造型企业，原材料往往占据成品价格的 40%。如果采购这一关没有把好，会对企业造成很大的经济损失。除了采购外，制造过程也是浪费经营成本的主要环节。很多企业在没有推行阿米巴之前虽然知道整个公司当月是赚还是亏，但是他们并不知道到底是哪些部门为公司创造了利润，哪些部门给公司造成了损失。甚至有的公司在没有推行阿米巴经营之前，财务分析报告几个月都做不出来，这样的经营管理能力，怎么清楚地知道当月的经营业绩呢？不了解当月的经营业绩，怎么知道当月的经营成本呢？

情景案例 21

这是一家有着 15 年历史的民营小家电企业，企业的经营管理水平比较落后，随着客户对产品价格提出不断的降价要求，而原材料价格越来越高，利润越来越低，企业生存越来越难，几乎到了亏损的边缘。

在没有推行阿米巴经营之前，这家公司的采购部门可以说毫无约束，没有人去审核、监督。采购价格居高不下，而且质量差，交货期也不准时。自从公司推行阿米巴经营以后，公司正式成立了成本核算中心，成本核算中心直接向总经理负责，各个阿米巴的统计员归属成本核算中心，同时收发物料的仓库部门也划归成本核算中心；成立供应商评审小组，对每一个供应商的价格进行审查，对每一个供应商都进行公平、公正的评审。

采购部门虽然没有划分成阿米巴单位，但该部门一样在阿米巴经营模式控制之下，并没有例外。

在阿米巴经营管理制度中有这样的内容规定。

1）采购部门必须负责按质、按量、按期采购企业所需的材料，同时必须确保产品价格是合理的。公司成本核算中心会随时对所有采购的成本进行核查。

2）如果因为采购部采购的原材料、外发加工件等影响了企业的正常生产而导致额外付出经营成本，成本核算中心必须详细核算清楚。所有因为采购部门造成的额外经营成本每个月进行汇总，然后计入该采购部门当月的经营业绩之中，并在阿米巴经营业绩宣传栏公布。

3）如果连续三个月采购部门都发生了额外经营成本，采购部主要负责人应立即引咎辞职。

通过这些强有力的监督机制，该公司的采购成本在很短的时间内就得到了大幅度的下降。

制造中心通过《单位时间核算表》，每个月公布所有阿米巴的经营业绩，包括详细的经营成本。在这样强大的成本分析数据面前，所有人都必须认真，都不敢再随意使用原材料，不敢随意报废材料、成品和半成品。水电费等也得到了大幅控制，经营成本得到了全面有效的控制。

以前该公司山头主义、拉帮结派、互相攻击等不良现象天天可见。员工与管理人员之间互相不信任，管理人员与管理人员之间也互相不信任，员工与公司之间更是互相不信任。公司就没有一个信任的文化。如果一个企业没有彼此的信任做基础，团队肯定是一盘散沙。公司的管理人员在一起开会就是吵架，只要出现了质量问题就互相推诿。部门与部门之间没有沟通与合作，明明知道对方这样做肯定会造成质量事故也不给予提醒，任由事态向不利于企业的方向发展，然后当事故发生时立即站出来指责对方，甚至要求公司对相应的管理人员进行重重处罚。

自从该公司推行了阿米巴经营以来，淘汰了个别对公司发展造成严重影响的管理人员，同时也从外部引进了一些中高层管理人员，为企业的发展输入了一些新鲜血液。在阿米巴经营模式下，每个月都要公布《单位时间核算表》，如果大家仍然像以前那样互相工作不配合，最后都会被企业淘汰。另外，公司在推行阿米巴经营的同时也在进行大量的稻盛和夫经营哲学理念的培训，老板带头学习，企业明显一天天在向好的方向改变，一些思想比较守旧、顽固的员工也不得不去改变自己，否则下一个被淘汰的就是自己。

5. 推倒部门墙，团队更加和谐，沟通无障碍

所谓部门墙就是企业内部官僚习气严重，"官官自封"，想集中力量办点事情要同很多部门沟通，往往资源调配不到位，阻碍非常大，导致很多工作无法开展，最终不了了之。

有一些企业会有山头主义，有部门墙，内部派系林立，这些人为的沟通障碍严重影响了企业的生存与发展。部门墙对企业造成的危害显而易见，严重的可以导致企业破产倒闭。很多企业都尝试通过各种管理方法来消除企业内的部门墙，可是收效甚微。如果长期不解决部门墙的问题，部门墙将会演变成企业癌症，使企业最终陷入万劫不复的境地。

情景案例 22

推倒部门墙对于华为二次创业意义非常重大。华为在信息技术领域进行二次创业旨在打造华为云帝国，开发各种各样的云，每一个云都是一个开放的系统工程，所以只有进行多部门、多组织协同作战，才能发挥组织的规模效应，使得投入越多、规模越大，产品的质量和服务就越好。1993 年蓝色巨人 IBM 公司就因为部门墙问题，亏损了 50 亿美元。

2009年年初，一次内部会议上，任正非就部门墙问题表态：

"谁来呼唤炮火，应该让听得见炮声的人来决策。而现在我们恰好是反过来的，机关不了解前线，但这些坐在机关的人拥有太多的权力与资源，为了控制运营的风险自然设置了很多的流程控制点，而且不愿意授权。我们要积极地先从改革的前方作战部队开始，加强他们的作业能力，要综合后方平台的服务与管理，非主业干部要加强对主业务的理解，减少前后方的协调量。"

任正非表示推倒部门墙的关键就是破除官僚主义，清理流程的控制点，大胆授权，让前线员工参与决策，让机关干部深入前线了解情况，以减少前后方的沟通成本。

为了打破部门墙，华为公司在流程上花重金对系统进行再造，在人力资源、财务价格体系、研发系统等方面都进行了先僵化后优化的深刻变革。华为公司最终花巨资解决了部门墙的问题。

情景案例 23

有一家发动机配件企业，以前是国有企业，在当地小有名气，改制之后慢慢变成了私有企业。这家公司在没有推行阿米巴经营之前办公室的员工实行坐班制，上班时间不一定准时上班，但下班一定会准时下班。部门主管都是以前的老干部，这些人也都是跟着董事长一起工作多年的老兄弟、老朋友。长期在国企的工作习惯养成了他们严重的官僚习气。职位不高，官腔十足，鸡毛蒜皮的小事情也要开几个小时会议研究、讨论。部门之间沟通非常困难，动不动要办手续，要正式文件，要总经理签字，就算生产线在等着出货，这些人也不着急，因为他们根本就没有任何市场意识，没有一点为客户服务的观念。

在没有推行阿米巴经营之前，只要出现产品质量问题，品质保障部门肯定会与生产部门扯皮，互相推诿，没有一个部门敢于站出来承担责任，部门保护工作做得十分到位。如果机加工件出现质量问题，材料部门与采购部门肯定大打口水仗，材料部门说采购部门没有严格要求加工供应商按照图纸要求加工，采购部门说材料部门图纸有失误。总之，只要发生任何异常问题，相关责任部门就会首先证明本部门没有错，是其他部门的责任。

董事长非常清楚，部门墙的问题实际上就是人心的问题，解决了人心的问题部门墙的问题自然会得到解决。人心为什么出现了问题？其实很简单，就是员工根本不关心企业的生与死，认为企业能否生存发展与自己无关。如果能让全体员工关心企业的经营状况，让他们都认识到企业的荣辱与自己息息相关，那么部门墙的问题自然会消失。阿米巴经营首先解决的就是员工的态度问题。

推行阿米巴经营的企业首先要把"追求全体员工物质与精神双方面都幸福的同时，为人类社会的进步与发展做出贡献"作为企业的经营理念。当员工在物质与精神两方面都得到满足时，就会珍惜这份工作，真正把企业当成自己的事业来经营，与企业风雨同舟、患难与共，每一个员工都希望企业有一个好的发展，自动、自发地工作，主动与相关部门沟通，主动解决企业存在的各类问题。在这样的大环境下部门墙自然就没有了。

在没有推行阿米巴经营之前该企业就是在吃大锅饭，虽然大体知道这个月是赚是亏，但是并不知道诸如赚与亏的具体部门等这些细节，开会时都表现得好像平时非常努力工作一样，个个都是合格的经理和主管，个个都为企业创造了利润。自从推行阿米巴经营以来，通过《单位时间核算表》可以详细地、准确地核算出每一个大阿米巴及每一个小阿米巴的经营业绩。在真实的业绩面前所有的阿米巴巴长只有老老实实，除了认真工作把业绩提升上去没有其他的借口可找。

所以推行阿米巴经营模式后，该公司部门墙问题迎刃而解，企业经营业绩越来越好，订单也越来越多，企业的利润也越来越高，最终成为高收益企业指日可待。

6. 质量得到全面控制，客户投诉减少

我公司在没有推行阿米巴经营之前，只要产品质量出现了问题，生产部与品质部的经理都会为了推卸本部门的责任而发生争吵。像很多公司一样，在没有推行阿米巴之前，IPQC（制造过程中的质量控制）归属品质管理部，IPQC 负责日常的车间首件确认、巡检工作。正是因为 IPQC 归属品质管理部，当成品出现客户投诉或者产品在制造过程中发生大批不合格情况时，生产部与品质部都不承认自己的部门有责任，都把矛头指向对方，指责对方不足之处。像这种互相推卸责任的现象太多了。我一直在思考，有什么好办法可以完全杜绝生产部与品质部之间的扯皮的现象呢？

当我接触阿米巴经营时，才发现原来阿米巴这种经营模式完全可以解决这种现象。后来我有一个朋友的企业也模仿了我公司，把 IPQC 划归生产制造部，杜绝了互相推卸责任的现象。

情景案例 24

广东省东莞一家家具有限公司，地处东莞最发达的镇区之一——这家公司成立于 2002 年，经营状况近几年比以前差了些，订单明显少了很多，经销商投诉较多。经销商经常抱怨售后工作太多，产品在安装时就发生质量问题，有的装不上去，不是大了就是小了，有的是颜色有误等，不是这样的问题就是那样的问题。总之，一直以来这样的投诉层出不穷。最后追究责任时好像谁都没有责任，责任都在公司。

该公司于 2016 年 7 月开始推行阿米巴经营，同样将 IPQC 划归生产部。自从把 IPQC 划归生产部后就再也没有发生过生产部与品质部互相推诿责任的现象了。推行阿米巴经营后，阿米巴巴长对各自所管理的部门负全责，产品质量比之前得到了明显提升。因为推行阿米巴经营后，责任非常明确，只要

是有质量问题就是生产部的问题，与其他部门没有关系；除非是技术问题，否则所有责任都必须由生产部全权负责。

公司开始实行阿米巴巴长负责制后，各个大的阿米巴巴长有工作压力了，他们会要求他们下属部门的小阿米巴巴长对各自小阿米巴的产品质量、成本、人工、交货期等负责。各个小阿米巴巴长同样对各自的阿米巴成员提出了从来没有提出过的要求，就是每个员工对自己所负责的产品负责任，再也不会像以前那样，发生了质量问题，个个都保护自己和自己的小团队，把责任往外推，明明是本车间、本小组成员失职也不去承担责任。现在不一样了，没法推卸责任了，大阿米巴巴长没有地方推卸责任，就只有严格要求下属各个小阿米巴；各个小阿米巴巴长受到来自大阿米巴巴长的压力，同样没有地方推卸责任；阿米巴成员亦然。这样一个强大的、健康的品质保证体系自然就建立了起来。

推行阿米巴经营8个月后，开始对各个阿米巴进行独立经营业绩核算了，各阿米巴巴长再也不会像以前那样无视产品质量和制造成本了。员工重视产品质量，成本自然下降，产品质量比以前提高很多，客户的投诉显著减少了。

7. 激发员工进行管理与技术创新

有些对稻盛和夫经营哲学不太了解或者说是一知半解的人有这样的误解，他们认为推行阿米巴经营的企业通常比较保守，这些企业都不愿意购买新设备，在技术方面也没有什么创新。其实这种想法完全是错误的。可以说有这种看法的人根本就不了解稻盛和夫的经营哲学，更不懂阿米巴经营。

阿米巴经营首先是从思想上改变员工，从心灵深处改变员工的想法，使员工真正愿意为企业付出，而不是强迫员工接受。再通过强大的业绩核算统计工具《单位时间核算表》，可以把每一个阿米巴的经营业绩展现给全体员工，为了个人名誉，为了团队名誉，每个人的好胜心理完全被激发出来，谁都不会服输，为了效益争先恐后、绞尽脑汁搞管理和技术创新。这些与金钱无关。这是我的亲身体会,当然也有其他推行阿米巴经营的企业家朋友同我分享过他们相同的感受。

情景案例 25

广州一家小家电制造企业,从 2015 年开始推行阿米巴经营。业绩好的阿米巴待遇不与企业当月的业绩挂钩。该公司每年都会进行一次工资普调,如果公司经营业绩发生重大滑坡,就会每隔一年普调一次。普调工资的幅度平均为 9%,针对日常表现良好的阿米巴巴长普调工资幅度一般为 18%。如果采用的是绩效考核方法,那么当月就会给予业绩奖励。这是与绩效考核不同的地方。同时针对表现优秀的阿米巴巴长,在年终发奖金时也会有所区别,通常会比普通的阿米巴巴长高出 1 倍多。针对那些表现优秀的小阿米巴巴长,该公司规定小阿米巴巴长是不参与年终奖分配的,但为了对表现优秀的阿米巴巴长进行鼓励和业绩肯定,也破例给予发放年终奖。

表现优秀的阿米巴巴长公司不仅给予荣誉,获得全体员工的肯定,同时还给予物质方面的奖励,所以这些阿米巴巴长会非常珍惜这份工作,会真的把自己当成企业的经营者。公司的资源是有限的,不可能拿去全部购买新的设备,很多旧设备如果经过技术人员改造效果同样不错。这些优秀的阿米巴巴长带领各自的阿米巴组员进行技术改进、工艺改良和流程优化,通过不断的优化、设备的改良,提高了产能。

同时在管理方面,各个阿米巴巴长也充分发挥了各自的管理潜能,从质量管控、材料管理、模具管理、人员管理、流程管理、成本管理、水电费管理等各个方面都有新的管理办法出台。这些都基于企业推行了阿米巴经营模式,完全改变了全体员工的工作态度,从此员工真正开始参与企业的经营。

8. 激发员工的集体荣誉感和阿米巴巴长的个人荣誉感

在没有推行阿米巴经营之前,我也不相信员工会那么看重个人荣誉,总错误地认为员工都是向钱看的，处罚他们如果不罚钱只提出书面批评是没有任何效果的。实际上完全不是那么回事。

情景案例 26

仍然是上例中广州那家生产小家电的公司，在没有推行阿米巴经营之前，公司在经营管理方面存在很多问题：生产成本高，质量异常多，客户投诉多，管理人员根本就不在乎公司的批评和处罚，他们对处罚和批评已习以为常……最后公司董事长决定对企业进行全面整改，最终于 2015 年引进了阿米巴经营模式。

在没有实施《单位时间核算表》之前，公司就已经制定出了相应的阿米巴经营管理制度，要求每一个大阿米巴及小阿米巴当月的经营业绩都必须以《单位时间核算表》的形式公布，并且进行业绩排名。在真实的业绩面前，所有的阿米巴巴长没有任何借口，找不到任何理由来为自己辩解，所以当这些《单位时间核算表》公布出来，就等同于告诉全体员工每一个阿米巴巴长真实的经营水平。如果公布出来的业绩完全体现了每一个阿米巴巴长的真实经营水平，那么每一个阿米巴巴长都会在意自己的业绩排名。

该公司有一个阿米巴巴长是老员工，有 15 年的工龄，模具师傅出身，负责机加工车间工作，是广州本地人，普通话说得很差，也没有什么责任心，尤其对待说普通话的管理人员态度较差，在他眼里除了董事长谁都不在乎。在没有推行阿米巴经营之前，公司的部门总监、副总经理对他都没有办法，明明知道他在磨洋工，却拿不出有力的证据证明他不是在为企业创造利润，而是在给企业造成损失。当上司找他谈话时，他有 100 个理由和借口来证明他没有错，所有的责任都是别人的，与他没有任何关系。

自从公司推行阿米巴经营后，所有经营数据在《单位时间核算表》中一清二楚。2016 年 9 月，该公司开始进行经营业绩排名，从第一名到最后一名，所有员工看得清清楚楚。最后一名正好就是那个机加工车间的阿米巴巴长，他当月的经营业绩不但没有为企业创造利润反而为企业损失了158000元，这样的经营业绩一经公布，全公司上上下下都知道了，公司董事长也明白了，原来企业亏损与这个部门有太大的关系。

从那天起，不管这个阿米巴巴长平时在企业有多牛，多么不好惹，可是同样有很多人在后面对他指指点点，说："这个人工作能力不强，没有一点责任心，只会吹牛，根本就没有什么管理水平，技术也差，哪懂什么模具，只是凭着自己同老板的关系才让他做阿米巴巴长，现在公司进行了阿米巴独立核算，我看他过不了多久肯定要被淘汰。"

这些话任谁听了都不好受，除了下个月把面子争回来没有其他路可走，否则离职不干，只能二选一。

从10月开始，这个阿米巴巴长像换了个人似的，一改往日趾高气扬、不可一世的样子，开始规划本阿米巴的工作，从质量、交货期、成本、人工等各方面进行全面控制，带头进行工装夹具、产品流程的改善，也开始关心属下员工，经常开会总结、反省，同时主动学习阿米巴经营理念和方法。

其实公司并没有对这位阿米巴巴长进行任何处罚，只是在开会时进行了业绩点评，为什么这位不可一世的阿米巴巴长会有这么大的变化呢？这是因为人人都有的个人荣誉感。金钱对一个人来说并不是唯一的追求。如果一个人在企业连一点脸面、一点做人的尊严都没有，还能待下去吗？

这就是阿米巴经营模式的威力。

9. 对一些严重阻碍企业发展的员工进行精准淘汰

为什么有些企业经营出现危机，老板也想改变经营现状，但就是无法改变呢？因为企业在不景气的时候大家都在浑水摸鱼，看起来都在认真工作，个个好像很称职，其实大部分人都在磨洋工，都在干自己的私活，每一个部门就是一个山头，部门老大就是这个山头的大王，也有的山头之间为了利益还建立了联盟。

这样的经营局面，每一个老板都想改变，关键是他们不知道怎样改变，从外部招聘进来的中高层管理人员待不满试用期就被这些人排挤走了，企业很难从外部引进新鲜的管理血液。企业经营者也知道必须辞退一些严重阻碍企业发展的中高层管理人员，否则企业将会面临倒闭的危机。

情景案例 27

有一次我在听稻盛和夫先生的报告会上认识了一位经营服装制造的老板，他的公司以制做时尚男装为主。公司规模不小，2015 年销售额为 2.8 亿元。董事长姓汪，我称他汪董。我们都对稻盛和夫的经营哲学非常感兴趣，所以在一起就有很多共同的话题。在谈话中我了解到汪董的公司这些年一直都处在亏损边缘，企业有员工 800 多人，经营出现很大的麻烦，成本浪费大，员工不关心企业的未来，不在乎企业能不能赚钱，只有高层管理几个人为之焦急。汪董也想换掉一些不称职的中高层管理人员，可是不知道到底换谁，个个好像都在努力工作，就这样总是犹犹豫豫下不了决心，企业也慢慢越来越困难了。

吃完午饭我们在一起聊了起来。

汪董："冯总，我以前真的不太相信什么这个管理模式那个管理体系的，因为我曾经请过管理顾问公司，他们来的时候说得很好听，说什么这个管理体系一定可以帮到你们企业，一定会实现你想要的管理局面。可是后来钱付给了他们，项目做了一年多都不见什么效果，最后也就不了了之了。这样的事情我做过好几次了，所以后来我对所谓的一些管理模式都不感兴趣了，怕了，总觉得是骗人的。后来我在一次偶然的机会中了解到稻盛和夫，从此我就认真看他的书，去听他的报告会，电视上也有他拯救日本航空公司的报道，所以这次我又相信了。不信不行啊，在事实面前我们得承认人家有本事、有能力，否则他怎么可能创办两家世界 500 强企业呢？"

我："是的，汪董，您以前请的管理顾问公司没有做好你的项目，可能也不完全是管理模式不好吧，应该是您没有请到真正有能力的咨询老师吧，或者说与您自己会不会有关系呢？例如，您有没有全力支持顾问老师做这个项目呢？至于稻盛和夫先生，我们无须怀疑他的阿米巴经营是不是真的有效，而是应该认认真真去实施、去落地，想办法在企业内部做得更好。"

汪董："以前我们公司没有推行阿米巴时，我分辨不出谁好，谁不好，毕竟没有足够的数据来证明。现在不同了，自从推行阿米巴经营以来，我们公司每个月的经营数据在第二个月的5号前会准时出来，每一个阿米巴单位的《单位时间核算表》第一时间送到我手中，通过这份《单位时间核算表》我能很快找出不合格的阿米巴巴长，我不仅知道大的阿米巴巴长谁不能胜任工作，谁在为企业造成经营损失，小的阿米巴巴长的情况我同样知道，因为小的阿米巴巴长也同样有《单位时间核算表》。这样，通过对比、分析我就知道为了企业更好地发展应该淘汰哪一个阿米巴巴长了，而且是精准淘汰，不会像以前那样担心淘汰错误，把有用的人才淘汰掉了。"

阿米巴经营要双管齐下，一方面要宣导稻盛和夫先生的经营哲学理念，同时也要落地；另一方面就是强化阿米巴经营强大的经营数据统计核算能力，以数据说话，在真实的经营业绩面前所有的借口和说辞都是苍白无力的。

10. 非阿米巴的物料管理部门的责任心增强了

很多人都会问同一个问题，企业推行阿米巴经营是不是每一个部门都必须划分阿米巴呢？例如，人力资源中心、财务中心、品质管理中心、资材中心、研发中心。像这些部门要不要划分阿米巴呢？划分阿米巴并不是越多越好，而是能划分就划分。划分阿米巴必须满足三个条件，这是明确提出来的前提条件，如果满足不了这三个条件就没有必要划分，不能为了划分阿米巴而划分阿米巴。

例如，我公司制造中心的管理人员就第一个提出这样的问题："请问，如果一个企业只有生产制造部门和营销中心两个部门划分阿米巴，其他部门都不需要划分阿米巴，那么是不是这些不划分阿米巴的部门就可以不做阿米巴经营了？那阿米巴经营模式只针对我们这两个部门了，其他部门仍然像以前一样？是不是他们将不在阿米巴经营模式之内？"

其实不是这么回事，公司推行阿米巴经营是针对全体人员的，虽然有些部门没有进行独立核算（因为这些部门无法生成《单位时间核算表》），但公司一样可以对它们进行业绩评估，一样会公布与它们相关的经营数据。

物料管理部门是数据最集中的部门，很多经营数据必须向该部门提取、收集。那么针对物料管理部门是怎样进行考评的呢？请看下面的案例。

情景案例 28

案例 19 中提到的上海某五金制品有限公司，专门生产五金制品，这家公司于 2015 年 8 月开始推行阿米巴经营。

这家公司在推行阿米巴经营之前，物料数据是非常不准的，仓库的物料管理人员工作责任心不强，对数据也不敏感，实物与账簿上的数据严重不符，仓库呆料堆积如山也没有人去处理，车间也是到处堆积着物料，分不清哪些是合格的、哪些是不合格的。

推行阿米巴经营之后，因为各个阿米巴要进行独立核算，公司进行了一次全面彻底的盘点，这次盘点是这家公司历史上最大规模的一次盘点，通过努力终于整理出来一份比较准确的所有部门的物料数据。然后公司制定了一系列阿米巴经营管理制度，其中就有这样几条规定：

1）仓库就如同一个独立的公司，负责为所有阿米巴提供物料，在交付的过程中，因仓库部门的责任而产生的经营损失由仓库部门负责。

2）在交付的过程中，如果生产部领料员通过点数发现数据不对，经核对查明属实，缺少的物料如果是由供应商造成，只是仓库管理人员在收货时没有进行认真点数导致的,则全部责任由仓库承担,公司成本中心将会按照采购价格换算损失价值,这些损失将会由成本中心统计汇总,在月底计入仓库的经营业绩之中并进行公布;如果仓库通过努力追回所欠物料,公司成本中心同样计算由于暂时性的欠料给车间造成的经济损失,同时计入仓库当月的经营业绩。

3)如果在发料的过程中,仓库管理人员发现给车间多发了物料,但是车间不承认多领了物料,在没有得到解决之前,多发的物料按照公司的采购价格核算价值,所造成的经济损失由仓库承担,成本中心将在当月的经营业绩栏中予以公布。

4)公司规定仓库物料必须先进先出,如果没有做到先进先出导致产生呆料所造成的经济损失由仓库承担,成本中心将按照当时的采购价格进行核算,所造成的损失计入仓库当月的经营业绩并进行公布。

5)如因仓库发料不及时导致生产车间停线待料,所有员工的误工费将按实际计时工资进行核算,所造成的经济损失由仓库承担并进行公布。

看到这里还会说物料管理部门不在阿米巴经营模式之下吗?所有部门都一样,没有任何一个部门不在阿米巴经营模式之内。上海这家公司在这样的核算模式下,仓库管理人员的责任心比以前强多了,仓库数据的准确性极高,所有物料管理人员都具备了极强的数据观念。

11. 为企业培养优秀的经营管理团队,员工归属感增强

推行阿米巴经营最主要的目的就是为企业培养具有经营者意识的人才,阿米巴巴长怎样才会转变成一个具有经营者意识的领导者呢?这就需要在日常工作中对他们进行一系列的培训和思想引导。

很多企业在没有推行阿米巴经营之前员工甚至管理人员思想觉悟较低,工作不主动,心态也不好,认为自己只是个打工的没有必要那么努力认真工

作，公司的事情有这么多人在做，自己何必操这份心呢，说不定哪一天自己就离开这里了，所以根本不关心企业的发展问题，过一天算一天，以后的事情以后再说。这样的现象在很多企业的管理人员和员工中都存在，而且不在少数。这种现象是企业最大的潜在危机，是企业的最大杀手。要改变管理人员和员工的行为首先必须改变思想，思想怎样才可以得到改变呢？这个问题难倒了很多企业经营者，不知道从何处着手去改变企业存的这种不良现象。

为了解决企业管理人员和员工工作心态问题，有些企业引进了阿米巴经营模式。因为阿米巴经营模式第一条就是从思想方面做出转变，只有从思想开始转变，行为才能得到彻底改变。阿米巴经营先从转变老板的思想观念开始，然后转变管理人员，再转变员工。

对管理人员，转变思想观念的同时从实际运作方面也在锻炼这些阿米巴巴长，每一个阿米巴巴长就像一个小厂长一样，对自己所负责的阿米巴单位的工作负全面责任，这样的工作模式经过长时间的运作和锻炼，慢慢就培养出一批真正具有经营者意识的阿米巴巴长，企业就逐渐打造了一支优秀的经营管理团队。

企业推行阿米巴经营以后，生产效率得到大幅提升，产品合格率比以前高了，很多企业员工实行计件工资，工作效率提升了，单价没有改变，员工工资肯定也提高了。工资提高了，企业又对自己备加关爱，员工的归属感就增强了。

12."做人，何谓正确"成为经营企业的原理原则

企业就像人一样，人有自己的性格，有自己的做人标准，然后就有了好人和坏人的区别。企业也一样，企业也有自己的性格，企业的性格就是经营者的性格，企业文化实际上就是企业经营者个人内在素养的投影，有什么样的企业经营者就有什么样的企业。企业经营者个人思想境界决定了企业能走多远。

我国有些企业，因为创业者创业之初胆子大、敢闯、敢拼，抓住了大好时机开办了企业，赚到了不少钱。特别是20世纪90年代，改革开放中的中国处处都是机会，只要把产品做出来不怕卖不出去。在那个年代诞生了第一批企业家，也成全了第一批暴发户。随着时间的流逝，市场竞争越来越激烈，客户要求越来越高，有些企业把竞争看成机会，从此越做越大、越做越强；有些企业却因小农意识，从此变得越来越差，甚至被市场淘汰。

哪些企业容易被市场淘汰呢？从事同一个行业，为什么有的企业越做越大，有的却倒闭了呢？在我看来，所有倒闭的企业几乎都是一个原因——经营者思想观念出现了问题。他们没有很好地关爱自己的员工，不在乎员工的利益，考虑的都是经营者自己的利益，根本没有长期发展规划，一心只想做个暴发户。不把员工利益放在心中的企业迟早都会倒闭。

这样的经营思想不变不行，如果不改变，那么未来就只有一条路——企业倒闭。在没有办法的情况下，有些老板逼着自己改变了对待员工的方式，这样的企业一样没有很好的发展前途。而另一些企业经营者在经营危机面前真正进行了彻底的反省、反思，从中找出自己失败的原因，从而做出总结规划。经过反省后的企业经营者，通过不断地分析与探讨，开始接触一些新的管理思想和模式，这样稻盛和夫的阿米巴经营模式也就开始走进了很多企业经营者的视野，逐渐有很多经营者认识到稻盛和夫的经营哲学思想就是他多年来想要寻找的东西，而这个东西是可以拯救他们企业的。于是"做人，何谓正确"真正成了这些企业的经营原理原则。

情景案例 29

广东东莞有家专门生产小家电产品的企业。2016年5月，我在东莞一次偶然的阿米巴经营分享会上认识了这家公司的总经理。总经理是湖南人，姓李，职业经理人，很早就移民去了新加坡，老板也是湖南人，他们是大学同学，公司于2016年3月聘请李先生担任总经理。在交谈中我了解到，该公司以前管理比较混乱，正因为此老板才决定聘请他来担任总经理。

我同他谈起我公司学习稻盛和夫的经营哲学理念并推行阿米巴经营后发生的一系列变化。越谈他越感兴趣，最后他说准备回去动员董事长推行阿米巴经营，同时让我帮助他，以免走弯路。他问我，该怎么开始？稻盛和夫这么多句话，哪句话最重要？我说句句话都重要，但是可以简单地从"做人，何谓正确"开始，处理任何一件事情之前都要想想这句话，这句话就是以后为人处世的一面镜子，也是做人的基准。同时要把这句话演变成企业经营的原理、原则。我告诉他，这句话对我所在的企业帮助非常大。

听了我的建议后李总真的回去执行了，中间我们交流了很多次，我也给他传授了不少经验。4个月之后的一天，他很高兴地打电话给我说："冯总，你这周回东莞吗？我想请你吃饭。"我感觉挺奇怪。"为什么突然请我吃饭呢？"我就问他。他回答说："见面再说吧，总之得请你吃饭。"

到了星期天，我们在一个咖啡厅见面了。

李总："冯总，你说的真的没有错，'做人，何谓正确'这句话真的对我帮助太大了。"

我："肯定有效啊，这是我亲身经历过的，不可能有错。到现在为止我仍然是这样做的。"

李总："当我不知道如何处理公司那些乱七八糟的事情时，我就想起了这句话，然后归零，回归原点，很快我就有了正确处理问题的办法了，真的是这样。"

我："恭喜你啊，你已经入门了，可以推行阿米巴经营了。其实推行阿米巴经营的企业都必须以这句话为经营企业的原理、原则，否则脱离了这个原则，阿米巴经营也落不了地、推行不下去。"

李总："我现在想要在公司内部推广这句话，让我们董事长也以这句话为判断基准。只有每一个人都以这句话为判断基准，企业问题才可以得到解决。"

我："推行阿米巴经营要一步步来，稳打稳扎，不可急于求成，可以首先从经营哲学开始培训。"

就这样，这家公司开始正式引进阿米巴经营模式，并且把"做人，何谓正确"作为公司经营的原理、原则，作为判断基准。

13. 追求销售额最大化、经费最小化

从当今世界发达国家的人类社会实践得知，企业不盈利，则社会这个单元以及商业方向及其相关的生活、生产及工作都无法运转。企业只有盈利才能继续运转下去，只有盈利才能及时给员工发放工资，才能购进先进的设备提高产品质量和生产效率，才能引进高技术人才和管理人才。

那么怎样才能盈利，怎样经营才可以获得比较高的利润呢？这是每一家企业在经营过程中都非常关心的问题。

作为经营常识，我们都认为销售额增加，经费就会随之增加。阿米巴经营模式不是这样的。阿米巴经营模式是超越"销售增，经费也增"这一错误的常识的，而是要做到"销售额最大化，经费最小化"，开动脑筋，千方百计，才会产生高效益。

稻盛和夫先生举过这样的例子：假定现在的销售为 100 万元，为此需要现有的人员和设备，那么订单增至 150 万元，按常理，人员、设备也要增加 50% 才能应付生产。但是，做这样简单的加法绝对不行。订单增至 150 万元，通过提高效率，本来要增加 50% 的人员，压到只增加 20%～30%，这样来实现高收益。

"订单倍增，人员、设备也倍增"的简单加法经营很危险。一旦订单减少，销售量下降，经费负担加重，立即一落而成亏损企业。实施"销售额最大，经费最小"原则，必须建立一个系统，使每个部门月度经费明细一目了然。

阿米巴经营有一个《单位时间核算表》，主要是计算每个阿米巴每个月单位时间附加值，它的计算方法是：（阿米巴当月销售总额－当月经营总成本）÷上班总时间＝单位时间效益。这份报表主要是给各阿米巴巴长以及公司经营者参

考的日常经营情况汇总表，表上非常详细地列出了所有费用开支，从这份报表上可以清楚地看出每个阿米巴的具体经营情况。该改善的地方要改善，该节约的环节必须节约，所有经营问题几乎都可以通过这份报表暴露出来，通过这份报表经营者能很快发现当月企业在经营方面存在的问题。这份《单位时间核算表》是经营者的大脑和眼睛，能协助经营者分析企业经营情况，在经营的过程中起着非常重要的作用。

那么怎样才可以做到销售额最大化、经费最小化呢？

想要达到销售额最大化、经费最小化，首先必须让全体员工全身心投入到自己的工作中，因为所有工作只有生产一线员工最清楚，他们在一线真正知道怎样对现有流程进行改善，如何改进工夹具，怎样做才可以节约更多的成本，哪个地方可以少一个人等。如果想让员工拥有这样的思维，那么就要让他们具备经营者意识，只有具备了经营者意识，才能像经营者一样地思考问题。

实施阿米巴经营模式必须首先对企业中高层管理人员进行稻盛和夫经营哲学理念培训，然后在全公司内进行宣导，从而使每一个员工都学习稻盛和夫的经营哲学，最后全公司上下都以稻盛和夫的经营哲学作为企业的经营理念。有了共同的经营理念，也就有了共同的哲学基础。然后逐步开始进行阿米巴划分，对每一个阿米巴单位进行内部市场化，各个阿米巴巴长负责自己阿米巴的经营业绩，对自己阿米巴的单位时间附加值负责。要产生高附加值，阿米巴巴长必须努力想办法增加销售额，同时降低生产成本，这样就可以实现利润最大化。

很多人误以为，企业只要推行了阿米巴经营就可以提高经营业绩了，只要划分了阿米巴，任命了阿米巴巴长就可以产生高附加值，有些公司本来在做精益生产，后来公司推行阿米巴经营就开始不做精益生产了，认为阿米巴可以除百病，是企业经营的灵丹妙药。这些想法都是错误的，阿米巴是一个经营层面的经营管理模式，它对具体的过程改良及工艺改善方面的指导性意见涉及较少，涉及较少并不代表不要求这样做。阿米巴经营的精髓是，如果一个员工有了经营者意识，那么他就会自动、自觉地去思考该怎样改进自己工作，会更加利用好精益生产这个管理工具，更加认真钻研企业管理改善工作。如果每一个员工都这样，那么，我们每一天都是在用精益生产理念在改进工作，想想看这将是一个怎样的经营效果？也就是说我们用阿米巴经营理念武装了我们的头脑，然后在具体工作中运用精益生产方法改进我们的每一项工作。这样一个巨大的经营管理网络就编织起来了，这样的网络撒向任何一个企业都将起到非常好的经营效果，这样的企业最终都会成为一个非常优秀的企业，而且会成为一个基业长青的企业。

可以这么说，精益生产在阿米巴经营思想的作用下，在阿米巴经营管理会计的核算中，会自动被全体员工发挥到极致，公司也不用特别实施精益生产，员工就知道该怎样去做。试问有哪个精益生产指导老师真的有企业一线员工这么清楚每道工序和流程？了解各个工序到底需要多少人？哪道工序容易出现质量异常？哪道工序最容易产生浪费？所有外来的精益生产老师都是在思想及思路上指导企业进行生产改进与改良的，如果我们全体员工都有这样的思想意识，也许就没有必要聘请这些精益生产辅导老师了。

公司推行阿米巴经营，一样要做好各个方面的管理体系工作，比如ISO9001、TQM、精益生产等，只是这些工作员工会自动自觉去做，不会像以前那样被动地去做，从以前的"要我做"到现在的"我要做"，在本质上完全不同，发生了质的改变，这种改变才是企业经营的核心所在。

企业经营者感到最麻烦、最头痛，也最难解决的问题就是员工态度问题，这是从工业革命到现在所有企业经营者都必须认真思考的问题。每一个经营者都想改变员工与企业互相不信任的问题，但是就是没有好办法能够解决这种对立关系。长期以来，员工对企业没有什么忠诚度，企业老板对员工也根本没有什么真正的关爱，员工不理解公司，公司不信任员工，这样的对立关系一直到现在仍然没有得到彻底解决，只是在某些企业有一定程度的缓解。

这样互相之间不信任的企业怎么可能有高收益呢？企业经营者往往为了获得高利润，就只能通过一系列不合理的管理条款来要求员工，员工在这样的高压环境下工作往往有强烈的抵抗情绪，员工根本不关心企业的生存与发展，甚至有的员工会做出严重有损企业利益的事情。

我听说有这样一家企业，企业员工与老板关系比较对立，有一次赶货时，突然有一个冲压机少了一个零部件，这个零部件非常关键，如果没有这个零部件，根本就不能按时给客户交货，如果不能按时给客户交货，就要面临巨大的违约赔款损失（听说高达200多万元）。原来，由于员工与企业长期处于一种不信任的关系，两者之间的矛盾比较尖锐，有一个性格比较偏激的员工偷偷把那个关键的零部件扔掉了，他的目的就是让企业承受高额罚款损失。就这样，这家公司因为违反了合同条款，不能按时交货，最后只能接受200多万元的巨额经济赔偿。

通过这个案例，我们看到，任何一家企业要想获得高收益，必须与员工建立高度信任的关系，否则高利润、高收入都是实现不了的，员工只要稍微做出一些不利于公司的举动，企业就要面临巨大的经济损失。只有让员工变成经营者，具备经营者意识，觉得他们自己也是企业的一员，企业的兴衰与他们息息相关，这样他们才会爱护企业，对企业有高度信任感和责任感，同时他们也将会像一个企业老板那样去关心公司的所有细小事情。说到底这就是人心，稻盛和夫说过，这个世界上最不可靠的是人心，最可靠的也是人心。经营企业就是经营人心，从很早以前企业界就在谈这个话题，现在还在谈，以后一样还要谈下去。经营人心是永恒的话题，用心经营，以心为本，有利他之心，如果一家企业真正贯彻了这几点经营理念，不想达到高收益都难，因为员工要推着你获得高收益。

还有人说，如果想要实现销售额最大化可以提高产品价格。这句话不完全正确，严格来说是错误的。想想看，有哪个客户愿意接受在已经履行的合同过程中再次提高价格，想要获得高收益不是简单地提价，而最关键的在于第一次"定价"，我们要找到客户乐于接受的最高价格。

以生产厂家为例，如果做销售的只知道以低价格获取订单，那么制造部门再辛苦也无法获利，因此必须以尽可能高的价格进行推销。但是价格确定后，能否获利，就是制造部门的责任了。

合理的定价至关重要，价格要定在客户能够接受的最高价格，只有这样企业才能获取高利润，才可以实现销售额最大化。

14. 管理人员更加重视亲临生产一线，做到知行合一

很多管理人员习惯坐在办公室指挥现场作业，这些管理人员很少下到车间一线去了解产品质量问题，最喜欢的就是坐在办公室开会讨论。离开了一线的具体经营数据能讨论出什么结果？唯有实践才会出真知。

推行阿米巴经营对各阿米巴巴长提出的一个最基本要求就是，必须经常到生产一线去了解真实的作业情况，只有亲自到一线才能解决具体的生产问题。现在很多企业管理出现问题，与管理人员脱离实际有关系，管理人员远离生产一线，不是判断错误就是拖延了解决问题的时间，给公司造成不小的经济损失。

有个老板说，他们公司在没有推行阿米巴之前，品质部经理、生产部经理还有仓库主管、人力资源部经理等很少去车间，整天都是听工作人员汇报，所以经常发生信息错误、误判等现象。自从公司推行阿米巴经营以来，明文规定管理人员必须经常到一线了解真实的生产情况。

稻盛和夫先生说，"知了"不等于"会了"，意思就是说不可以纸上谈兵，理论知识从书上就可以找得到，现在的资讯这么发达，想找一些理论上的东西只要动动手指就可以，所以理论的东西只要看看书就可以，而想真正做到太难了，理论与实际完全是两回事。

就拿我公司推行阿米巴经营这件事情来说吧，有个管理人员对我说，他看完了稻盛和夫写的《阿米巴经营》一书，觉得也没有什么难度，挺容易的。我问他，内部定价怎么定？就拿冲压车间为例吧。他说根据产品销售价格倒推。我又问他："怎么倒推？这么多部门怎么定这个价格才算合理呢？"我又问了一些其他问题，他完全回答不出来。这种现象是常见的，也是正常的，

因为他只看了书,没有去实践,所以肯定不知道具体细节应该怎么去操作。

经营一家企业,最怕管理人员坐在办公室盲目指挥现场工作。这种现象是典型的官僚作风,工作效率低下,处理也不及时,有时还会因信息失真导致误判。

现场问题现场解决,管理人员必须下到一线,处理产品质量问题更不可以仅在会议室讨论决定,即时在现场处理效果最好。产品在现场,当事人在现场,物料也在现场,处理问题就方便多了,也快多了,同时也不会造成误判。宣传企业理念同样可以到生产现场去,现场召集大家开会,效果同样好过培训室。

情景案例 30

有一年,我公司因为物料实物与计算机记账数据相差较大,此问题一直无法解决,每次盘点时报表显示准确率达到了 99%,但我一直不太相信这种盘点数据。为了彻底找到问题点,也彻底对公司所有部门的物料进行一次大盘点,我动用了 200 多人去点数、对账。这次也算是公司历史上力度最大的一次盘点。所有盘点人员按照物料类别及盘点需要分为 10 个小组,每个小组设一名组长、一名记账员,还有搬运工、称重人员等。在盘点之前公布了一个规则,各个盘点小组对所负责区域的物料盘点数据的准确性负责,公司在他们盘点的基础上进行复盘,复盘查出来有不符合的项目会进行问责。就这样我们进行了 3 天的大盘点,对所有的物料进行了一次全面清点,最终盘点的数据与账本记录的数据有较大差异。通过这次盘点,我们也找出了物料部门经常存在的一些问题,找出了物料账目为什么不准确的根本原因。通过这次大盘点公司物料的准确率得到了进一步的提升,在日常的工作中也很少听到有人反映说物料与账本不相符之类的话。

我公司物料如果不进行一次彻底的盘点,也许永远也无法找到问题的真正原因。靠开会、查账和理论分析都不是有效解决问题的办法。只有亲自到物料现场，亲自对这些物料进行一次全面清点，才能真正找出存在的问题。也就是说"答案永远在现场"，在工作中只有多去现场才能找到正确的答案。

稻盛和夫先生说现场有灵魂。如果离开了现场，我们将很难找出问题的真相。也就是说不了解现场的人是没有发言权的。

情景案例 31

刚刚创业不久，京瓷公司拿到了一份松下电子工业公司的订单，关于电视机显像管中的电子枪所使用的绝缘陶瓷部件以及U形绝缘体。由于电视机需求的迅速增长，松下希望把从其合作方荷兰飞利浦公司进口的产品实现国产化。稻盛和夫考虑是否可以使用镁橄榄石陶瓷，结果用了一年左右的时间就成功完成了合成，这在日本尚属首例。

在合成镁橄榄石的过程中碰到的最大困难是矿物原料全都是干燥的粉末，难以成型。如果采用黏土这一传统工艺，就会混入杂质，无法获取纯净的物性。

稻盛和夫日夜都被这一问题所困扰，有一天他经过实验室时，好像被什么东西绊了一下，险些摔倒。他不由自主地叫了起来："是谁把东西放在这里的？"结果发现是鞋底上粘了类似于茶色的松脂般黏手的物质。原来是前辈在实验中使用的松香。"就是它！"稻盛和夫的脑海中突然闪现了灵感。如果在粉末原料中加入纯净的松香作为黏合剂，那就应该能够成型。于是他马上将原料和松香放入锅里，一边加热一边混合，然后再放入模子里进行成型。结果取得了圆满成功。而且，将通过这一方法成型的物体放入炉中烧结后，连结部分的松香在烧结过程中全部烧尽，成品中没有留下任何杂质。这一意想不到的成功，在稻盛和夫本人看来，好像是得到了神的启示。

答案在现场，现场有神灵。

在京瓷公司，制造新型产品的过程是，首先要将原料粉末固定成型，然后放进高温炉内烧结。

一般陶瓷的烧制温度在1200摄氏度左右，而新型陶瓷要在1600摄氏度的高温中烧结。当温度达到1600摄氏度时，火焰的颜色不是红的，在观察它的一瞬间，它会呈现一种刺眼的白光。

将成型的产品放进这样的高温炉中烧结时，产品会一点一点地收缩。收缩率高的，尺寸会缩小两成。而这种收缩在各个方向上并不均衡，若误差稍有不等即成为不合格产品。

另外，板状新型陶瓷制品烧结时，最初不是这边翘起来，就是那边弯下去，烧出来的产品就像干鱿鱼一样。对于新型陶瓷为什么会弯曲的问题，已有的研究文献上没有记录。稻盛和夫先生那个时候只有做出各种假设，然后反复试验。

通过反复试验后，稻盛和夫先生弄清了一点，那就是原料放进模具加压后，因为上面和下面施压的方式不同，原料粉末的密度也不同。反复试验的结果发现，密度低的下部收缩率大，因而发生翘曲。然而，虽然弄清了翘曲产生的机理，但要做到上下密度均匀却仍然很难。

为了观察产品究竟是怎样翘曲的，稻盛和夫先生同技术员一起在炉子后面开了一个小孔，通过这个小孔观察炉内的情况，观察在什么温度下产品会弯曲，如何弯曲，它还有什么别的变化没有等。

果然，随着温度升高，产品翘曲起来了。稻盛和夫先生同技术员一起改变条件，多次试验，但是无论怎样改善，产品还是像一个会动的生物一样，蜷曲起来。

就这样一直坚持了很长时间，稻盛和夫先生都快沉不住气了，突然产生一种冲动，想将手通过观察孔伸进去，从上面将产品压住。

把手伸进去压住产品当然不可能，炉内是1000多摄氏度的高温，如果把手伸进去，一瞬间就会烧成灰，稻盛和夫先生当然不会这么做的，但无论如何也要解决这个问题。

然而，就在稻盛和夫先生想把手伸进炉内将产品压住的瞬间，突然灵感来了："在高温烧结时，只要从上面将产品压住，它不就翘不起来了吗？"

就这样，稻盛和夫先生同京瓷公司的技术员一起用耐火的重物压在产品上烧制。结果，问题终于圆满解决，合格的产品终于做出来了。

试想，如果稻盛和夫先生当时不亲自在现场进行长时间的烧结观察，怎么可能想得出这样绝妙且非常有效的"笨"办法出来呢？

经营企业就应该深入现场，只有到现场才有可能找到解决问题的真正办法，只有去实践了，才知道问题的真相，没有实践就没有发言权。

我们学习稻盛和夫的经营哲学、推行阿米巴经营模式时记住，现场才是解决一切问题的关键，所有工作中的答案都在现场，现场能给我们启示、给我们灵感。

15. 确保企业永久盈利不亏损

近几年来，受世界经济大环境的影响，一些企业倒闭了，没有倒闭的企业日子也不好过，在生死边缘挣扎。倒闭最直接的原因是企业没有订单，利润太低，现金流断裂，员工发不了工资，供应商催货款等。

寻找一个项目，然后成立一个公司，都不是什么难事，难的是别人做同样的事情能赚到钱，企业可以越做越大，而我们却总在生存边缘挣扎。一个企业如果没有利润什么都是空谈，谈什么都实现不了。

阿米巴经营是通过什么方法使企业经营不亏损呢？在京瓷，稻盛和夫先生神话般地实现了连续经营 57 年不亏损的神话，靠的就是两件法宝——稻盛和夫的经营哲学和阿米巴经营。

2011 年在粤丰公司开始导入稻盛和夫经营哲学时，公司管理十分混乱。虽然我很焦急，但还是要很好地把握了度的问题。我灵活地运用了稻盛和夫的经营哲学，特别是"做人，何谓正确"为我解决问题提供了正确的指导思想，使我在日常的经营管理工作中没有迷失方向。通过不断地对管理层进行思想教育和引导，同时也对企业进行了一些变革和调整，不到一年时间公司就步入了正轨。时至今日，阿米巴经营在我公司取得了不错的经营效果，企业经营效益稳步增长。

16. 企业招聘不再只依赖人力资源部，而是各阿米巴共同参与招聘

现在很多企业招聘一线员工非常困难，出现了用工荒，有订单没员工，只能眼睁睁看着订单丢失。在广东很多工业区都有招聘点，在招聘点设摊招聘的企业比应聘的人还要多，往往一个应聘的人被几家招聘企业争抢。为了吸引应聘人员，各个企业都在不断地提高招聘待遇。另一方面，人力资源部从外面招聘回来的员工离职率比较高，很多人做不了几天就离职了。

如果完全依靠人力资源部招聘员工，进度会非常慢，因为人力资源部负责招聘的人员是有限的，同时招聘进来的员工也没有本公司员工介绍进来的人员稳定。那么推行阿米巴经营的企业是怎样进行招聘的呢？

情景案例 32

广东东莞有一家公司，推行阿米巴经营有一年时间了。该公司是生产小电器的企业，主要以出口为主，属于劳动密集型企业。这几年在招聘员工这件事上老板操了不少心。公司所在地相对比较偏僻，招聘员工就更加困难。人力资源部每天必须派人到人流比较集中的地方设摊招人。当地为了解决本镇区企业招聘问题，各个镇区都实行了地方保护主义。比如 A 镇区的企业如果去 B 镇区招聘，如果被 B 镇区政府相关负责劳动就业的人员看见，就会被驱赶。在东莞像伟易达、金业电子等一些大型企业的门口经常会有一些企业的招聘人员等在那里，只要看到有人拿着行李出来就会前往问他们要不要找工作，然后非常热情地向他们介绍自己企业的详细工资待遇，招人之困难可见一斑。

这家公司是从2016年开始推行阿米巴经营的，通过一年来对各个阿米巴巴长的培训，大家已经有了一定的经营者意识，公司从2017年开始招聘员工的工作不再依赖人力资源部，而是由各个阿米巴自行负责。每一个大的阿米巴下面又有很多小的阿米巴，每一个小阿米巴同样有一个阿米巴巴长，每一个小阿米巴巴长也同样必须负责本阿米巴所有的工作，其中包括人员招聘。因为从外面招聘进来的员工稳定性较差，没有企业老员工介绍进来的员工稳定，所以公司各个阿米巴巴长各自发动本阿米巴小组内的所有员工介绍自己的朋友、同事。这样企业从只有一个人力资源部在负责招聘员工到各个阿米巴巴长共同参与，甚至连普通员工都发动起来，这样很快就解决了招聘难的问题。

17. 研发周期缩短，新产品性价比高

研发部是一个企业非常重要的部门，很多企业对研发部门的投资非常大，同时研发部也给企业带来了巨大的、新的经济增长点。可是仍然有很多企业的研发部门投入与产出严重不成比例，投入大，产出小。不是开发产品周期过长，就是研发出来的产品根本就没有市场。针对这样的现象怎么样去解决呢？

情景案例33

仍然以上例中东莞生产小家电为主的公司为例。这家公司在没有推行阿米巴经营之前也有一个研发部门，有7个人，其中电子工程师4人、结构工程师3人。分成两个研发小组，电子工程师小组和结构工程师小组，各设组长1名。结构设计是比较合理的，可是产出太低，一个新产品同竞争对手只要3个月就可以出产品走向市场，可是这家公司没有6个月出不了，而且成本偏高，产品性价比低，很难让消费者接受。这个问题在企业存在很久了，老板也想改变这样的不正常现象，于是采取了很多不同的管控和激励措施，仍然没有什么明显效果。

自从 2016 年公司推行阿米巴经营以来，在企业内部进行了长时间的经营哲学培训，于 2017 年 4 月对各个阿米巴正式运用了《单位时间核算表》，研发部门虽然不能进行独立核算，但是一样在阿米巴经营模式管控之内。

1）研发部根据客户要求进行可行性分析，然后立项。

2）每个月研发部都必须把本部门的研发进度公布于众，与各阿米巴《单位时间核算表》贴在同一个宣传栏内。

3）公布研发部所开发的产品销售业绩，同时公布企业为该产品所付出的研发成本。

4）季度和年度进行研发业绩总结，统计投入与产出的对比。同时把研发部的经营业绩以报表形式进行公布。

自从公司推行阿米巴经营以来，研发部压力大了，部门工资这么高，如果一直产生不了价值，研发部负责人该如何向公司交代？怎么向全体员工解释？在经营数据面前，研发部负责人再也没有任何借口为自己的失职做解释，只有重新整改整个研发部，淘汰不称职的工程师，制定有效的研发部管理制度，改变整个研发部门的工作风气。

在没有推行阿米巴经营以前，研发部的工程师通常不把任何人放在眼里，认为整个公司就数他们为企业做出的贡献最大，好像是他们在养活整个企业一样。平时哪怕工作再忙，这些工程师晚上也不会主动加班，如果公司要求他们加班也会有各种各样的理由推诿。通过推行阿米巴经营以后，特别是把研发部门的经营业绩公布出去，这些工程师的态度发生了很大的改变，在真实的经营业绩面前，没有做出业绩的工程师再也没有高傲的资本。

通过几个月的整改，研发部重新进行了组织结构调整，也从外部新招聘了 4 名工程师补充到研发团队，整个研发部的面貌焕然一新，工作氛围也比以前好了很多，工程师们也没有以前那么盲目地自信和高傲了，如果项目时间紧，晚上都会自动、自觉加班。与其他部门的配合也比以前和谐了很多。工作效率提升了，研发周期比以前短了，所研发出来的产品性价比也比以前高了，获得了客户的认同和支持。

第九章

培养阿米巴巴长

一、选择阿米巴巴长

1. 大阿米巴巴长的任职条件

1）最好是现任的车间主管、副主管,也可以外聘、内部提拔。

2）有较强的团队管理能力,对产品熟悉,有较强的沟通与协调能力。

3）上进心强,能够接受新鲜事物,喜欢尝试新的经营管理模式。

4）认可稻盛和夫的经营哲学,愿意主动学习阿米巴经营管理模式。

5）有成本意识,有质量意识,有责任感,敢于承担责任。

6）对下属有爱心,能够做到"以员工为本"。

7）有团队精神,有集体荣誉感,不拉帮结派,不搞山头主义。

8）对数据敏感,对交货期敏感,为人诚信、守信用。

9）服从公司上级领导指示,不搞山头主义;为人正直,公平、公正。

10）把"做人,何谓正确"作为自己及本阿米巴的判断基准。

11）有一定的培训能力且重视员工培训,有全局观念。

12）愿意接受经营管理会计培训。

2. 小阿米巴巴长的任职条件

1）最好是现任车间班长、副班长,组长、副组长等,有一定管理能力的技术人员,也可以外聘或者内部提拔。

2）有一定的管理能力,有上进心。

3）有一定的文化水平,愿意学习管理方法,愿意接受新的经营模式。

4) 有一定的沟通与协调能力，口头表达能力尚可。

5) 有做更高层次管理人员的欲望，有实干精神。

6) 对产品熟悉的优先考虑，为人正直，公平、公正。

7) 把"做人，何谓正确"作为本人的判断基准。

8) 有较强的成本和质量意识，对交货期敏感。

9) 诚实守信，服从上级的工作安排，不搞山头主义。

二、阿米巴巴长的培训

1. 经营哲学理念培训

首先培训他们关于稻盛和夫的经营哲学理念，要让他们明白企业为什么要学习稻盛和夫的经营哲学，明白不是因为跟风，而是企业经营真正需要。可以组织所有阿米巴巴长观看中央电视台采访稻盛和夫节目的视频，相信很多阿米巴巴长会被视频中播放的内容所震撼。一个人，一辈子如果能做一家世界500强企业已经非常了不起了，何况稻盛和夫先生做了两家世界500强企业，而且在短短一年内拯救了日本航空公司，是多么了不起，在强有力的事实面前不由得这些管理人员不佩服不敬仰。

用事实说服了各阿米巴巴长，让他们认为阿米巴经营是一个非常好的经营模式。这时新的问题来了，稻盛和夫是日本人，京瓷也是日本公司，日本航空公司更是日本企业的代表，所以很快就有所谓头脑反应很快的人提问说："这个阿米巴经营模式是日本人的东西，可能只适合日本企业，我们中国国情、文化都与日本不同，在日本企业可以推行成功，在我们中国企业不一定就能推行成功。"此时需要想办法说服他们，让他们相信阿米巴经营模式是没有国界、不分民族的，适合任何一个国家的企业。要列举很多这方面成功的案例，有美国的，有中国的等，同时还要列举一些在中国有很高知名度的企业家向稻盛和夫请教阿米巴经营方面的案例。例如，稻盛和夫与马云、稻盛和夫与华为总裁任正非、稻盛和夫与海尔集团董事局主席张瑞敏等。这些人在我们中国都是属于企业教父级的人物，引用这些人的案例，会比较容易说服阿米巴巴长和企业的高层管理人员。

通过大量的案例，终于基本说服各阿米巴巴长相信阿米巴经营适合中国的企业，尤其是制造型企业。

既然要学就要学好，培训工作更要做好。稻盛和夫的阿米巴经营模式分两大部分，第一部分是稻盛和夫的经营哲学，只有对稻盛和夫的经营哲学有了一定的了解才更容易学第二部分阿米巴经营实学，也才能真正明白为什么稻盛和夫有这样的经营理念，知其然也知其所以然。理解了阿米巴经营的精髓，那么下一步的推行过程就会游刃有余，可以做到举一反三，不死搬硬套。

既然稻盛和夫的经营哲学这么重要，那么什么是哲学呢？参加培训的阿米巴巴长是不是都知道什么是哲学呢？如果他们连什么是哲学都不知道，又怎么可能学会稻盛和夫的经营哲学呢？

为了让所有阿米巴巴长能够更好地理解稻盛和夫的经营哲学，有必要给这些阿米巴巴长讲一讲哲学的基本知识，也就是对这些人进行一次最基础的哲学知识扫盲，让参加培训的所有人都能够初步了解什么是哲学，为什么要学习哲学，哲学对人类起到什么作用。

一个合格的阿米巴巴长首先必须是一个优秀的管理人员，但是很多企业的车间主管、班组长管理能力非常弱，没有什么科学的管理方法，完全凭经验在管理车间。如果是这样的企业怎么办呢？那么接下来就要对他们进行管理能力培训。

培训完之后必须对各阿米巴巴长进行考核，检验他们对阿米经营模式的掌握程度，针对大阿米巴巴长和小阿米巴巴长设计不同的试题，小阿米巴巴长可以要求低一点，大阿米巴巴长必须要求高一点。主要考核他们对稻盛和夫经营哲学的理解程度，是表面上的理解还是理解了它的精髓。然后针对每一个阿米巴巴长的答题分别进行着重解讲，以纠正他们理解的误区。培训最好的方式之一就是让这些阿米巴巴长多讲,如果阿米巴巴长能够经常在各自阿米巴内部给下属员工做培训,那么他们的进步会非常快。为了加强阿米巴巴长对阿米巴经营模式的理解,公司要求所有阿米巴巴长必须自己设计课件(PPT),利用晚上时间轮流锻炼讲课水平,讲完之后大家可以一起互动,互相点评对方讲课的优点和不足之处。这样不仅锻炼了阿米巴巴长的讲课能力,同时也加深了阿米巴巴长对阿米巴经营模式的理解,因为他们要想在课堂上表现好一点,首先必须懂得怎么去讲这堂课,这样就逼着这些阿米巴巴长去多看书,理解越深讲得就会越好。

2. 管理技能培训

(1) 7S 培训

说到 7S(整理、整顿、清扫、清洁、素养、安全、节约,这 7 个单词的英文或日文首字母均为 S)培训可能有很多人说,7S 管理早就过时了啊,要不要讲一些高大上的管理模式呢?要想做好企业的经营管理,各个车间首先必须做好 7S 工作,很多车间主管、班组长对 7S 不重视,认为只是一些表面工作,不重要,影响不了产品质量。这个想法是错误的,必须改变这一观念。

培训阿米巴巴长的方式要灵活,首先可以组织观看一些 7S 做得不错的视频,让巴长们知道原来车间可以做到如此干净、整齐,在视觉上给他们一些冲击和震撼。最重要的是现场检查,下到车间只要看到有货物摆放在通道或者货物摆放不整齐、地上有零部件、设备不干净等现象,必须立即找到该阿米巴巴长,在现场进行一次思想意识培训。并且要让各个小阿米巴巴长都集中到现场培训。

这样的 7S 工作检查力度要大,在推行阿米巴前期,作为企业总经理、部门总监、经理要经常到一线检查,看到不符合要求的地方必须立即召集有关负责人进行现场培训,就这样不停地进行现场、现物、现景培训,阿米巴巴长对 7S 的意识会很快得到加强。前期可以由企业总经理带头检查，后期可以由各阿米巴带领总经理负责检查各自阿米巴的 7S 工作，由阿米巴巴长负责指出本阿米巴存在的问题，总经理只是跟在他后面，这样的方式可以考核各阿米巴巴长对 7S 的认识，以及发现问题的及时性。

为了打好基础，企业经营者必须狠抓 7S 工作，并且要一直持续下去。如果一家企业的 7S 工作能够坚持下去，那么这家企业的阿米巴经营应该可以得到很好落地。反之，如果一个公司连最基本的 7S 工作也做不好，那么也就不用谈什么阿米巴经营了。

在培训过程中，特别要加强对小阿米巴巴长的关注，他们才是一线的基层管理人员，所有工作都必须依靠他们去落实、去执行。要让他们具备经营者意识，觉得自己就是这个小阿米巴的老板，7S 工作做不好就是他的失职。

（2）质量意识及品质管控技能培训

如果一个企业生产一线的阿米巴巴长没有质量意识，那么推行阿米巴经营也不会有好的效果。有很多阿米巴巴长有质量意识，但是他们的质量管控技能较差。他们想做好，但不知道怎样才可以做好。没有质量意识的管理人员根本就不配做阿米巴巴长，公司最好另外寻找合适的人选。

对各阿米巴巴长质量管控技能培训，由生产制造中心与品质管理中心共同负责。具体计划可以由品质管理中心总监提供并且担任主要培训老师。各个阿米巴就像一个小工厂，既然是小工厂那么就有自己的 IPQC、IQC（来料质量控制）、QA（质量保证）。品质部要负责把各阿米巴的 IQC、IPQC、QA 培训合格。当然各阿米巴是否真的要设置这些品质管理岗位视具体情况而定，如果没有必要设置就可以不设置，只需要有人负责这方面的工作即可。

要对各阿米巴巴长进行品质管理七大手法的培训，即控制图、因果图、相关图、排列图、统计分析表、数据分层法、散布图，各阿米巴巴长要能独立使用这些统计工具,要求在以后的质量工作会议上各阿米巴巴长必须能够运用这些统计工具进行工作汇报。

(3) 经营管理会计知识培训

既然各阿米巴巴长就像一个小工厂老板,对各自阿米巴的经营负全部责任,那么必须给他们做有关成本管理及阿米巴经营模式中的经营管理会计培训,包括《单位时间核算表》。谈到经营会计很多人可能会想起书本上讲到的那种财务会计报表,如《资产负债表》《损益表》,这些表很多车间管理人员看不懂,没有一定的财务专业知识很难看懂这些财务报表。所以我们要同所有阿米巴巴长讲清楚,公司要求他们掌握的不是财务报表,而是经营管理报表,与财务报表不一样,经营管理报表每个人都能看得懂,它就像日常开支流水账一样,例如,这个月买米、买油、买菜、买衣服、水费、电费等开支一共用去多少钱,然后领了多少钱工资,最后还剩下多少钱。

《经营会计报表》的计算方法

	项目	金额
	销售额	100 000
变动费	销售成本	60 000
	其他变动费	5 000
	变动费利息	/
	合计	65 000
边界利益		35 000
固定费	人工费	10 000
	设备设施费	15 000
	其他固定费	5 000
	固定费利息	/
	合计	30 000
经营利润		5000
投入人员数(人)		100

销售额 − 变动费 = 边界利益

边界利益 − 固定费 = 经营利润

$$变动费率 = \frac{变动费}{销售额}$$

$$边界利益率 = \frac{边界利益}{销售额}$$

阿米巴之间的购销表

	工序A	工序B	工序C	制造部合计
对外出货			100万元	100万元
公司内部销售	30万元	70万元		100万元
公司内部采购		30万元	70万元	100万元
生产总值	30万元	40万元	30万元	100万元

销售佣金的负担金额

	工序A	工序B	工序C	制造中心合计	营销中心
对外出货			100万	100万	
公司内部销售	30万	70万		100万	
公司内部采购		30万	70万	100万	
生产总值	30万	40万	30万	100万	
支付佣金	3万	7万		10万	
获取佣金		3万	7万	10万	
销售佣金的负担额	3万	4万	3万	10万	

万→万元

阿米巴经营会计报表

	销售额	100 000
变动费	销售成本	60 000
	其他变动费	5 000
	变动费利息	/
	合计	65 000
	边界利益	35 000
固定费	人工费	10 000
	设备设施费	15 000
	其他固定费	5 000
	固定费利息	/
	合计	30 000
	经营利润	5000
	投入人员数（人）	100

边界利益 > 固定成本 = 赚钱

边界利益 < 固定成本 = 亏本

资产负债表

编制单位：北方公司　　2006年12月31日　　单位：（万元）

资产	年初数	期末数	负债和所有者权益	年初数	期末数
流动资产：			流动负债：		
货币资金	10	464.7	短期借款	0	300
交易性金融资产	0		交易性金融负债	0	0
应收票据	20	20	应付票据	0	0
应收账款	95	90	应付账款	80	80
预付账款	40	40	预收账款	80	80
应收利息	0	0	应付职工薪酬	10	10
应收股利	0	0	应交税费	0	55.84

(续)

资产	年初数	期末数	负债和所有者权益	年初数	期末数
其他应收款	25	25	应付利息	20	10
存货	250	200	应付股利	20	20
一年内到期非流动资产	0	0	其他应付款	40	40
其他流动资产	0	0	一年内到期的非流动负债	20	20
			其他流动负债	0	0
流动资产合计	440	839.7	流动负债合计	270	615.84
非流动资产:					
可供出售金融资产	200	200	非流动负债:		
持有至到期投资	0	0	长期借款	80	40
长期应收款	0	0	应付债券	0	0
长期股权投资	0	80	长期应付款	0	0
长期股权投资	0	0	专项应付款	0	0
投资性房产	0	0	预计负债	0	0
固定资产	1100	1060	递延所得税负债	0	0
在建工程	0	0	其他非流动负债	0	0
工程物资	0	0	非流动负债合计	80	40
固定资产清理	0	0	负债合计	350	655.84
无形资产	210	195	所有者权益		
开发支出	0	0	股本	1200	1200
商誉	0	0	资本公积	0	0
长期待摊费用	0	0	减:库存股		
递延所得税资产	0	0	盈余公积	100	111.89
其他非流动资产			未分配利润	300	406.97
非流动资产合计	1510	1535	股东权益合计	1600	1718.86
资产总计	1950	2374.7	负债和股东权益总计	1950	2374.7

阿米巴巴长学经营管理会计主要是以学习《单位时间核算表》为主,《变动费与固定费用表》只是大体对经营数据进行分析,对各个阿米巴巴长在日常经营管理方面帮助不大,真正能够帮助各个阿米巴巴长进行详细核算生产经营数据的只有《单位时间核算表》,通过这份表可以详细看出各个阿米巴单位的经营业绩以及所需要改善的地方。这样在工作时就有了一个很明确的方向,清楚努力的方向,同时也可以提前做好纠正与预防措施。

《单位时间核算表》《公司月度经营结算报表》对阿米巴巴长日常管理非常重要。

单位时间核算表（前工序车间）

阿米巴负责人：_____ 车间_____ _____月 单位：（元/小时）

项目					金额
一、总销售额					
总销售额	对外销售额				
	对内销售额				
二、所有经营成本					
车间直接费用	① 原材料：			公共费用分摊	① 部门管理工资	
	其中：锌合金				② 部门福利费	/
	其中：铝合金				③ 接待费	
	其中：铜材				④ 差旅费	
	其中：带钢				⑤ 办公水电费	
	其中：冷板				⑥ 社保费	
	其中：其他外购件				⑦ 办公费	
	其中：公司内部采购				⑧ 电话费	
	② 生产辅料费（详见附表）				⑨ 招聘费	
	③ 低值易耗品（详见附表）				⑩ 快递费	
	④ 工人工资	/			⑪ 维修费	
	⑤ 车间管理人员工资	/			⑫ 其他费用	
	⑥ 水费				⑬ 租金	
	⑦ 电费				⑭ 离职准备金	
	⑧ 机器折旧费				⑮ 折旧与摊销	
	⑨ 维修费				⑯ 银行手续费	
	⑩ 租金				⑰ 企业所得税	
	⑪ 办公费				⑱ 增值税	
	⑫ 社保费				⑲ 城市建设税	
	⑬ 员工福利费				⑳ 教育费附加	
	⑭ 招聘费				㉑ 堤围防护费	
	⑮ 工伤医疗费				㉒ 印花税	
	⑯ 报废产品扣款				㉓ 产品运输费	
					㉔ 报关费	
三、车间利润：总销售额－经营成本					
四、总上班时间					
五、单位时间附加值	正常上班时间				
	加班工时时间				
	车间利润/总上班时间				

公司月度经营结算报表

_____年 _____月　　　　　　　　　　　　　　　　　单位：（元）

销售总额：					
制造总成本：					
营业外收入总数：					
纯利润：（销售总额－制造总成本＋营业外收入总数）					
全厂上班总时间：					
单位时间附加值：（纯利润/全厂上班总时间）					
营业外收入由以下项目组成					
一、利息收入：		二、理财收益：		三、废品收入：	
制造成本由以下项目组成：					
一、主要原材料 （总计：　　元）		四、低值易耗品 （总计：　　元）		十七、接待费	
1. 锌合金耗用		1. 手套		十八、招聘费	
2. 铝合金耗用		2. 口罩		十九、快递费	
3. 铜件耗用		3. 钻头（针）		二十、维修费	
4. 带钢耗用		4. 沙带		二十一、其他	
5. 冷板耗用		5. 磨才		二十二、租金	
6. 不锈钢耗用		6. 扫帚		二十三、差旅费	
7. 外购半成品耗用		7. 其他		二十四、离职工资	
8. 合金塑料粒耗用		五、生产工资		二十五、折旧与摊销	
9. 其他材料耗用		六、燃油动力费		二十六、银行手续费	
二、包装物料 （总计：　　元）		七、物料耗用		二十七、个人所得税	
1. 纸箱耗用		八、设备折旧费		二十八、企业所得税	
2. 不干胶耗用		九、加工费		二十九、增值税	
3. 白垫纸耗用		十、维修费		三十、维护建设税	
4. 标签耗用		十一、运输费		三十一、教育费附加	
5. 其他包装物耗用		十二、模具费		三十二、堤围费	
三、辅助材料 （总计：　　元）		十三、其他		三十三、印花税	
1. 油漆材料耗用		十四、水电费 （总计：　　元）		三十四、产品运输费	
2. 移印材料耗用		1. 水费		三十五、报关费	
3. 打包带		2. 电费			
4. 透明胶		十五、工伤医疗费			
5. 拉伸膜		十六、员工福利费			

(4) 培养阿米巴巴长独自处理工作的习惯和能力

"让各阿米巴巴长像老板一样去思考经营问题，具备经营者意识"，这句话说起来比较容易，但怎样才能让这些阿米巴巴长具有经营者意识呢？怎样才能让他们具备一个小厂长的工作能力呢？如果不有意识地去培养他们，他们的思想意识也没有这么快得到转变，遇到困难会习惯性地找上司。怎样才能让他们快速成长呢？为了使这些阿米巴巴长能够快速成长起来，我们在平常的工作中，必须全面放权让他们去开展各自阿米巴的工作，容许他们犯错误，但不可以犯同样的错误。

例如，有员工想要调换工作岗位，他首先找到了自己的小阿米巴巴长，小阿米巴巴长没有同意，接着这个员工就去找大阿米巴巴长，这时大阿米巴巴长必须有意识地让小阿米巴巴长全权处理这个问题。大阿米巴巴长可以对这个小阿米巴巴长这样说："这件事你全权负责处理，我是不会管的。你就像一个小厂长一样，你认为该怎么处理就怎么处理。"如果有更大的事情大阿米巴巴长找到制造总监，那么制造总监也必须以同样的办法来处理这些问题，即必须让大阿米巴巴长学会全权处理本阿米巴的工作，就算完成不了订单也要让他自己去想办法。多磨炼几次这些阿米巴巴长就成熟了。所以，必须在日常工作中培训他们，不让他们有任何依赖。

通过这种方式一点点慢慢培养各阿米巴巴长独立处理工作的能力，时间久了他们也就成习惯了，最后个个真的像一个小厂长一样，具有全面思考处理问题的能力。

(5) 培养阿米巴巴长主持经营总结会议的能力

主持会议是一个经营者必须具备的工作能力，特别是大阿米巴巴长，必须有较强的会议主持能力。明白这样的会议应该怎样召开，在会议当中作为一个阿米巴巴长应该要讲哪些内容，怎样把控整个会议的进度，同时怎样对参会人员提出工作要求等。会议主持工作不仅重要而且也是最基本的能力要求，所以在日常的工作中可以让各自阿米巴巴长主持召开各自阿米巴的经营总结会议，上层领导要有意识地去参加这些阿米巴经营工作会议，同时对他们的不足之处给予纠正和指导。

（6）对小阿米巴巴长要进行最基本的管理知识培训

大阿米巴巴长本身就具备一定的管理经验，同时个人素质相对来说也较高，所以大阿米巴巴长主要是做思想层面的培训及阿米巴经营专业知识的培训。小阿米巴巴长不仅要做思想层面的培训而且还要给他们做管理知识的培训。实际上小阿米巴巴长非常重要，所有的工作必须依靠他们去完成，他们整天守在生产一线，对员工的心理活动和真实的生产一线信息比大阿米巴巴长清楚，他们的行为举止、工作态度能够随时影响各自小阿米巴内部员工，他们是整个生产中心的核心力量。

公司可以利用晚上时间多开一些生产管理、物料管理、成本管理、质量管理等方面的基础培训课程，多买一些这方面的工具书发给这些阿米巴巴长。当然有培训就必须有考核，可以出一些案例题给他们做，从中发现一些有潜力的小阿米巴巴长。在会上可以多让小阿米巴巴长发言，让他们有参与感，同时更是培训他们的好机会。只要有机会就不能放过，对这些阿米巴巴长必须随时、随地进行培训。

（7）培训合理定价的技能

推行阿米巴经营的企业内部定价非常重要，所以各个阿米巴巴长必须学会怎样进行合理的内部定价。内部定价其实并不是很难，在本书的前面章节有详细讲述，这里不再重复。

（8）培养全局观念

没有全局观念的管理人员不是合格的管理人员，没有全局观念的阿米巴巴长更不是合格的阿米巴巴长。阿米巴巴长必须有团队意识，服从总公司指令，有全局观念。但是，一些企业在推行阿米巴经营之前，很多管理人员没有全局观念。

全局观念的培训是比较高思想层面的培养，要使各个阿米巴巴长在处理问题时站在更高的角度去看问题，让他们多主持会议，多给下面的员工培训，从多个角度来培养他们的全局观念。

（9）培养成本意识

成本意识往往容易被很多人忽视，很多管理人员认为成本是老板应该考虑的问题，与他们关系不大。如果不关心成本就等于不关心利润。哪有企业的老板不关心利润呢？一个企业如果只有老板一个人关心企业的经营成本，其他管理人员都漠不关心，那么这家企业离倒闭只是时间问题。

推行阿米巴经营首先是要培养一批具有经营者意识的领导，培养他们像老板一样关心经营成本，只有时刻关心本阿米巴的经营成本才会创造高效益。通过《单位时间核算表》可以看出各个阿米巴的各项经营费用，如果多加一名员工销售业绩不变，那么该阿米巴的单位时间附加值就减少了。《单位时间核算表》的目的之一，就是用来培养各阿米巴巴长经营意识的，成本即利润，节约了成本就是为公司创造了利润。

阿米巴巴长要把每个月的《单位时间核算表》与前两个月进行对比，逐项对比各个经营环节的费用开支，找出浪费的原因，制定改善与纠正措施，从而把各种可能造成浪费的各个经营环节全部堵死。通过这样的模式不断培养他们的成本意识，天天面对这些经营成本数据，时间久了就会习惯，最后关注企业经营成本就会成为一件自然而然的事情，是一件最基础的工作了。

通过各种各样的方法和手段培训各个阿米巴巴长，使他们具有经营者意识，像一个小老板一样，像一个小厂长一样地去思考、去经营自己的阿米巴单位。在培训的过程中激励制度要多于处罚制度，以激励为主，多引导、多教育，要有耐心。对真正不接受企业价值观的阿米巴巴长，经过多次思想教育、沟通，仍然不思进取的，只能请他们离开公司，从而确保团队思想观念的统一。只有思想统一，才能哲学共有，这样才能有效推行阿米巴经营，才能获得好的经营效果，公司也才能成为高收益企业。

第十章

推行阿米巴经营的典型案例

案例1：稻盛和夫拯救日本航空公司

2009年，世界第三大航空公司，一度被视作"日本株式会社"战后经济繁荣的骄傲象征、拥有58年历史的日本航空公司（日航），负债高达约1220亿元（人民币），宣告破产，成为日本自第二次世界大战结束以来最大的一宗非金融企业破产案。时任日本首相鸠山由纪夫亲自登门邀请稻盛和夫先生出山拯救日航。当时已经78岁高龄的稻盛和夫欣然应允。这位早已在日本声名鹊起的著名企业家仅用了14个月的时间，就将日航从年亏损144亿元（人民币），强势逆转为年盈利150亿元（人民币），并以历史最快的速度完成再次上市。

以下所述的稻盛和夫拯救日航的内容，很多来自当时随同稻盛和夫先生一起参与拯救日航工作的森田直行先生的记录文稿，内容真实。

稻盛和夫先生拯救日航当时从京瓷带了两个人过去，一个是他的老秘书大田喜任先生，另外一个是京瓷前副会长森田直行先生。如果说稻盛和夫先生是阿米巴经营思想的构建者，那么森田直行先生就是阿米巴经营模式在京瓷公司推行的执行者和策划者，在拯救日航的过程中森田直行先生功不可没。

2010年1月，稻盛和夫先生接受日本政府的强烈要求，就任已经破产的日本航空公司会长，当时森田直行先生作为会长助理兼财务总监代理参与了拯救日航全过程。

当时日航的重建有很多国际上知名的大型咨询公司报名想接手重建工作，

但是都被日航否定了。重建日航必须满足三个条件：①非运输业的经营者；②在国内外有很高的知名度且有创业经验；③有经营大企业的实战经验。能满足这三个条件的，非稻盛和夫先生莫属。

那个时候，很多人都对日航的重建不持乐观的态度，认为要在短时间内解决日航长期以来形成的重症顽疾，不是一件容易的事情，因此各方面都认为重建工作不会成功。日航可能会面临第二次破产。

日航在人事政策、飞行线路计划的合理化、高效率地配置飞机等方面都存在着严重的问题，而且这些问题长期以来没有得到解决。

在赴任日航之后，稻盛和夫先生、森田直行先生以及大田先生对日航进行了一次全面的访谈和调研。他们走遍了飞机维护工厂和机场，向现场的员工彻底地了解日航运营的现状。在集团公司总部他们同日航的100家子公司的社长进行了个别谈话，了解日航，同时也了解了航空产业。

调查完他们发现，在日航不能马上拿到企业想要的经营数字信息，每个月的利润表基本上要晚两个月才能出来，100家关联公司每个月的《资产负债表》也没有，而且也不知道到底是谁对企业的利润负责。

日航集团有一个预算管理制度，作为营业额的收入预算由销售机票部门和负责货物运输的货物运送本部决定，而经费预算则在集团所有部门展开。经营企划本部负责把握集团的整体，经营权力似乎都集中在这个本部里面，但他们并不对集团公司的利润负责。营业额目标即便没有达成，也几乎无人问津，无人负责，而经费则总是被彻底消化，且没有负责检查经费开支是否合理的部门。对于一直以来实行部门结算制度的稻盛和夫他们来说，这种经营着实让他们非常地震惊。

日航的高管们都认为"比起利润，安全优先""作为一个公共交通机关，即便是赤字航线，也应该坚持飞行"。森田先生说，直到后来稻盛和夫先生给他们指出"想要保持安全飞行，是不是需要资金呢？"他们当中很多人才意识到利润的必要性，而在当初，几乎没有人认识到这一点。

森田直行先生说，破产前日航的管理人员很多人都认为日航是代表日本的航空公司，他们是带着骄傲和自豪来工作的。因此，即使是赤字航线也要坚持飞行，比起利润，安全更重要的想法是日航管理人员的基本想法。各个部门的任务，就是充分利用预算好的经费，切实地将工作做完，而且没有人怀疑这里面是不是有问题。在稻盛和夫先生做访谈时，森田先生说日航很多员工都说这是他们公司的常识，并且发现公司总部工作人员和现场的员工之间基本上没有任何交流和沟通。

2010年2月1日，稻盛和夫正式就任日航会长时说了这样一段话："实现新的计划关键就在于一心一意、不屈不挠。因此，必须聚精会神，抱着高尚的思想和强烈的愿望，坚韧不拔干到底。"这段话从8月开始，被做成标语牌挂在日航各个办公场所，同时公司报纸上也在头版刊载。

2010年4月15日，稻盛和夫先生召集了日航集团的所有执行董事、总部的各个部长到一起进行了一次讲座，稻盛和夫先生做了演讲。森田先生说，一开始日航的管理层对稻盛和夫的经营哲学的宣导都是持怀疑态度的，甚至在管理人员中开始有人说："精神论能拯救日航吗？"实际上这些人的不良反应都在稻盛和夫的意料之中。

在大多数人看来，日航衰败的主因无外乎几点：从外部看，一路走高的油价，让拥有众多能效低的大飞机的日航越来越难以负荷，金融危机也导致乘客减少；从内部看，20世纪80年代日本资产和股票泡沫破裂，日航针对外国度假项目、酒店项目的风险投资给公司带来了损害；同时，日航必须担负不断增加的养老、工资开支，还必须经营着不盈利却有"政治需要"的许多国内航线网络。

但是稻盛和夫先生认为，这些不是全部真相，他在无数事实和见解中找出了更深层次的原因，占据首位的便是日航人思想意识涣散，不统一。

日航的服务一直为外界称道，但稻盛和夫发现，日航的服务已经显得表面化、程式化，以致有人曾用"殷勤无礼"批评破产重建前的日航。员工各自为政，按照自己的想法做事，形不成合力，管理层更是官僚化严重，缺乏足够的危机感。

稻盛和夫先生的判断依据一部分来自他的观察和询问，另一部分则来自他的经验。盛和塾的学员来自几百家企业，稻盛和夫先生见的问题太多了，做不好的企业都有一些共性。诊断清楚后，稻盛和夫先生便通过各种方式向日航的员工灌输他的经营哲学。

每个月稻盛和夫先生都要开一次大会，向员工宣讲他的哲学，倡导"敬天爱人""利他之心""做人，何谓正确"，热爱自己的生活和工作，宣示生命的意义在于克服困难、完善自我。结合日航的实际，他要求大家投入热情做事，发自内心地为客户着想，而不仅仅是遵照工作守则。同时，稻盛和夫先生从2016年6月开始组织干部学习会，第一期约50人，用一个月时间对各级领导人进行彻底的教育。内容包括经营者应具备的资质，经营企业所必需的管理会计知识等。第一个月，学习会每周举办4次，其中稻盛和夫亲自讲解6次，工作之余他还与大家一起饮酒讨论。

据说刚开始有些人还不乐意听，但后来所有人的精神都振作起来了，连眼神都变了。领导人的责任意识开始建立，一同上课的人之间产生了强烈的一体感。几个月下来已有200余人参加了学习。

"我觉得自己很荣幸。"时任日本航空关西地区总支配人的山口荣一说，如此近距离地接受稻盛和夫的精神洗礼，比之前在书本、电视上学习，效果好上百倍。

渐渐地，稻盛和夫先生的经营哲学由高层管理者向中层管理者乃至员工渗透。日航人手一本《日航经营哲学》，小册子的主要内容就是稻盛和夫的经营哲学，结合日航的具体情况做了一些编写。

根据规定，日航的每个本部按照年度和月度制订自己的预算，长期以来的实践使得日航各个部门预算制订得非常周到细致。本来如果要导入各部门结算制度的话，需要把各个部门的眉目开支情况严格地进行审核检查，但这需要比较长时间的准备。因此，稻盛和夫先生改变了策略，只要求财务部门做出每个月的利润表。然后根据Master Plan制订年度预算，再根据每个月的利润表做出每个月的结算表，并且将这些资料指定为绩效报告会的必须资料。绩效报告会是集团公司级别的，各个本部汇报自己业绩和经营结果的经营会议。最初，这个会议的目的是"推进经费削减"和"提高干部的数字意识"。

森田先生说，在第一次召开这个绩效报告会时，稻盛和夫先生说了一段这样的话："'预算'这词不好。经费的预算一般都会按照预定花得干干净净，而销售额和利润却很难达成。我们找别的词来换掉'预算'这个词吧。"于是，在稻盛和夫先生的授意下，日航内部取消了"预算"这个词，而开始使用"计划"这个词。实际上，这并不是用词的变更。在实际的运用上，稻盛和夫也做了一些规定：经费虽然有开支计划，但如果经营业绩和结果不理想，经费也不能100%都用光。

在一次经营总结会上，有一位日航的本部长在报告他所负责部门绩效时的态度极不严肃，似乎是在说与他本人无关的事情一样，当时稻盛和夫先生就非常生气并且批评道："你报告起绩效来好像跟你自己无关，在说道别人的事情一样，这么惨淡的业绩，就是你这样的人领导的结果！"结果那位部长也不示弱，反驳道："这样的结果不是我的原因。"听了他的反驳，稻盛和夫先生大怒，脸颊也气得通红，怒声吼道："就是你的原因！"

就这样，在一开始稻盛和夫先生听管理人员做报告时，经常会发火："你是经济评论家吗？"之所以这样是因为稻盛和夫先生对每一项工作总是"动真格的"，这里不允许有任何开玩笑的成分。

在经历过几次经营总结会议之后，各个部门的负责人开始努力起来，很快就有了不错的成效，尤其是经费削减，几乎每天都有新的削减改善方案出台。由于每一位部长都亲自到现场对经费削减进行详细的调查研究，发现了问题则在现场及时进行解决，于是成果更是非常明显。由于亲自做足了功课，管理人员在绩效报告会上的报告也变得更加游刃有余，报告内容也变得丰富真实起来。

据森田先生说，每次经营总结会议结束之后，为了促进公司内部各个部门之间的沟通和交流，一般都会组织聚餐交流会。以前的日航没有召开过这样的绩效报告会。经营会议一般是由各个部门经理大概地介绍一下本部门的情况。部门经理谈到经费也是只讲一个部门的总额，具体项目以及各项目的明细金额自然无从知晓。现在，各个部门经理每个月都会详细审阅本部门的利润表，为了弄明白一笔账甚至亲自前往现场查看，听取员工意见，并积极带动大家共同寻找解决问题、改善现状的方法。这样，上下级之间的交流越发活跃，而经费的削减也实现了巨大的飞跃。

稻盛和夫先生将这个绩效报告会定位为"日航最重要会议"，一次会议基本上连续召开三天，而且稻盛和夫先生本人一次都没有缺席，全都参加了。以前的日航经营会议，一般是讨论如何按照预算来开展工作，现在的经营总结会上，讨论的内容则变成了"如何削减经费，如何增加利润"。

在对日航员工进行经营哲学渗透的同时，为了真正在日航导入阿米巴经营，森田先生做了大量的准备工作，主要有两个内容：一个是为了导入部门核算制度而进行了组织改革；另一个是在日航内部构建了能迅速将经营数字汇总出来的机制。

在日航期间稻盛和夫先生的拍手是最好的奖励，稻盛和夫先生很注重对员工的鼓励。自从宣布破产保护，日航的士气便陷入前所未有的低迷。公众用放大镜看日航，似乎每个人都是先知。时至今日，山口荣一也反复提到日航曾是"破产公司"，足见"破产"二字给日航员工造成的阴影。

在当时的情况下，金钱、股权都不再是激励员工的法宝，"我们得到最好的奖励就是稻盛和夫先生的拍手"，山口荣一说，在他看来，员工留下来战斗，主要追求的是起死回生的成就感。

为了帮助日航重塑信心，稻盛和夫先生费了很多心思。例如，盛和塾印了 55 万张"日航后援团"卡片，号召盛和塾的会员们以及他们的家属、朋友都选乘日航，并在机场将写有鼓励话语的卡片送给日航员工。从 2010 年 7 月开始，稻盛和夫先生就开始到各个机场巡访，与那里的员工对话，他要求一线员工对乘客抱有真诚的感恩之心、亲切的关怀之心。他本人乘飞机也总是坐在日航的经济舱里，表明与员工同甘共苦的决心。而且他在日航不拿一分钱的工资。

在稻盛和夫先生的感召下，日航的员工们开始反思如何改进服务。例如，对于那些在日航宣布破产后，仍然选乘日航的乘客，员工们决定乘务长致欢迎词时站在前面鞠躬行礼，还提高了送餐送水的效率，观察并满足乘客的需求，以表达歉疚和感激。日航还致力于准点率的提升，做好起飞前的各项准备工作，他们以分甚至秒作为计算时间的单位。如今日航的准点率做到了世界第一。如果被迫推迟起飞，日航也会不惜增加燃油，加速飞行，以期准时降落。

这些努力改变了乘客的评价，也改变了日航员工的心情。他们开始为自己和日航的进步而获得成就感，并不断以此激励自己和团队。这种"精气神"，正是让日航起死回生最重要的力量，也是稻盛和夫哲学的现实写照。

案例2：一个失败的案例及分析

某制造有限公司是一家成立于1997年的民营企业，董事长王先生是创业者。该公司专业从事小五金生产制造，员工有1500多人，生产设备相对比较落后，厂房自建，产品以内销为主。自从2013年以来公司订单一年比一年少，内部经营管理水平较差，工作效率低，浪费大，员工工作积极性不高，公司内部山头主义严重。在这样的情况下，王董事长不得不思考企业出路的问题，如果长期这样下去企业倒闭是迟早的事情，所以经过再三考虑，他决定聘请管理顾问公司协助企业推行阿米巴经营。

1. 与顾问公司的合作过程

怎样才能找到一家真正具有实操经验的管理顾问公司成了王董事长头痛的事情，他带着公司几个高层管理人员分别听了三家管理顾问公司的课程，经过企业高层协商，最后一致决定聘请据说具有丰富阿米巴实操经验的一家公司，在此我们称它为A公司。就这样A公司开始了他们的辅导工作。

A公司展开工作。合同上注明一个月老师来企业两次，每次两位老师，每次待 1~2 天。

第一次 A 公司来了 4 个人，两位老师，另外两位据说是老师助理。他们召集企业中高层管理人员在酒店开了一个项目启动大会，讲了一天的课。

第二天开始对企业进行诊断，为期两天，两个人 4 个工作日。最后他们向企业提交了一份诊断报告书，主要内容如下。

1）员工工作时间纪律散漫，对企业没有归属感。

2）各部门岗位职责不明确。

3）供应商材料供应不及时，质量也得不到保证，经常严重影响生产交货期。

4）各部门山头主义比较严重，部门间配合不好。

5）新入职的管理人员很难生存。

6）生产制造过程中的浪费比较大。

7）车间物料堆放比较多，谁都不去关心成本问题。

8）发生质量异常推诿责任现象比较严重。

9）设备维护工作做得不好，使得产品生产精度不高。

10）仓库呆料多，分不清是谁的责任。

11）员工工作效率低，没有工作积极性。

12）质量异常比较多，且同样的错误重复犯。

13）开会的时候经常吵架。

王董事长接过这份诊断报告书看完之后觉得分析得非常有道理，上面所列的问题的确也是企业真实存在的问题，如果能通过推行阿米巴经营得到改善就太好了。

企业诊断报告出来了，接下来的工作是怎样导入稻盛和夫的经营哲学以及阿米巴经营模式。管理顾问公司经过协商制订了一份阿米巴经营推行计划表。

阿米巴经营辅导推行计划表主要内容如下。

辅导项目：佛山某制造有限公司阿米巴经营模式推行计划表。

辅导公司：某管理顾问有限公司。

辅导组长：张老师。

组员：顾问公司视具体情况决定。

辅导时间：1年（每月上门两次，每次不少于两个老师，每次在企业工作2~3天）。

一年时间共讲授或执行36堂课，每堂课讲授或执行1天时间，每个月主讲或执行2~5个项目不等。讲授或执行内容依次如下：主讲稻盛和夫的经营哲学；主讲稻盛和夫的经营实学，培训对象为中高层管理人员及其他相关人员，如董事长、总经理；商讨企业战略管理经营计划及组织结构的合理性；商讨企业战略管理经营计划及组织结构的合理性，同时拟定新的组织结构；阿米巴经营组织的特征及运作方式（量化分权与SBU）；阿米巴经营组织量化分权的理念讲解；制订年度经营计划；划分阿米巴单位；量化分权内部推行；内部定价前期重点讲解；内部定价（连续两天）；重复培训稻盛和夫经营哲学；到各阿米巴单位走访；模拟内部核算（连续两天）；内部交易（连续两天）；考核激励；绩效评估与奖罚；经营总经会议；制定纠正与预防措施；制定新的经营目标；制定新的经营目标，与管理人员互动；针对个别部门培训稻盛和夫经营哲学；走访各个阿米巴，晚上参加公司聚餐，同时与员工互动；视具体情况决定当天辅导内容（连续两天）；参与企业3月份经营总结会议，同时总结经验提出改进建议；视具体情况决定当天辅导内容；运转结算管理PDCA循环（连续两天）；视具体情况决定当天辅导内容（连续两天）；参与5月份月度经营总结会议，对辅导项目进行总结；对辅导阿米巴经营项目进行最终效果评估，项目终结。

这就是整个阿米巴推行时间计划表，他们也几乎按照这个计划实施辅导项目。

现在我们来分析这家管理顾问公司的综合辅导能力（辅导前没有进行验证，所有信息完全来源于管理顾问公司自己介绍）。

这家管理顾问公司成立于2006年，国内阿米巴落地辅导先行者。老板A先生据他自己介绍以及该公司网页介绍，大致情况是：A先生有着丰富的阿米巴经营实操经验，且在日本某企业任职高管，在国内大型企业任职过总经理职务，是国内阿米巴落地辅导的先行者，且已经成功辅导了众多企业推行阿米巴经营模式。看介绍，感觉真的很不错。

据他们自己介绍，顾问老师 B 先生，曾任国内某公司副总经理，有多年企业经营管理经验，阿米巴经营模式落地辅导权威专家，成功辅导过国内多家知名大型企业。像这样的老师据说还有很多，不做一一介绍。

王董事长后来告诉我说，主要负责辅导他们公司的那位张老师在讲稻盛和夫经营哲学时就总感觉理论太多，没有结合实际工作中的案例加以分析、剖析，只是一味地按照书上的内容讲。其实这些理念大家都懂，只是不能真正注入他们的内心深处，不能注入他们的灵魂。同时也感觉这位老师讲课时表演的成分比较多，很会搞氛围。但是实际教给大家解决工作问题的有效方法比较少。

在划分阿米巴时，主要划分的是生产部门以及市场部，各个车间都被划分为一个独立的阿米巴经营单位。只划分到各个大的车间，车间内部没有细分小的阿米巴，据说是因为时机不成熟，目前不划分小的阿米巴组织。

在内部定价时他们没有参考外部市场价，只是根据自己核算出来的成本价进行内部定价。而且老板也不同意把产品利润公开，那么核算单位时间附加价值数据就不会准确，也得不到企业想要得到的结果。

在内部交易过程中，由于交易双方的态度不严谨导致数据错误较多。

当产品质量出现问题时，各个阿米巴单位仍然互相推卸责任，独立经营只是一句空话。各个阿米巴巴长思想不成熟，完全没有具备独立经营的意识，这是失败的根源，各项推行阿米巴的工作只是一种表面现象，没有从本质上解决问题。

数据统计速度太慢，不但慢而且不准确。这个问题责任在数据统计部门，推行阿米巴经营如果没有一个强大的数据核算部门根本不可能成功，拥有一个强大的数据核算部门是推行阿米巴经营成功的重要保证。据说王董事长不太愿意聘请太多的统计人员，同时也没有对现有的统计人员进行有效的培训，统计人员的工作积极性没有调动起来。

在推行的过程中没有把握好度的问题，基础工作做得不扎实，管理人员及员工对稻盛和夫经营哲学理解不够，没有从内心接受这一经营理念。

统计人员同各阿米巴生产单位打成一片，没有工作的独立性，在一定程度上受阿米巴巴长的影响，在录入数据方面不能做到真正严格把关，这是经营管理部门的失职。

辅导老师在辅导过程中起不到真正的指导作用，更多的是理论方面的要求，在具体实操方面经验不够，把控力度不强，当企业真正发生管理难题时给不出一个有效的解决方案。

各个阿米巴巴长没有拟订本单位的经营计划，没有像企业经营者那样去计划本阿米巴的经营目标，仍然像以前一样按照公司所下的订单生产，没有自主地去思考企业经营问题，没有考虑是否可以在现有的基础上接更多的订单，从而提升本阿米巴的产值，也没有像一个企业经营者那样去思考降低经营成本。

每个月的经营总结会议成了吵架大会，成了批评会议，各个阿米巴之间的关系相比以前反而越来越差，在大会上互相推卸责任，互相指责对方，有的甚至口出粗言，就差没有打起来了。没有推行阿米巴经营以前，各部门虽然配合也存在一些问题，但是公司没有把大家集中起来追究管理责任，所以也相安无事，矛盾没有爆发出来。推行阿米巴经营模式以后，每个月的经营总结会议，因为会议主持者没有把控好，也因为管理顾问公司实际操作经验不够，把阿米巴经营搞成了绩效考核。

采购部仍然像以前一样，采购回来的原材料经常有质量问题，加工供应商不能及时提供产品，更严重的是采购部好像经常帮供应商说话，明明是供应商的问题，仍然把责任归属企业内部。这样的现象仍旧时有发生。

受推行时间限制，明明企业管理人员及员工大部分仍然没有接受稻盛和夫的经营哲学理念，思想不统一，对阿米巴经营管理模式存在严重的不信任，在经营理念基础如此薄弱的情况下，仍然进行阿米巴独立核算强行推行阿米巴经营。

当发现问题时，阿米巴领导没有及时做出有效改善措施，经验总结工作没有做到位，PDCA 循环运作管理机制失效。

为什么会发生这样的现象呢？后来王董事长回忆说，事后他一直在思考为什么项目会失败，失败的主要原因是什么，他当时是下了非常大的决心做阿米巴经营项目的，对管理顾问公司的支持力度也非常大，为什么这么大的力度做这个项目最终仍然是失败呢？是企业自身的问题还是管理顾问公司的问题？还是阿米巴经营模式真的不适合中国民营企业？

2．失败的原因分析

王董事长的公司推行阿米巴经营项目失败的原因比较多，具体失败原因分析如下。

1）管理顾问公司阿米巴落地实操经验不够。实施辅导的首席顾问老师个人没有成功的企业高层工作经验，也同样比较缺乏阿米巴经营落地实操经验，目前仍然处在学习阶段。辅导的过程中仅凭一些理念知识以及曾经辅导其他管理体系的经验，由于阿米巴经营与其他管理体系存在比较大的差异，所以实施起来遇到阿米巴经营专业问题就很难给出一个有效的解决方案。

2）在推行过程中没有把握好度，没有灵活地根据实际推行效果来合理调整培训时间及培训内容。

3）推行阿米巴经营拥有强大的数据核算部门是确保推行成功的重要保证，可是企业在这方面比较欠缺。当然管理顾问公司应该就此与企业经营者进行沟通，必须说服老板配备强大的数据核算人员，否则还不如不开展这个项目。

4）很多阿米巴巴长没有从内心接受稻盛和夫的经营哲学，不接受阿米巴的经营理念，盲目开展阿米巴经营项目肯定会失败。

5）培训方法有问题，不够灵活，并且在培训时没有列举一些工作中常见的案例来启发大家，使大家听课时比较吃力，有时候难以理解一些哲理性比较深的经营理念。

6）推行组长个人的能力有限。经营管理水平不高，使大家从心里有点看不起他，认为他就是一个表演性的培训讲师，不具备真正辅导一家企业的能力。这样的培训讲师在推行理念的过程中效果必然大打折扣。

7）内部定价时没有参考外部市场价。这样所定出来的内部价格代表不了当时市场价格，与市场脱节是一种盲目的经营行为，必然会遭遇潜在的经营风险。

8）内部交易的数据不真实。这是阿米巴经营最不允许的地方，也是该公司推行阿米巴经营最大的败笔。数据做假，得出来的数据肯定也是假的，既然都是假的数据，那么核算就失去了意义，最后得出来的"单位时间附加值"也就没有任何意义。

9）企业经营者存在一定的思想认识问题。例如配备的数据核算人员不足。既然决定推行阿米巴经营模式，花了重金聘请了管理顾问公司，反而在关键时刻舍不得投资多聘请几个统计人员，这说明企业本身也有责任。

10）在前期宣导阶段，企业经营者没有着重讲"满足员工物质与精神两方面都幸福"这样的承诺。员工认为企业推行阿米巴经营所带来的收益与他们无关，所以积极性不高是在情理之中的。

11）企业经营者与员工之间的互动太少，不能让员工感受到企业的真诚。

12）管理顾问公司在推行的过程中失控，抓不住解决问题的重点。

13）在公共费用摊分方面不合理，导致部分阿米巴领导心中存在不服现象，认为摊分费用不公平、不公正、不合理，心中对企业高层存在严重不满，然后又把这些不满的情绪带到工作中，形成恶性循环。

14）辅导组长在月度经营总结会议上使用的方法错误，解决问题的方式很容易引起各阿米巴之间的争议，不具备高层开会的经验，更欠缺主持高层会议的经验，最后把一个阿米巴经营总结会议搞成了批斗大会，引起大家的共同不满。

15）辅导组长不能及时发现推行过程中出现的问题，发现了问题又没有及时做出有效的纠正措施，导致问题迟迟得不到解决，最后累积成了大问题。

16）辅导组长在给予业绩比较优秀的阿米巴巴长表扬与激励时方法是错误的，实际上演变成了一种绩效考核方式，与阿米巴经营所要求的表扬与激励不相符。理念不对，结果肯定不理想。

在这个案例中管理顾问公司存在的问题最严重。如果制造公司聘请的管理顾问公司是一个真正有实操经验的公司，其结果肯定完全不同。也就是说，一个企业如果想推行阿米巴经营，选择一个好的管理顾问公司是非常重要的。管理顾问公司选对了，项目实施也就成功了一半；如果选错了，那么从开始就是错的，结果肯定是给顾问老师练手了，失败是必然的。

3. 经验总结

1）谨慎选择管理顾问公司。当我说谨慎选择管理顾问公司时王董事长说：“我当时也是很认真地选择了这家管理顾问公司啊，我听了他们的产品课，最后感觉这个公司的确不错才与他们签订合同的。”我问他："您有没有问他有什么成功案例？"王董事长马上回答说："肯定问了啊，他们说出了很多大公司的名字，我当时认为这么大的公司都聘请他们做项目咨询，更何况我们这样规模一般的公司呢。"听他这么说我又接着问："那么您有没有去考察他们曾经成功辅导过的企业呢？是您亲自去那家公司考察而不是同这个管理顾问公司的人一起去，这两者有很大区别。因为我在这方面的经验比较多，如果您同管理顾问公司的人员一起去，肯定看不到真实的情况，因为他们在你们还没有去之前就已经同对方负责接待你们的相关人员取得了联系，他们口径一致，您过去问也问不出什么结果。如果拜访的是对方企业总经理，那么就可以得到您想要的真实信息。十年前我们推行精益生产在选择管理顾问公司时，就是以这样的方法去选择、去判断的，效果非常不错。"

王董事长听我这么一说愣了许久，因为他根本就没有去实地考察、求证这家管理顾问公司所说的是真还是假。所有的信息均来源于这家管理顾问公司自我介绍，顾问公司口中所谓的成功案例也没有去考证过，就这样草率地与他们签订了合作合同。这是失败最重要的原因。

2）管理顾问公司的老板如果是公司的首席顾问，那么这个首席顾问曾经的从业背景非常重要。如果他曾经在企业只从事过中层管理岗位，他辅导其他的管理体系可能没有问题，但是如果让他辅导阿米巴经营就比较困难了，甚至根本不具备这方面的能力。因为阿米巴经营是总经理工程，也可以说是代理辅导公司总经理工作。试想，一个根本没有总经理工作经验的人怎么可能去辅导一家企业的总经理工作呢？所以我们在选择管理顾问公司时要特别小心。为什么企业招聘一个中层管理人员都要进行详细的背景调查，反而聘请管理顾问公司不进行背景调查呢？这应该比招聘管理人员更加重要啊。所以我建议，如果一个企业想聘请管理顾问公司，一定要对其进行详细的背景调查，把前期准备工作做足，以后就少了很多不必要的麻烦。

3）首席辅导老师必须有成功经营企业的经验，否则不可能有能力辅导企业的阿米巴经营模式。

选择一家管理顾问公司的正确与否决定了这个辅导项目的成功与否。对选择管理顾问公司所辅导的成功案例，企业经营者必须亲自去考证；对主要负责的辅导老师也要对他曾经未担任咨询老师之前的从业背景进行调查，只有这样才可以客观地对辅导老师及管理顾问公司进行正确的评价，同时也是对企业的未来负责。

当年日航重建选择总指挥的人选时也一样非常谨慎，有成功经营大型企业的经验是首要条件。当时寻找重建日航公司总指挥的人选主要是以下三条：①有经营大型企业的成功经验；②在国内外有很高知名度，且有创业经验；③非运输业的经营者。

从这三个条件就可以看出成功经营企业经验的重要性，只有理论知识而没有实际经验是远远不够的。必须具备丰富的、成功的经营企业的实操经验才能从事顾问老师这个职业。所以选择拯救日航人选时把这一条作为最重要的条件提了出来。当时全世界有很多知名的管理咨询公司想接下这张巨大的咨询订单，结果因为达不到第一个条件全都被否决。事实证明，选择稻盛和夫先生是多么正确的决定。